*»Und nur das Wandern
ist mein Ziel«*

Graf Prokesch von Osten

Erscheint in der Reihe

ÖSTERREICHISCHE DIPLOMATEN

»Und nur das Wandern ist mein Ziel«

Aus den
griechischen
Reise- und Zeitbildern des
Grafen Prokesch von Osten

Mit einer Einführung
und biographischen Skizze
herausgegeben von
Georg Pfligersdorffer

Verlag Styria

Die Bilder:

Das Porträt des Grafen Prokesch nach einer Lithographie von Josef Kriehuber aus 1847,
das Umschlagbild nach einer die Gesamtansicht Athens von Nordosten in den zehner Jahren des 19. Jahrhunderts darstellenden Zeichnung von Franz Heger, gestochen von Johann Heinrich Schilbach (Ausschnitt); beides aus dem Bildarchiv und der Porträtsammlung der Österreichischen Nationalbibliothek.

© 1978 Verlag Styria Graz Wien Köln
Alle Rechte vorbehalten
Printed in Austria
Umschlaggestaltung: H. Paar, Graz
Satz und Druck:
Druck- und Verlagshaus Styria, Graz
Bindearbeiten:
Wiener Verlag, Himberg bei Wien
ISBN 3-222-11029-8

Inhalt

Vorwort
9

ANTON GRAF PROKESCH VON OSTEN
Einführung und biographische Skizze
15

Zeittafel zum Leben des Grafen Prokesch von Osten
63

DIE REISEBERICHTE
67

Abkürzungen öfter herangezogener Literatur
229

Zur Druckvorlage der Texte Prokeschs
231

ANMERKUNGEN
Zur Einführung und biographischen Skizze
235

Zu den Reiseberichten
242

Vorwort

Liebe zu Griechenland — dem antiken wie dem späteren und dem heutigen — und Liebe zu meinem Landsmann Grafen Prokesch haben mich zu diesem Buch bestimmt. Österreichs Verhältnis zu Griechenland verdient unstreitig mehr Aufmerksamkeit, und ebenso ist die Beziehung gerade der Österreicher zu Grafen Prokesch seit langem entschieden vernachlässigt. Mit seiner so anmutigen und für Österreichs Wesen und Leben so bedeutsamen Heimatstadt Graz teilt er das unverdiente Los, bei weitem nicht gebührend wahrgenommen zu werden. Eine neue und stärkere Beschäftigung mit seinem Werk und seiner Persönlichkeit weist aber zugleich und in einem auf jenes einzigartige Land hin, das so viel mehr in das Bewußtsein Österreichs treten sollte, und zumal jetzt, da es einhundertfünfzig Jahre der Unabhängigkeit der Griechen zu feiern gilt, die sie in einer Erhebung errungen haben, deren Zeuge und Geschichtsschreiber Graf Prokesch geworden ist. Nach zuständigstem Urteil (von Ernst Curtius, Alterthum und Gegenwart. Gesammelte Reden und Vorträge II, Berlin 1882, 321f) ist Prokesch auch der erste im deutschen Sprachraum gewesen, der sich eine genauere Kenntnis Griechenlands erworben hat.

All dies ist wohl Grund genug, daß der Autor, der zudem Philologe ist, sich mit Freude und Eifer dem Horizont dieses Buches, in dem beides zusammentrifft, Griechenland und Prokesch, zugewendet hat, und dies mit der Absicht, auch dieses Studium weiter zu pflegen.

Es wäre nicht zu diesem Buch gekommen — und vor allem auch nicht so rasch — ohne den zündenden Funken, den Herr Dr. Gerhard Trenkler, der Verlagsdirektor der Styria, nach der Lektüre eines in den ‚Salzburger Nachrichten' erschienenen Gedenkartikels zu Prokeschs hundertstem Todestag ausgelöst hat. Für seinen ermunternden, aber auch heilsam drängenden Zuspruch sei ihm aufrichtig gedankt. Mir ist dabei aber auch sehr wohl bewußt, was alles bei längerer Arbeit daran besser, richtiger und ausgewogener hätte gelingen können. Alle derartigen Desiderate scheinen mir jedoch dadurch aufgewogen zu sein, daß etwas längst Notwendiges geschehen ist.

Die vorgelegte Auswahl aus Prokeschs ‚Denkwürdigkeiten und Erinnerungen aus dem Orient' (s. das Literaturverzeichnis) ist sicherlich ebenso überlegt wie andererseits doch auch wieder subjektiv. Trotzdem glaubt der Autor, daß er den Erwartungen auch des modernen Lesers einigermaßen entsprochen hat. Die Abschnitte politischen Inhalts sind, was ihr Verständnis betrifft, gewiß anspruchsvoll, mußten aber dennoch zunehmend Berücksichtigung finden, damit so auch Prokeschs steigende Befassung mit dem politischen Leben der Griechen von damals offenkundig wird.

Die Reiseberichte sollten in eine für das heutige Leserpublikum flüssige und glatte Gestalt gebracht werden. So war die Anpassung der Orthographie und z. T. auch der Zeichensetzung an die heutigen Gepflogenheiten geboten. Damit ist der Anspruch auf dokumentarische Treue gegenüber der Vorlage preisgegeben worden. Das konnte aber umso eher gewagt werden, als der Georg Olms Verlag den Nachdruck der Vorlage in ihrem vollen Umfang plant. Damit ist ohnehin den Ansprüchen des Fachmanns Rechnung getragen — wie auch der Leser, der zum Gesamtwerk vordringen möchte, auf diese Weise die Möglichkeit dazu haben wird. Eine Konkordanz der in diese Auswahl aufgenommenen Berichte mit dem Gesamtwerk erübrigt sich, da sie mit Hilfe der „Brief"-Daten, die fast jedesmal voranstehen, dort unschwer aufgefunden werden können. Der Leser sollte jedoch auf Auslassungen des Herausgebers innerhalb eines Berichtes hingewiesen werden. Das geschieht in der herkömmlichen Form durch drei Punkte, wobei ein allfälliger Satzschluß-Punkt noch vorantritt. Zur Vermeidung von Mißverständnissen mußte dann eine Punktreihe im Original durch einen Gedankenstrich ersetzt werden; leider ist die Unterscheidung gegenüber den von Prokesch selbst mit einer gewissen Vorliebe angewendeten Gedankenstrichen nicht weiter möglich gewesen, wenn der Satz der Texte nicht diffizil werden sollte. Wer Klärung sucht, wird eben nach der Gesamtausgabe greifen müssen.

Die dornenvollste Arbeit war für den Herausgeber die Schreibweise der Eigennamen, und da besonders der geographischen. Prokesch hat — abgesehen davon, daß er es mit Eigennamen überhaupt manchmal weniger genau genommen hat, wie dies bereits Engel-Janosi, Jugendzeit (s. das Literaturverzeichnis) 177, Anm. 1, festgestellt hat — im Laufe seiner überdies über Jahre sich erstreckenden Reiseberichte keineswegs strenge Konsequenz gewahrt. Mehrfach vom Herausgeber unternommene Versuche, die Schreibung einer grundsätzlichen Regelung zu unterwerfen, mündeten jedesmal in Aporie. Mit der Gepflogenheit der Zeit damals und mit dem Umstand, daß Prokesch im Seedienst es mit einer vielfach italienisch sprechenden Umgebung zu tun hatte, hängt es zusammen, daß die lateinischen Namensformen, z. T. mit italianisierenden Elementen, im Vordergrund standen. Das sollte auch in dieser Ausgabe zur Geltung kommen; Konsequenz hätte freilich wieder zu Härten geführt, so daß entsprechend der Eigenart und Besonderheit eines Lesetextes in gängigere Namensformen ausgewichen wurde und gräzisierende oder auch eingedeutschte Formen sich nahelegten. Es kommt auch vor, daß in einiger Nähe verschiedene Formen desselben Namens angewendet wurden, z. B. Skamandros neben Skamander; dabei spielte die Bedachtnahme auf eine etwaige Stimmungsnuance, die hiebei zum Ausdruck gelangen konnte, oder allenfalls auf die Nachbarschaft einer Homerstelle in Übersetzung eine Rolle. Im Effekt spiegelt sich die Ungleichmäßigkeit bei Prokesch hier in einer ähnlichen, aber anders zustande gekommenen. Dem damaligen deutschen Sprachgebrauch endlich entspricht die Unterdrückung des im Nominativ auslautenden s-Lautes in griechischen Eigennamen (z. B. Maurokordato, Koletti), wobei jener Gebrauch wohl wiederum italienisch (-venezianisch) bestimmt war. — Insgesamt hoffe ich mit der gewählten Vorgangsweise einen Weg eingeschlagen zu haben, der beim Leser möglichst wenig Befremden hervorrufen wird.

Die beiden auf den Vorsatzblättern jeweils ausschnittsweise abgebildeten Karten sind der vielleicht frühesten Ausgabe des Stielerschen Atlasses entnommen und stammen von C. G. Reichard, und zwar die am Anfang aus 1823, die am Schluß aus 1818 (revidiert 1823). Auch diese Suche nach einer möglichst zeitgenössischen, die Eigennamen einigermaßen entsprechend bietenden, aber dabei auch ohne zu großen Aufwand reproduktionsfähigen Vorlage war eine langwierige Angelegenheit, mit deren Resultat der Leser ebenso wie auch der Autor selbst nur in Grenzen zufrieden sein wird.

Die Anmerkungen sowohl zur Einführung und biographischen Skizze als auch zu den Reiseberichten sind in einem ‚erklärenden Teil' zusammengefaßt. Sie wurden nicht fortlaufend numeriert und so im Text angezeigt, sondern finden sich in jenem abschließenden Teil jeweils unter der betreffenden Seitenzahl, und dort wieder mit Hilfe eines dem Text entnommenen Stichwortes ausgewiesen; eine eckige Klammer in der Schließungsform grenzt das Stichwort von der Anmerkung ab. Nicht immer ist sie beim erstmaligen Vorkommen ihres Gegenstandes gebracht, sondern mehrfach dort, wo im Text weniger über das Stichwort hinweggelesen wird. Die Verwendung älterer Literatur in den Anmerkungen erklärt sich auch aus dem Bestreben, dem Benützer der Anmerkungen *Lese*werke anzubieten, die er sich ohne große Schwierigkeiten zugänglich machen kann, wenn eine größere Bibliothek am Ort ist. Selbstverständlich sind auch für den Autor die Möglichkeiten der Literaturbeschaffung angesichts der Knappheit der Zeit recht begrenzt gewesen. Auf Vollständigkeit der Anmerkungen als solche und der Unterrichtung überhaupt mußte grundsätzlich verzichtet werden; die Anmerkungen haben gleichfalls Auswahlcharakter und sind in ihrer Auswahl sicherlich auch wieder nicht frei von Subjektivität.

Mein herzlicher Dank gilt für alle geleistete Hilfe, voran Herrn Professor Dr. Wolfgang Speyer (Universität Salzburg) nebst meinen Mitarbeitern, aber auch den Herren des Verlages, und zwar außer dem schon genannten Direktor und dem ersten Betreuer des Vorhabens, Herrn Dr. Gerhard Hartmann, vorzüglich dessen Nachfolger in der Sorge für das Buch, Herrn Helmut Machowetz, der die Zusammenarbeit durch sein stets verständnisvolles Eingehen auf meine Vorstellungen so angenehm gestaltet hat. Nicht vergessen sei endlich das Interesse von Baronin Margarete Schleinitz-Prokesch von Osten und ihrer Tochter am Werden des Buches sowie der leider nur aus weiter Ferne mögliche Anteil von Baronin Isabella von der Decken-Offen.

Das Buch, dem ich viel Liebe gewidmet habe und dem ich viel Freude verdanke, möge also sowohl Griechenland als auch Grafen Prokesch von Osten viele neue Freunde gewinnen und damit dazu beitragen, daß ebenso das „Mutterland des Schönsten und Größten" (Prokesch) wie auch der große Sohn eines größeren Österreich erneut und verstärkt in den geistigen Horizont unserer Zeit und unseres Landes trete!

Salzburg, Sommer 1977 Georg Pfligersdorffer

Anton Graf Prokesch von Osten
Einführung und biographische Skizze

Die Persönlichkeit des Grafen Prokesch von Osten verdient es aus mannigfachen Gründen, der Nachwelt in Erinnerung gerufen zu werden, und es sollte eine Ehrenpflicht auch des Österreich von heute sein, sich auf diesen in seiner Art unvergleichlichen Sohn eines größeren Österreich zu besinnen. Die neue Nähe zu dem noch vor gar nicht langer Zeit geschmähten 19. Jahrhundert, das man heute in manchen Bereichen seines Kulturlebens wieder zu würdigen vermag, dürfte dieser Aufgabe entgegenkommen und ihr förderlich sein.

Das übereinstimmende Urteil seiner Zeitgenossen bestätigt dem Grafen Prokesch in vielfacher Hinsicht einen außergewöhnlichen Rang. Der dänische Dichter Hans Christian Andersen begegnete ihm während seiner Orientreise 1840/41 in Athen; er spricht einfach von dem „herrlichen Prokesch-Osten" und bezeichnet damit den Gesamteindruck des Mannes, der zu all seinen hohen menschlichen und geistigen Vorzügen hinzu — wieder nach Andersen — über ein gewinnendes Äußeres verfügte: „ein kräftiger, schöner Mann, mit dunklen, seelenvollen Augen". Etwa dasselbe hat übrigens, wenn auch ein wenig nüchtern-verniedlichend, 1827 der bayerische Philhellene Oberstleutnant Heideck festzustellen gehabt: „Mit Major von Prokesch, den ich an Bord der Bellona kennenlernte, wo er als Chef des Generalstabes und in politicis fungierte, einem sehr unterrichteten lieben Mann ..., wurde ich bald vertraut." Für Jakob Philipp Fallmerayer, dessen bekannte These von der slawischen Herkunft der heutigen Griechen von Prokesch keineswegs geteilt wurde, ist er „der brillante Militär, der feine Staatsmann, der tüchtige Gelehrte, der sein Haus in einen Musensitz verwandelt und mit seiner liebenswürdigen und geistreichen Gemahlin den Mittelpunkt alles höheren geistigen

Lebens der griechischen Hauptstadt bildet" — so im Mai 1842 im zweiten Band der ‚Fragmente aus dem Orient'.

Die Sicht des Dichters und die des Gelehrten — sie mögen manchen nicht gültig genug erscheinen — erfahren ihre Bestätigung durch die Äußerungen zweier weltkundiger und vielgereister Zeugen. Noch vor Andersen, 1836, machte Fürst Hermann von Pückler-Muskau die Bekanntschaft des damaligen Ritters von Prokesch, „dessen hoher schriftstellerischer Ruf Neugier wie Wißbegierde zu ihm hinzieht, dessen geistausströmende, heitere und anspruchslose Persönlichkeit aber noch weit mehr als seine Schriften fesselt". Der Fürst weiß es zu schätzen, „unter der gütigen Leitung eines so gründlichen Altertumskenners, eines so vielseitig gebildeten Gelehrten und eines so liebenswürdigen Weltmannes die ewig denkwürdigen Monumente zu sehen, welche uns die Größten unter den Alten... noch jetzt vergegenwärtigen", auch er beeindruckt von der Atmosphäre des Athener Hauses und der Ausstrahlung von Prokeschs Gemahlin, der er in schwärmerischer Verehrung über Jahrzehnte zugetan bleibt. Ein Dutzend Jahre später trifft Adolf Friedrich Graf Schack, damals Mitglied einer „Reichsgesandtschaft" des Reichsministeriums, die der Erzherzog-Reichsverweser auf Anregung der Nationalversammlung zu auswärtigen Staaten auf Reisen geschickt hatte, erstmals mit dem Manne zusammen, von dem ihn später die politische Gesinnung trennte, ohne freilich der von Anfang an bestehenden Verehrung den geringsten Abbruch zu tun. Es war die für ihn „wichtigste Bekanntschaft" im Kreise des diplomatischen Korps in Athen, daß er dem österreichischen Gesandten begegnete. „Meine Verbindung mit diesem ausgezeichneten Manne hat seitdem bis zu dessen Tode fortgedauert." Er rühmt an ihm unter anderem „eine bedeutende Gelehrsamkeit als Archäologe und Historiker und einen offenen Sinn für Kunst, Poesie und alles Schöne". „Ich habe Prokesch schon, ehe ich ihn persönlich kennenlernte, wie immer seitdem, als einen leuchtenden Stern unter den deutschen Staatsmännern betrachtet." Er sei durch den persönlichen Umgang mit noch größerer Verehrung für ihn erfüllt worden als durch seine Werke. Später sei der politische Gegensatz aufgebrochen; es habe aber für den persönlichen Verkehr mit „dem genialen Mann" keinerlei Folge gehabt, der ihm trotzdem die „größte Freundlichkeit" erzeigt habe. Nach Prokeschs Tod bekennt er, daß er „unter den Lebenden kaum einen weiß, der in jener Hinsicht (nämlich ‚mannigfaltiger geistiger Bildung und lebhafter Teilnahme für höhere Bestrebungen') dem Dahingeschiedenen gleichgestellt werden könnte".

Der Gobineau-Biograph Ludwig Schemann hat im ersten Band der Biographie Gobineaus dem angesichts der vorstehenden Aussagen verwunderlichen Sachverhalt des Fehlens einer eigentlichen Biographie Prokeschs, „die dieser wie wenige verdient hätte", Ausdruck verliehen. Der nichtösterreichische Autor hat es nicht abwarten können, „bis man sich in Österreich auf die Pflicht besonnen haben wird, einem von dessen besten Söhnen das seiner würdige Ehrenmal aufzurichten". Von seinen „Bausteinen" hiezu wird noch zu reden sein. Goethes Mahnruf, den er am Ende seines Vorwortes dem Leser entgegenhält:

„Haltet das Bild der Würdigen fest! Wie leuchtende Sterne
Streute sie aus die Natur durch den unendlichen Raum."

wollte er offenkundig nicht nur von seinem Helden Gobineau verstanden wissen, sondern ganz ebenso von dessen Freund, Geistesverwandten, Anreger und Bestärker, dem Grafen Prokesch.

Zwei biographische Skizzen über den bereits Verstorbenen wären geeignet gewesen, das Interesse für den großen Mann aufrechtzuerhalten. Alexander Freiherr von Warsberg, der 1863 in Graz Prokesch begegnet war, ihn dann auf vielen Reisen begleitete und dabei selbst tiefgreifend in der Auffassung geschichts- und mythenträchtiger Landschaft von ihm bestimmt worden war, hat ihm in der (Augsburger) ‚Allgemeinen Zeitung' 1876 den Nekrolog geschrieben und damit einer dreizehn Jahre zuvor geäußerten Erwartung entsprochen. Der Darstellung des um über vierzig Jahre jüngeren späteren k.k. Konsuls in Korfu und Generalkonsuls in Venedig und beachtenswerten Schriftstellers kommt auf Grund der mehrjährigen engen persönlichen Berührung besondere Bedeutung zu — er habe den verehrten Mann „bis in die Seele hinein" gekannt, und gerade im Fall von Prokesch sei zur gemäßen Erkenntnis seiner Persönlichkeit auf die lebendige Erfahrung des Umgangs mit ihm nicht zu verzichten: „Die ganze Bedeutung dieses Mannes gab überhaupt nur der persönliche Verkehr mit ihm. Auge in Auge, Wort gegen Wort, so wuchs er noch über das hinaus, was er als Gelehrter, Schriftsteller und Staatsmann schon in unserer Vorstellung war, und mit dieser Waffe auch hat er sein ganzes Leben lang seine schönsten und besten Erfolge erzielt. Er handhabte sie später im diplomatischen Dienste, wo seine Collegen Drohungen, Intriguen und Lügen an die Stelle setzten. Sein Wesen hatte etwas von der natürlichen Liebenswürdigkeit an sich, welche sonst nur Frauen eigenthümlich ist. Wenn er wollte, fesselte er damit und riß in Begeisterung jedes Gemüth mit sich. Sein Wort wurde dann gewissermaßen durchgeistigt, es glühte und wärmte. Das war, weil immer sein Herz mitsprach. Aber am wirksamsten unterstützte ihn der Blick seines Auges. Wenn er nicht selbst müde war, bannte er damit alle unbedeutenden Alltäglichkeiten aus seiner Nähe."

Zum andern berühren und packen Ludwig Schemanns Ausführungen in besonderem Maß durch ihren aufrichtigen Enthusiasmus für den Grafen Prokesch. Der Leser spürt, daß die Beschäftigung Schemanns mit jenem nicht nur Mittel zum Zweck gewesen ist — Prokesch „hat... Gobineaus Leben nach allen Seiten eine so schier unvergleichliche Bereicherung gebracht, daß wir... diesem alter ego doch eine eingehendere Betrachtung als irgend einem anderen von Gobineaus Freunden in keinem Fall versagen dürfen"; er hat sich vielmehr unverkennbar auch ganz unmittelbar durch Prokesch als „eine der außerordentlichsten und interessantesten Erscheinungen seiner Zeit" gebannt gefühlt. Was ihm an persönlicher Berührung fehlte, suchte er durch das eingehende Studium der Freundschaft Prokeschs mit seinem Helden Gobineau zu ersetzen, aber vor allem auch und bezeichnenderweise durch die im Vorwort mit dem Ausdruck der „innigen Dankbarkeit und Verehrung" bedachte und so in ihrer Besonderheit betonte Verbindung mit dem gleichnamigen Sohn, Major a. D. Anton Grafen Prokesch, in Gmunden; in manchen Sommern des Ruhestandes weilte der Vater bei ihm und dessen Familie, und der Sohn hat seinerseits durch Veröffentlichungen aus dem umfangreichen Nachlaß seines Vaters viel für dessen gemäßere Beurteilung — wenigstens im Kreise der Historiker — geleistet. Schemanns Worte im Vorwort zu ‚Gobineau' lauten: „Die weihevollen Stunden, die ich in dem pietätvollst gehüteten Familienarchiv, inmitten der Reliquien der Größten einer großen Epoche, einst mit ihm (dem Sohne Prokeschs) habe verbringen dürfen, werden mir immer besonders unvergeßlich bleiben." Als Zeugnis einer begeisterungsfähigeren Zeit, die aber eben darum zu ihrem Erkenntnisobjekt einen viel tieferen Zugang hatte, darf wohl das von Schemann entworfene, nicht zuletzt aus lebensvoller Quelle erspürte Charakterbild nicht übergangen werden:

„Prokesch war eine jener seltenen Naturen, die, gleich genial von Geist wie von Gemüt, die wertvollsten Anlagen des Menschen in glücklichster Ausprägung und vollkommener Harmonie in sich vereinigen. Zu jedem höheren Tun gleich befähigt, ein Auserlesener für jederlei Geistesschaffen, durfte er es ruhig dem Weltlaufe anheimgeben, welche Domäne er ihm vorwiegend anweisen werde; sicher war, daß allerwärts aus seinem Eingreifen seinem Vaterlande wie der gesamten geistigen Mitwelt nur Gutes erwachsen konnte. Er wußte jedes politische, geistige und religiöse Problem ganz unmittelbar in die höchste dafür denkbare Sphäre zu erheben; echte Religiosität, echt wissenschaftlicher wie echt künstlerischer Sinn entsprangen der gleichen Quelle tiefer Sittlichkeit und Pietät wie seine politischen Grundüberzeugungen. Aus Instinkt faßte er alles von der edelsten Seite, verbreitete er über alles seine eigene Weihe. Überall strebte er dem Höchsten zu, überall auch hat er sich bewährt und ausgezeichnet, und sowohl seine militärischen wie seine politischen Vorgesetzten griffen gern auf ihn zurück, wo es etwas Außergewöhnliches, Außerordentliches galt, wo vorwiegend auf die Genialität der Inspiration gerechnet werden durfte."

Eine „große und edle Seele" und „in jeder Beziehung einer der geistig ersten Männer des damaligen Europa" war Prokesch nicht nur für Schemann, sondern wohl auch für viele andere. Nur für einen nicht, der Prokesch mit haßerfüllter Verunglimpfung über das Grab hinaus verfolgt hat, in diesem Fall unfähig zu jeder objektiven Beurteilung und überlegenen Versöhnlichkeit: für Bismarck, den erbitterten Gegner Prokeschs, als dieser in der Eigenschaft des österreichischen Präsidialgesandten an der Spitze des Deutschen Bundestages stand. Bismarcks zügellose Äußerungen fallen auf ihn selbst zurück. Sie haben jedoch überdies eben Schemann — bei all seiner Wertschätzung Bismarcks — Veranlassung geboten, eine Ehrenrettung für Prokesch zu schreiben. Er hat eine solche Revision bereits im Vorwort der Biographie Gobineaus im Hinblick darauf für nötig erachtet, daß „Bismarck und ihm urteilslos Nacheifernde ein wahrhaft abscheuliches Zerrbild von ihm (Prokesch) in die Welt gebracht" haben, „das durch das echte zu ersetzen einfach eine Ehrenpflicht ist"; es sei zudem nach Ausweis bestimmter Quellen, wie es sich ihm nachträglich herausgestellt habe, „leider zu sehr alles Maß" überschritten worden, „als daß nicht eine Zurückweisung jener Verunglimpfungen" noch eigens vorzunehmen wäre. In der Vorrede zu seinen ‚Quellen und Untersuchungen zu dem Leben Gobineaus' erklärt er abermals eine selbständige Ehrenrettung für unerläßlich — Prokesch stehe beim Publikum durch Bismarck als „so schwer geschädigt" da, und er nimmt ihr Ergebnis andeutend vorweg: Prokesch sei von Bismarck vieles aufs Privatkonto geschrieben worden, was einfach mit der Politik des von jenem vertretenen Staates zusammenhänge, und darüber hinaus sei ihm nach Bismarcks „Gewohnheit, gegen gehaßte Gegner wahllos *alle* Mittel in Bewegung zu setzen, um sie niederzutreten, auch noch... ein Bukett von Anklagen und Verdächtigungen gewunden" worden, „das die unparteiisch nachprüfende Kritik Blatt für Blatt zu zerpflücken vermag"; bei Prokesch könnten schließlich auch noch „die menschlich edleren, vornehmeren Züge" aufgewiesen werden, indem bei ihm „am Ende durch alle Gegnerschaft etwas wie eine Würdigung Bismarcks" hindurchbreche, „von der sich umgekehrt bei diesem nicht die leiseste Spur" finde.

Bismarcks Kampagne schien immerhin nach ihrem Ausmaß und ihren Wirkungen geeignet, wie vorher schon bei Schemann, so auch anläßlich des Gedenkjahres an das Ableben Prokeschs vor fünfzig Jahren, also 1926, dafür zur Erklärung zu dienen, daß in einer zunächst unbegreiflichen Weise ein überragender Mann der Vergessenheit anheimfallen konnte: Prokesch habe „unverdient büßen" müssen, „daß er in dem Zweikampf Preußen—Österreich auf Bismarck gestoßen ist".

Wieder ein halbes Jahrhundert später, und das Dunkel der Vergessenheit ist eher noch dichter geworden, trotz gelegentlicher Beschäftigung mit dem Leben und Werk des Grafen. Gewiß ist die Wiedererweckung eines — wohl vor allem aus dem genannten Grund — einmal Vergessenen besonders schwierig, und doch sind noch zusätzliche erschwerende Umstände geltend zu machen. Denn „gerade er ist durchaus nicht etwa eine abgestorbene Natur, die ihre Bedeutung nur für ihre Zeit gehabt hätte, vielmehr, *wenn* einer, einer der *Lebendigen,* den jede Generation sich in jedem Augenblicke wieder erwecken könnte". Die besonderen Erschwernisse liegen aber im Wesen und in der Lebensanschauung von Prokesch, insofern beide dem heutigen Zeitgeist nicht eben gemäß sind — sosehr zumal unserer Zeit und unserem Land aus der Besinnung auf den großen Sohn viel Heilsames entspringen könnte. Die beiden Besonderheiten sind rasch beim Namen genannt: Sein Grundwesen war auf Ehrfurcht aufgebaut und seine Lebensanschauung dementsprechend eine konservative. Man hätte es schon leichter, würde etwas von der bannenden und bestrickenden Strahlkraft seiner Person noch irgendwie in unsere Zeit gedrungen sein, wie es vielleicht in den fünfziger Jahren noch der Fall war, als der greise Gemahl von Prokeschs Enkelin Johanna, der Schwiegersohn des jüngeren Grafen Prokesch, das Erbe getreulich hütete, der ehemalige Kaiserjägeroberst Baron Viktor Schleinitz.

Die längst geschuldete Biographie wäre somit auch gar nicht das rechte Mittel fürs erste; sie wird wohl auch noch lange auf sich warten lassen — wenn sie je kommen wird —, da Prokeschs Universalismus und staunenswerte Vielseitigkeit jeden von uns überfordern, Menschen einer Zeit, die das esoterische Spezialistentum und seine Unaufgeschlossenheit kultiviert. War er denn nicht Offizier und Militärwissenschaftler — um damit zu beginnen —, Reisender und Altertumsforscher, Numismatiker und Archäologe, Orientalist, Diplomat, Staatsmann, Historiker — und Dichter, und das mit einer kaum übersehbaren Fülle und Weite des schriftlichen Nachlasses? Möge wenigstens der hier vorgelegte bescheidene Versuch einigermaßen entsprechen!

Am 10. Dezember 1795 wurde in Graz dem damaligen Beamten der dortigen staatlichen Buchhalterei Maximilian Franz Prokesch der Sohn Anton Franz geboren. Der bürgerliche Vater ist mährischer Herkunft gewesen, so daß auch ein Anteil slawischen Blutes gegeben war; er hatte sich im Finanzdienst mühsam emporgearbeitet, um schließlich die Verwaltung der staatlichen Güter in Graz und in dessen Umgebung wahrzunehmen. Es war ihm in früheren Jahren gelungen, die Gunst Kaiser Josephs auf sich zu ziehen, wie er auch geistig dem Josephinismus zuzuordnen sein wird. Der Staatsdienst wurde 1804 quittiert und ein Dienstverhältnis mit dem Stift Vorau eingegangen, in dessen Rahmen er die Stiftsherrschaft Peggau verwaltete. Noch im gleichen Jahr starb Antons Mutter Marie Anna aus der steirischen Familie Stadler, noch auf dem Totenbett und in ihren letzten Gedanken von der Sorge für „ihren lieben wilden Toni" erfüllt, der noch keine neun Jahre zählte und bald hernach eine Stiefmutter erhielt, die gar erst sechzehnjährige

Grazerin Gabriele Piller. In den Ferien in Peggau, woran Anton sich selig zurückerinnerte, und während des Schuljahres in Graz, war er Schüler des Akademischen Gymnasiums dieser Stadt, das er 1810 mit den philosophischen Studien am Lyzeum vertauschte, nachdem er bereits 1808 bei einer Schulfeier durch sein öffentliches Auftreten als Redner die besondere Aufmerksamkeit des als Professor der Geschichte am Lyzeum wirkenden Straßburgers Julius Schneller erregt hatte. Unter dessen Leitung stand der reich und vielseitig begabte, auch körperlich gewandte und sich stets übende Knabe während seiner Lyzeumszeit und wurde von dem anregenden, geistvollen, wortgewaltigen und begeisternden Lehrer tiefreichend geformt und für das ganze Leben geprägt. Wie Prokeschs Vater war auch Schneller, der im geistigen Leben der steirischen Landeshauptstadt tonangebend geworden war, ein Bewunderer Kaiser Josephs und von liberaler Geisteshaltung bestimmt. Warsberg erzählt in seinem Nachruf von einem durch die untergehende Sonne verklärten Herbstabend des Jahres 1861 im Landhaus der Gräfin Rothkirch, an dem der alte Herr in inniger Dankbarkeit und mit treuestem Gedächtnis von dem Lehrer aus Jugendtagen sprach, dem er „alles" verdanke.

Es zeugt von Schnellers umfassenden Interessen und von der Weite seines geistigen Horizonts, daß er auch für die musikalische Kultur von Graz bedeutsam geworden ist, indem er Beethoven zu einem Besuch dahin zu bringen vermochte, wie auch die erste Grazer Aufführung der Pastoralsymphonie in Zusammenhang mit ihm stand. Sechzehnjährig verlor Anton nun auch den Vater, und so mag er noch mehr an seinen Lehrer sich angeschlossen haben. Kraft seiner großen Ausstrahlung konnte Schneller aus der Grazer Jugend die Begabtesten auch außerhalb des Lyzeums in einem Kreise um sich scharen und an sich fesseln, unter ihnen den aufgeschlossenen Zögling, der sich für die Geschichte, die Literatur und die Musik gern begeistern ließ. Unersättlicher Lerneifer, rastlose Lektüre und emsiges Exzerpieren ließen Prokesch den Grund zu seiner staunenswerten Bildung legen. Dem Kreis um Schneller gehörte aber auch die Grazer Advokatentochter Marie Koschak an, als gute Klavierspielerin von Schneller auf Beethovens Werk hingewiesen und dafür begeistert und des weiteren für die Ausbildung als Künstlerin und Virtuosin in Aussicht genommen; Beethoven hat ihr dann 1817 schriftlich bekundet, daß ihre

Wiedergabe seiner Werke ihm in seinen Vorstellungen am meisten entspreche; sie sei die wahre Pflegerin seiner Geisteskinder. Anton sah das außergewöhnlich schöne und hochbegabte Mädchen zum ersten Mal ganz knapp nach dem Tode seines Vaters im Dezember 1811; sie wurde dem feurigen und anziehenden Jüngling der Inhalt seiner ersten, tiefen Liebe und darüber hinaus auf lange das Zentrum seines Gemütslebens, auch nachdem der um beinahe zwei Jahre Jüngere längst auf sie hatte verzichten müssen — im Mai 1816 heiratete sie den Grazer Advokaten Dr. Karl Pachler. Sie ermöglichte später ihrer Heimatstadt ein „einzigartiges Tonkünstlerfest" durch die Einladung Schuberts zu dem Grazer Aufenthalt vom 3. bis 20. September 1827 und hat in diesem Zusammenhang bereits um diese Zeit von der damals noch nicht siebzehnjährigen Irene Kiesewetter von Wiesenbrunn („einer der ersten Klavierspielerinnen Wiens" — so Schuberts Freund Jenger am 29. Jänner 1828 an Marie Pachler) erfahren, die Prokesch erst Herbst 1830 kennenlernte und zwei Jahre später zur Frau nahm. In Schnellers Kreis hat es sich Prokesch auch zur lebenslangen Gewohnheit gemacht, an Lesungen von Dramen mit verteilten Rollen teilzunehmen oder sie selbst zu veranstalten; Schiller war damals der Heros des Kreises, dem seine Werke nicht nur die Ideale vermittelten, sondern auch den Drang zu enthusiastischem Entschluß.

Bereits im zweiten Jahr seiner 1812 begonnenen juristischen Studien stehend, folgte Prokesch 1813 dem Ruf zur Fahne im Kampf gegen Napoleon. Kindheitserinnerungen an die Franzosenzeit in Graz und an die Einquartierung französischer Generalität im Elternhaus werden sich damals besonders in den Vordergrund geschoben haben. Die Teilnahme an dem Feldzug brachte ihm eine leichte Verwundung, die ihn zum ersten Mal nach Freiburg im Breisgau führte, das ihm später als Wirkungsstätte seines ehemaligen Lehrers Schneller so nahelag. Ebenso weiß man von zwei gefahrvollen und hohen Mut bekundenden militärischen Unternehmungen, die Prokesch zum Ruhm gereichten. In Abänderung seines früheren Vorhabens, das Studium der Rechte nach dem Feldzug fortzusetzen, blieb der nun Neunzehnjährige, freilich aus dem Feind ein Bewunderer des entthronten Kaisers geworden, im militärischen Dienst. In seinem Verlauf wurde er bald Ordonnanzoffizier des Feldmarschalls Erzherzog Karl, des Siegers von Aspern, und hernach, nachdem er, zeitweise gehbehindert, ein halbes Jahr etwa in Linz geweilt hatte (bis Ende 1816), der Lektüre und den Studien hingegeben, auf Grund der überraschenden Bewältigung eines mathematischen Problems Lehrer der Mathematik an der Kadettenschule in Olmütz, bis er nach knapp zweijähriger Tätigkeit dort gegen Ende des Jahres 1818 zum Hofkriegsrat nach Wien beordert wurde.

Damit war die Berührung mit dem Präsidenten des Hofkriegsrates, dem Feldmarschall Fürsten Karl zu Schwarzenberg, gegeben, der ihn, nachdem er wegen seiner Erkrankung sein Amt zurückgelegt hatte, Anfang 1820 zu sich nach Prag holte und hernach auch nach Leipzig mitnahm, wo den Fürsten statt der erstrebten Linderung seines Leidens an der Stätte seines historischen Ruhms der Tod ereilen sollte. Mit ihm zusammen hatte der junge Ordonnanzoffizier den Monarchenhügel bestiegen und Schauplatz und Geschehen der Völkerschlacht sich vom Sieger erklären lassen können — „O große Schule!" lautete damals die Eintragung ins Tagebuch. An dem gleichen Tage, an dem vor sieben Jahren der siegreiche Heerführer die Truppen nach Leipzig hatte einziehen lassen, wurde sein Leichnam aus der Stadt hinausgetragen. Der Tod dieses Mannes war für Prokesch ein vernichtender Schlag. Er war ihm in hingebender Treue verbunden gewesen und bewahrte diese Gesinnung auch nach dem Tod seines Gönners durch sein ganzes weiteres Leben. Diese innige Verbundenheit übertrug sich auch auf die Fürstin-Witwe Nanny Schwarzenberg, der Stifter im ‚Nachsommer' ein Denkmal gesetzt hat; mit ihr blieb Prokesch in stetem und vertrauensvollem Gedankenaustausch. Militärische und historische Studien während dieser Jahre fanden ihre Krönung in der Biographie des Fürsten, die auch das Imprimatur Metternichs erhielt, während eine andere, noch zu Lebzeiten des Fürsten durchgeführte Arbeit über den ‚Feldzug des österreichischen Hilfscorps in Rußland im Jahre 1812' sogar als Manuskript einbehalten wurde.

Auf der Ebene des Gesellschaftlichen hatte Prokesch noch vor Antritt seiner Tätigkeit in Olmütz in Wien zu Anfang des Jahres 1817 reiche Möglichkeiten zu Kontakten im Kreis um Karoline Pichler gefunden. Nebst vielen anderen bedeutenden Männern sollte er dort Schubert und Grillparzer kennenlernen, und Karolines Tochter Lotte wurde später auch die Braut des „schönen Leutnants", ein Verhältnis freilich, das nicht erst 1822 reif war, aufgelöst zu werden. Ebenso standen dem jungen Offizier in Prag und Leipzig auf Grund seiner nahen Beziehung zum Feldmarschall alle Häuser offen. Einige Begegnungen bedürfen der besonderen Hervorhebung. In Dresden lernte er Kaspar David Friedrich kennen, „dessen düstere Seele in stolzer Einfachheit aus seinen Nachtstücken und Todtenlandschaften wieder hervortritt"; wenn Friedrich gesagt hatte, daß der Maler nicht bloß malen solle, was er vor sich sieht, sondern auch, was er in sich sieht, so war ihm Prokesch, wie sich dann später an dessen Landschaftsschilderungen bewahrheiten sollte, ein tiefer Geistesverwandter. In Weimar suchte er Schillers Witwe auf und durfte sich in deren Haus „wie ein Kind desselben fühlen" (Engel-Janosi). „Mit freudigem Zittern trat ich in sein bescheidenes Haus... Welcher Geist umfing mich dort! Die stille, schwärmerische Tiefe des Vaters lebt in den Kindern fort" (an Schneller). Dazwischen aber lag der denkwürdige Besuch bei Goethe in Jena, worüber er in dem gleichen Brief an Schneller aus Weimar berichtet: „Nicht hier, sondern schon vorgestern, in Jena, traf ich ihn. Mit ihm durchfuhr ich die Gegend; an seiner Seite besuchte ich die Kabinete und Büchersammlungen; in seinem Garten lebt' ich mit ihm, theilte Mittags und Abends seine ländliche Tafel. Mit kindlicher Heiterkeit zeigte er mir einige Versuche, die auf den dritten Theil der Morphologie Bezug haben; wir sprachen über seine Jugend, seine Schöpfungen, seine Verhältnisse. Bis gegen Mitternacht las er mir aus seinem Divan, dann schloß er mich in seine Arme, und ich schied. Von diesem Manne umarmt! — Ich gebe die seligste Umarmung der Liebe dafür!" Freiherr von Warsberg vermerkt mit Recht die Merkwürdigkeit, daß Goethe dem künftigen Orientalisten, „der damals noch nicht die leiseste Ahnung seiner späteren Vorliebe und seines Schicksals hatte", gerade aus diesem Werk vorgelesen hat. Sein Bericht im Nachruf beruht auf einer Erzählung Prokeschs während einer gemeinsamen „wundervollen Mondscheinfahrt, den Hirschbühel von Lofer hinab nach der Berchtesgadener Ramsau" am 29. August 1863, da er ihm dieses Erlebnis zum ersten Mal mitgeteilt habe; Prokesch habe es gleichsam leibhaftig dem Zuhörer erstehen lassen. Neu gegenüber dem Brief an Schneller ist die Einzelheit, daß Prokesch Goethes Ansichten während der Gespräche im Garten heftig widersprochen habe, was aber „dem Altmeister nur umso besser" gefallen habe.

Die Nachricht von Schwarzenbergs Ableben hatte Prokesch sofort nach Wien zu bringen, weshalb er noch am Todestag abends den schweren Abschied von Wilhelmine Reichenbach nahm, die eine leidenschaftliche Neigung in dem jungen Offizier entfacht hatte, während nach seiner Rückkehr erneut Marie Koschak, verehelichte Pachler, den Horizont seines Herzens beherrschte. Im Gedenken an Wilhelmine Reichenbach, der einmal auch Clemens Brentano nahegestanden hatte, schreibt Prokesch 1827 in Smyrna: „Das Tuch, das sie in ihrer Abschiedsstunde von ihrem Hals gerissen und mir an die Brust gesteckt hatte, da sie mich nicht genug verwahrt gegen die Jahreszeit und die Nachtreise glaubte, galt mir lange für den größten Schatz. Ich legte es unter mein Haupt, wenn ich schlief, denn ich war dann sicher, von ihr zu träumen. Ich trug es als einen Talisman allüberall mit mir und bin so daran gewöhnt, daß ich mit Aberglauben daran hänge. Auf meinen vielen Reisen zu Pferde, in Griechenland und Asien, auf meiner Fahrt bis an die Katarakte des Nils kam es nicht von meiner Seite und jetzt, da ich dieses schreibe, liegt es neben mir in der engen Kajüte."

Bald nach seiner Rückkehr wurde er als Oberleutnant im Generalstab in den nordöstlichen Karpaten bei der Landesaufnahme verwendet; ein in der Linzer Zeit abgefaßter Kommentar zur Instruktion der bei der Landesvermessung angestellten Offiziere schien ihn hiefür besonders zu empfehlen. 1823 wurde er Hauptmann und als solcher im Mai nach Triest beordert. Dort ging er dann auf ein Angebot des Referenten des Hofkriegsrates, Oberst Baron Kavanagh, gern ein, wonach er ohne formelle Versetzung zur Marine die Gewässer der Levante nach Belieben und mit der Möglichkeit, jedes Schiff der Levanteflotte benützen zu dürfen, durchkreuzen konnte. Am 19. August 1824 schiffte er sich auf der Brigg ‚Il Veloce' nach der Ägäis ein. Bei dieser seiner Verwendung bei der Marine spielte freilich für seine Vorgesetzten die Überlegung eine wesentliche Rolle, einen tüchtigen österreichischen Offizier mit entsprechender Einflußnahme bei der Levanteflotte zu wissen, um deren innere Verhältnisse es damals schlecht bestellt war. Im richtigen Gespür dafür begegneten allerdings die überwiegend italienischen Offiziere dem österreichischen Neuankömmling mit beträchtlichem Argwohn. Es war die Auflage des Hofkriegsrats für diese Verwendung, über den Freiheitskampf der Griechen laufend zu berichten.

In einem 1849 für die Kaiserliche Akademie der Wissenschaften verfaßten Lebenslauf spricht Prokesch selbst von der Verlängerung dieses als Urlaub geltenden Verhältnisses, worum er „durch den griechischen Kampf und durch Reiselust geleitet" gebeten habe. Sein Sohn hat als Kenner der Persönlichkeit des Vaters das Motiv für den Aufbruch im August 1824 nach der Levante näher erläutert: „Der Anblick des Meeres, der ein- und auslaufenden Schiffe — die Begeisterung für hellenische Geschichte, Dichtung und Kunst, und ihr Überströmen in die verwandte philhellenische Idee, welche eben damals die Welt ergriffen — der Zauber Byron's und die Weihe, die Griechenlands Boden durch den Tod dieses Sängers empfangen — endlich der jugendfrische Drang nach Neuem, Unbekanntem, weckten in ihm die Sehnsucht, die Levante zu sehen." Dazu stimmt die Sicht des Historikers seiner Jugendzeit: „Er hoffte, den Griechen Hilfe bringen zu können, wie viele Hunderte der Besseren Europas es taten, wie viele Tausende es wünschten." So spricht auch Freiherr von Warsberg mit Recht von „dem alten Philhellenen", da er von den kurzen Heimataufenthalten des schon bejahrten Geschäftsträgers bei der Pforte redet. Es sollte auch nie und nirgends vergessen werden, daß Prokesch seine Lebenszeit hindurch ein Philhellene gewesen und geblieben ist. Andere freilich mögen es viel leichter gehabt haben, ihren Empfindungen freien Lauf zu lassen, auf denen nicht zentnerschwer die Tradition einer Politik lastete, die es von Berufs wegen zu vertreten galt und zu deren Grundelementen das Festhalten an der Integrität der Türkei gehörte. Prokesch hatte zeitlebens diesen Ausgleich zwischen seinem Fühlen und seinem Denken und die Harmonisierung dieser beiden Bereiche zu leisten, wobei es keineswegs verschwiegen zu werden braucht, daß die Welt des Ostens zunehmend eine eigentümliche Faszination auf ihn ausübte — es gehörte derlei eben auch zu den unverächtlichen Dispositionen des alten Österreich. Eine Frage endlich des Historikers, die auf die Zeit von 1856 bis 1859 zielt, ist sicherlich nicht nur für diese knappen Jahre berechtigt: „War es möglich, an Rußland zu denken, ohne für die Türkei einzutreten?" Mit diesen Perspektiven freilich ist dem Lauf der Dinge bereits vorgegriffen.

Über die Kreuzfahrten im Bereich der Ägäis, über die längeren Aufenthalte in Athen, Konstantinopel und anderen Städten, die Besuche von Inseln und Küstenstrichen sowie endlich Ägyptens berichten zunächst die Briefe an den alten Lehrer Julius Schneller, der inzwischen Professor an der Universität Freiburg geworden war und zuvor noch, was für Prokesch bei weitem mehr ins Gewicht fiel, sein Stief- und Pflegevater — die Kunde von dem geliebten Lehrer und seinen Vorzügen aus dem Munde des begeisterten Stiefsohnes war auf die früh verwitwete Frau nicht ohne Wirkung geblieben, und als Anton als Fähnrich im Felde stand, hatten sich im Dezember 1815 Professor Schneller und die erst sechsundzwanzigjährige Stiefmutter die Hände zum Lebensbunde gereicht, wodurch die Bindung des ehemaligen Schülers an den Lehrer von einst noch erheblich vertieft wurde und an Innigkeit gewann. Zu den Briefen kommen die drei Bände ‚Denkwürdigkeiten und Erinnerungen aus dem Orient' und abermals drei Bände ‚Erinnerungen aus Ägypten und Kleinasien', diese vom Verfasser selbst Wien 1829—1831 veröffentlicht, jene aus dem Nachlaß des 1833 verewigten Schneller zugunsten der verwaisten Familie von Ernst Münch mit der Erlaubnis Prokeschs Stuttgart 1836/37 herausgegeben.

Der Inhalt der ‚Denkwürdigkeiten' ist höchst mannigfach: bunte Erlebnisse und Abenteuer, Proben des Mutes, schreckliche Szenen und erschütternde Schicksale am Rande des Befreiungskrieges oder im Rahmen seines Ablaufes, die Prokesch zum Teil mit eigenen Augen anzusehen und mitzuerleben hatte, Abschnitte dieses Kampfes selbst und dann wieder persönliche Berührungen mit zahlreichen Männern — Griechen und Nichtgriechen —, die maßgeblich am Kampf und an der Geschichte dieser Jahre beteiligt waren, und darunter auf türkischer Seite vor allem mit dem Vizekönig von Ägypten und seinem Adoptivsohn — der eine: Mehmed Ali, der ebenso tatkräftige wie schwierige Vasall des Sultans, der andere: Ibrahim Pascha, der sich 1825 zur Bekämpfung der griechischen Erhebung auf der Peloponnes festgesetzt hatte —, dazu etwa noch Schilderungen der augenblicklichen politischen Verhältnisse in Griechenland; aber derlei bildet keineswegs den gesamten Inhalt dieser Aufzeichnungen, die so sehr gerade auch vom starken Empfinden des Verfassers, von seinem Mitgefühl, seinem Mitleiden und seiner Bestürzung über die Abgründe des Menschen geprägt sind. Es gibt da vielmehr noch die Unmasse der Eindrücke von Natur und Geschichte, der archäologischen Stätten und der Reste der ehrwürdigen Vergangenheit — all dem war der junge Offizier neben der Offenheit dem Geschehen der Gegenwart gegenüber in gleichem Maße zugänglich, bestens vorbereitet dafür durch seine staunenswert reichen Kenntnisse und die Früchte seiner eindrucksvollen Belesenheit. Fürst Franz Dietrichstein, ein gleichfalls eher liberaler Mentor des jungen Offiziers, glaubte ihn ermahnen zu müssen, es sei jetzt nicht „der Augenblick, sich viel um die materiellen Denkmäler der Vorzeit zu bekümmern", er müsse vielmehr „die Gegenwart studieren". Es war aber eben der Vorzug von Prokeschs Geistesart, in ungeteiltem Interesse auf das Ganze gerichtet zu sein. Als Altertumsforscher weist er sich aus, wenn er sich in seinen Schilderungen in der Landschaft Trojas ergeht oder auf dem Boden Mykenes sich befindet, aber ebenso auch bei Gelegenheit der unzähligen weniger namhaften Stätten; stets setzt er sich mit den einschlägigen Forschern und Reisenden, ihren Ansichten und Schriften auseinander, von welch letzteren er offenbar eine ganze Menge in seinem Reisegepäck hatte, ebenso wie manchen antiken Autor, mit dessen Nachrichten und Zeugnissen er wissenschaftlich zu argumentieren versteht. Aber nicht etwa, daß er darüber die Zeit zwischen der Antike und der Gegenwart aus seinem Horizont ausgeschlossen hätte! Was Fürst Pückler-Muskau, der kluge Beobachter und geistvolle, weltgewandte Reisende, etwa zehn Jahre später an Prokesch neben anderem zu rühmen fand, den „gründlichen Altertumskenner" und den „vielseitig gebildeten Gelehrten", das ließ der österreichische Offizier schon damals erkennen.

Die Reisewerke dieser Zeit ruheloser Wanderschaft, zu denen auch noch ‚Das Land zwischen den Katarakten des Nil' und die ‚Reise in das heilige Land' (beide Wien 1831) gehören, haben ihm hohe Anerkennung und großen Ruhm eingebracht. Alexander von Humboldt ist es gewesen, der ihn gefeiert hat als „einen vollendeten Forschungsreisenden, wenn es je einen gegeben hat", und Oskar Peschel, einer der Bahnbrecher der neueren Geographie, hat, wie gleichfalls Schemann berichtet, in seiner ‚Geschichte der Erdkunde' die Schilderung eines bestimmten Abschnittes des Nillaufes „den höchsten Mustern unserer geographischen Literatur" beigezählt. Wie sehr seine Ausführungen auch in der Altertumswissenschaft unserer Zeit Gewicht haben, geht aus mehrfachen Nennungen seiner Werke in Artikeln wie ‚Chios' oder ‚Troas' in der ‚Realencyclopädie der classischen Altertumswissenschaft' hervor; daß ihm von seiten der Altertumskunde auch in älteren Werken wie in der ‚Allgemeinen Encyklopädie der Wissenschaften und Künste', herausgegeben von Ersch und Gruber, Gewicht beigemessen wurde, versteht sich dann von selbst.

Besonderer Hervorhebung aber bedarf die ihm eigene Erfassung der Landschaft, worin ihm Freiherr von Warsberg nachgeeifert hat. Prokesch selbst spricht einmal — bei Gelegenheit der Beschreibung des Aphaiatempels auf Ägina — sehr kennzeichnend von der *Landschaft seiner Empfindung* und meint damit die gegenseitige Durchdringung von Außen- und Innenwelt, deren Ineinander und Beisammen angesichts einer Landschaft. Er denkt dabei nicht an die Tatsache, daß „Landschaft" an und für sich bereits die innere Verarbeitung eines Außenobjektes darstellt, sondern zielt auf jene noch weitergehende geistig-seelische Bewältigung eines umgrenzten Erdraums von hoher Gründigkeit der den natürlichen Bestand übersteigenden Gehalte, wie sie vor allem die Geschichte oder der Mythos verleiht.

Was aber aus den im Folgenden gebotenen Abschnitten der ‚Denkwürdigkeiten' nicht hervorgeht und damit eine Erwartung des anteilnehmenden Lesers unerfüllt läßt, ist in einem Brief Prokeschs an Schneller aus der Gegend von Smyrna vom 21. August 1827 zu finden und gleich an dieser Stelle zu ergänzen. Da erfährt der Leser also, wie ein Tageslauf Prokeschs während dieser vieljährigen Wanderschaft, die bis Ende Jänner 1830 währte, im allgemeinen ausgesehen haben mag. „Sie wollen, daß ich Ihnen einen meiner Lebenstage beschreibe? — Das ist mit wenigen Worten gethan. Hier stehe ich frühe auf, und laufe auf den Bergen herum, bis etwa 8 Uhr. Dann frühstücke ich Caffee, Butter und Brod und rauche eine Pfeife. Ich lese und schreibe bis nach 11 Uhr — mache einen flüchtigen Besuch — speise, wenn ich nicht irgendwo gebeten bin, um 2 Uhr ganz allein in einem frischen Saale, einen Springbrunnen vor mir. Die Hitze in den Nachmittagsstunden ist ungemein stark, dermalen z. B. im Schatten und im Innern der Gebäude noch 30 und 34⁰ R.; nach Tische also bis Abends 7 Uhr ist nicht aus den Zimmern zu gehen. Da ich mir nicht erlaube zu schlafen, so wird während dieser Zeit gearbeitet. Abends gehe ich spazieren und bleibe bis nach 10 Uhr in Gesellschaft, worauf ich noch etwas lese, bis ich einschlafe.

Wenn ich an Bord bin, so ist die Lebensweise eine andere. Ich stehe nicht vor 7 Uhr auf, weil die Hitze des kleinen Zimmers einen gar nicht früher aus dem Nebel des Schlafes empor kommen läßt. Kaum angezogen gehe ich aufs Deck, um Luft zu schöpfen, und dann zum Admiral, um ihm guten Morgen zu sagen. Einstweilen wird mein Zimmerchen aufgeräumt und das Frühstück bereitet, das aus einem Stück Brod und zwei Tassen schwarzen Caffees besteht. Dann gehe ich an die Geschäfte allein oder mit dem Admiral bis 12 Uhr. Von 12 bis 1 Uhr ist griechische Stunde. Von 1 bis 4 Uhr abermals Geschäfte. Um 4 Uhr speise ich mit dem Admiral und bleibe nach Tische noch bis gegen 6 Uhr. Dann fahre ich aufs Land und setze meine Füße ein wenig in Bewegung. Ich bleibe in Besuchen bis 11 in der Nacht, zu welcher Stunde ich an Bord zurückfahre, noch einen Augenblick den Admiral sehe, der seine Partie macht, eine halbe Stunde auf dem Deck spazieren gehe und dann gewöhnlich noch etwas lese und schreibe. Mache ich Besuche auf fremden Schiffen, so geschieht es in den Morgenstunden. Unter Segel wird die Zeit, die ich sonst auf dem Lande zubringe, meist auf dem Deck hingebracht."

Wenn auch diese Schilderung des Tageslaufes aus einer bestimmten Situation zu verstehen ist, so wird man sich doch daraus auch ein allgemeineres Bild vom Ablauf eines Tages machen können. Insbesondere erklärt sich die nahe Beziehung zum Admiral — es ist Graf Dandolo gewesen — dadurch, daß Prokesch 1827 zum Major und Chef des Generalstabs des österreichischen Levantegeschwaders, das nunmehr auf die Stärke von 21 Kriegsschiffen gebracht worden war, ernannt wurde.

Schon während dieser Jahre, die dem Aufbruch in die Levante folgten, war Prokesch bei all seinen vielseitigen Interessen auch ein emsiger und scharfsichtiger Beobachter des politischen Geschehens, und seine Berichte hierüber, die er zunächst auftragsgemäß zu geben hatte, riefen allerorten zunehmend überraschtes Staunen angesichts der immer deutlicher werdenden Fähigkeiten des jungen Offiziers hervor, erst beim Hofkriegsrat und beim kaiserlichen Internuntius in Konstantinopel, Freiherrn von Ottenfels, und schließlich in der Staatskanzlei selbst, so daß Fürst Metternich Prokesch aufforderte, ihm unmittelbar zu berichten. Darüber hinaus übte der diplomatisch-politische Bereich überhaupt einen besonderen Anreiz auf ihn aus, und bald fühlte er sich zu ersten, völlig selbständigen Versuchen einer entsprechenden Betätigung angetrieben. Erhebliches Geschick bekundete er im Laufe des

Winters 1826/27 im Umgang mit dem schon genannten Mehmed Ali, dem von ihm hochgeschätzten aufgeklärten Vizekönig von Ägypten, dessen Beziehungen zum Sultan es zu entspannen galt. Unter dem Eindruck dieses Vorgehens schrieb damals Friedrich von Gentz an den Generalkonsul Hauenschild in Korfu: „Prokesch ist ein Diamant vom reinsten Wasser, eines der seltsamen Genies, die sich plötzlich, fast ohne Zwischenstufen, zum höchsten Grad der Brauchbarkeit erheben. Was aus diesem Menschen in drei Jahren geworden ist, erscheint mir wie ein Wunder. Der Fürst und ich staunen einander an, so oft wir seine Berichte und Briefe lesen. Selbst der ruhige Ottenfels findet kaum Worte mehr, um von ihm zu sprechen. Was er während eines zweimonatlichen Aufenthalts in Alexandrien geleistet, in zehn verschiedenen Fächern geleistet hat, gränzt ans Fabelhafte."

Ähnliches Geschick bewies er 1828 in der Durchführung eines Austausches von ägyptischen Gefangenen der Griechen gegen von Feindesseite erbeutete Griechen mit Ibrahim Pascha als dem Partner der Aktion. Das überraschende Ergebnis war, daß dabei eine beträchtlich höhere Zahl von Griechen freigekommen ist, da Prokesch den Ägypter dahin zu bringen vermochte, daß dieser mit seinem eigenen, ohnehin knapp gewordenen und für den Unterhalt seiner Truppen kaum mehr ausreichenden Geld griechische Sklaven von ihren Eigentümern loskaufte. Ibrahim Pascha stand übrigens nicht an, an Admiral Dandolo einen auszeichnenden Brief über Prokesch zu schreiben, der dann auch durch die europäischen Zeitungen ging und beträchtliches Aufsehen erregte. Unter den Griechen aber haben ihm viele nicht vergessen, daß ihre Familien nach herzzerreißender Trennung wieder zusammengeführt werden konnten. Das Schicksal versklavter Griechen hat Prokesch seit Beginn seines Aufenthaltes im Südosten beschäftigt und bedrückt, ohne daß er zunächst etwas zur Linderung dieses Leides hätte tun können: „Ich habe schauderhafte Scenen in Syra, Smyrna und hier gesehen, — Menschenmärkte — unbeschreibliches Elend der Flüchtigen — Kinder von den Eltern gerissen und in entfernte Länder verkauft — Mädchen, ausgezeichnet an Gestalt und mit jener griechischen Sittsamkeit erzogen, welche kaum eine Berührung erlaubt, auf öffentlichen Straßen ausgestellt... Geringe Summen genügen, um eine Familie aus allen Krämpfen der Verzweiflung in das sprachlose Entzücken der Dankbarkeit zu versetzen. Ich habe niemals in gleichem Grade bedauert, daß ich arm bin; mir kam jeder Kreuzer, auf etwas anderes als das Nothwendigste verwendet, wie ein Verbrechen vor." Welche Befriedigung muß ihm da nach dreieinhalb Jahren das Gelingen und der überraschende Erfolg des Gefangenenaustausches gebracht haben! Freilich bewährte sich gerade auch im Fall von Ibrahim Pascha die Wirkung der Persönlichkeit von Prokesch, seine Warmherzigkeit und seine faszinierende Ausstrahlung. Auch in Palästina hatte er im Jahr 1829 seine „überlegene Menschenbehandlung" (Engel-Janosi) bei dem gefürchteten Abdallah Pascha von Akka zur Wirkung zu bringen, den er zum Einlenken und zu einem Vergleich zugunsten der Christen bestimmen konnte.

Bedeutend waren aber auch seine militärischen Erfolge als Generalstabschef des Levantegeschwaders; wie einst Pompeius konnte auch er in verhältnismäßig kurzer Zeit der Seeräuberplage im Ägäischen Meer Einhalt gebieten und so den schon zum Erliegen gekommenen Seehandel wieder beleben. Nach einer Zeit beschämender Wehrlosigkeit konnte damit die österreichische Flagge erneut Achtung und Ansehen gewinnen.

Die „von einem Freunde" gesammelten Kleinen Schriften — sie wurden von dem Fürsten Pückler-Muskau in sieben Bänden Stuttgart 1842—1844 herausgegeben — enthalten im sechsten Band die Gedichte Prokeschs. Warsberg hat mit Recht bemerkt, daß ein „poetischer Reisender... den Band gar wohl als dichterisches Reisehandbuch zu einer Wanderung durch den Orient benutzen" könne. Darunter befindet sich das von Andersen gerühmte „Gebet in der Wüste", 1829 in Syrien entstanden und nach der Angabe Andersens „von mehreren Komponisten vertont". Ein anderes Gedicht, „bei Nazareth" im April 1829 geschrieben, soll hier zum Abdruck kommen, da es die Stimmung und die Empfindungen Prokeschs auf seiner über fünfjährigen Wanderschaft zum Ausdruck bringt. Schneller hat am 22. September 1829 Prokesch den Text von Schuberts „Wanderer" mitgeteilt und dazu bemerkt, daß er bei diesem Lied stets an Prokesch denken müsse. Am 30. Oktober 1829 erwidert Prokesch von Burnabat und teilt ihm sein eigenes Wanderlied mit, wobei er die dritte Person der Urfassung an dieser Stelle durch die erste Person ersetzt: „Sie schicken mir ein Wanderlied, das lange schon unter meinen Auserwählten steht. Ich gebe Ihnen dafür ein anderes.

Die Sonne kocht in Flammengluth
Mein Haupt, mein Herz, mein Aug', mein Blut.
Ich zieh' aus Galiläas Land
Zu Akka's windgepeitschtem Strand,
Im Busen Ruh', im Auge Schmerz,
Auf matten Lippen Lied und Scherz.

Mir war das Leben wenig hold.
Zwar mehr, als ich bedarf, an Gold,
An Lob und Schmuck und eitler Macht
Hat seine Hand mir zugebracht;
Doch ist die Welt ein ödes Haus,
Das Lied verklang, das Spiel ist aus.

Was einst an meiner Brust geruht,
Ist, lang verloren, fremdes Gut.
Ich zog vom Auf- zum Niedergang
Durch Land und Meer viel Jahre lang.
Nicht um Ersatz hab' ich gefleht,
Vergessenheit! war mein Gebet.

Ich hing mich an das Rad der Welt,
Half pflügen der Geschäfte Feld;
Der Völker Treiben sprach mich an,
Ich stand in Schlachten meinen Mann,
Ich rang mit Noth, schwelgt' in Gefahr,
Doch blieb ich elend, wie ich war.

Manch' Kind führt' ich mit Gold und Erz
Zurück an's theure Mutterherz;
Manch' Fessel schlug ich keck entzwei,
Durch Willen stark, durch Armuth frei.
Ich sah des Dankes Thränen-Licht,
Doch meine Thränen wies ich nicht.

Nun ist es Herbst in mir und Nacht,
Die Wünsche sind zu Grab gebracht.
So weit das Meer die Küste schlägt,
So weit mein starker Gaul mich trägt,
Ist nichts, was ich erstreben will,
Und nur das Wandern ist mein Ziel."

Prokesch verstand sich nicht nur aufs Dichten, sondern, wie wir aus vielen Quellen wissen, auch auf den packenden, meisterhaften Vortrag eigener und fremder Dichtung. Andersen hörte in Athen

Prokesch ein im Juni 1826 bei Gelegenheit eines Rittes durch das Idagebirge entstandenes Gedicht vortragen und schildert die Wirkung auf sich selbst: „Während er vorlas, war mir, als jagte ich selbst in den steilen Bergen! Ich sah ihn mit Säbel und Pistolen bewaffnet und mit demselben feurigen Blick, mit dem er uns seine Schilderung vortrug; die Räuberschar spähte vom Bergpfad herab, die Glocken der Kamele erklangen, und dann war alles wieder still in der großen, wilden, weglosen Einsamkeit." In der Dramenlektüre mit verteilten Rollen im Rahmen der Lesekreise Schnellers ist wohl der Grund zu dieser von allen Besuchern seines Hauses gerühmten besonderen Gabe gelegt worden. Er war aber auch von sich aus ein Mann des bannenden Wortes und einer die Wirkung nie verfehlenden Ausdruckskraft der Rede gewesen.

Nachdem er bereits im Februar 1829 wegen seiner Verdienste um den Schutz der österreichischen Handelsschiffahrt in der Levante mit dem Ritterkreuz des Leopoldordens ausgezeichnet worden war, erfolgte nach seiner zu Ende Februar 1830 erfolgten Rückkunft nach Wien die Beförderung zum Oberstleutnant und die Erhebung in den Ritterstand, und zwar mit dem Prädikat ‚von Osten' auf den besonderen Wunsch Prokeschs, der sich dieser Welt nach mehrjähriger Erfahrung so nahe und so sehr verbunden fühlte. Dem Heimkehrer aus dem Südosten war nun ein bis gegen Ende des Jahres 1834 währender Aufenthalt in Österreich beschieden, der freilich auch einige Unterbrechungen erfuhr. Gleich der Sommer dieses Jahres brachte das ersehnte, freilich letzte Wiedersehen mit dem geliebten ehemaligen Lehrer, dem Freund und Pflegevater Schneller in Freiburg und ebendort auch das mit der Schwester Anna, die mit dem angesehenen und wohlhabenden Freiburger Kaufmann Stutz verheiratet war. In der Historischen Gesellschaft der Stadt hielt Prokesch in freier Rede einen mehrstündigen Vortrag über Sultan Mahmud II. und den Vizekönig von Ägypten, Mehmed Ali, und hundert von ihm selbst kopierte griechische Steininschriften machte er der Vereinigung zum Geschenk und wurde von ihr durch die Verleihung der Ehrenmitgliedschaft ausgezeichnet.

Die drei weiteren Unterbrechungen seines Aufenthalts in der Heimat hatten politische Gründe. Der Staatskanzler entsandte ihn im Frühjahr 1831 nach Ausbruch der Revolution im Kirchenstaat nach Bologna als diplomatischen Kommissär bei der österreichischen Armee, die in den Kirchenstaat eingerückt war. Das Wiederaufleben des Aufstandes im nächsten Jahr hatte eine zweite Mission nach Italien zur Folge, die laut Instruktion vom 11. Februar der Mitarbeit an der Neuorganisation der päpstlichen Truppenmacht galt und Prokesch in ihrem weiteren Verlauf auch nach Rom zu persönlichen Verhandlungen mit Papst Gregor XVI. und dem Staatssekretär führte; auf Prokesch geht die Bildung von zwei Schweizerregimentern zurück. Der fünf Monate dauernde Aufenthalt in Rom hatte im Zusammenhang mit dem starken gesellschaftlichen Leben, in das er einbezogen wurde, zahlreiche Bekanntschaften und zum Teil freundschaftliche Beziehungen mit meist bedeutenden Erscheinungen des kulturellen und politischen Lebens zur Folge. Overbeck, Führich, Koch, Steinle, Reinhard, Catel, der Landsmann und Jugendfreund Tunner, Horace Vernet, Thorwaldsen begegneten ihm nebst anderen Vertretern der bildenden Künste, dazu die Musiker Monsignore Baini, Vorstand der päpstlichen Kapelle, Donizetti, die Sängerin Malibran, die Gelehrten Visconti, Gerhard, von Lasaulx und viele andere; unter den Diplomaten standen im Vordergrund der kaiserliche Botschafter Graf Lützow, der preußische Gesandte von Bunsen, der Geschäftsträger Rußlands Fürst Gagarin, der Englands Seymour, sie alle wieder mit ihren geselligen Kreisen, wobei sich Prokesch im Hause des französischen Gesandten Grafen Sainte Aulaire und seiner so einnehmenden Familie am wohlsten fühlte. Auch Roms größte Schönheit, Clara Vanutelli-Girometti, lernte er bei seinem französischen Gastgeber kennen. Nicht zuletzt sind die traditionsreichen Familien Roms wie die Torlonia und Massimi als Zentren der Geselligkeit zu erwähnen. Ein Name verdient noch besonders genannt zu werden, der des Geschäftsträgers und späteren Ministerresidenten Hannovers beim Päpstlichen Stuhl August Kestner, des Sohnes von Charlotte Buff aus Wetzlar, also von Werthers Lotte, womit wieder eine lebendige Brücke zu Goethe geschlagen war — Prokesch wohnte an der Spanischen Treppe und damit auch in der Nähe Kestners. Dieser erzählte ihm viel von Goethes Beziehungen zu seiner Mutter, und gerade auch in den letzten Märztagen nach jenem 22. März, an dem, ohne daß die beiden es zunächst erfahren hatten, Goethe gestorben war. — Prokesch war überglücklich darüber, daß er Kestner einen Goethebrief „abgebettelt" hat, wie er nach Wien seiner Braut Irene — von ihr wird gleich hernach zu sprechen sein — berichtet. Die ihn am meisten erschütternde und zutiefst ergreifende Begegnung in Rom war indes die mit der 84jährigen, fast erblindeten und fast gelähmten, ganz in Schwarz gekleideten Mutter Napoleons, der Großmutter des Herzogs von Reichstadt, im Palazzo Bonaparte an der Piazza Venezia.

In den Anfang dieser Jahre des Aufenthaltes in der Heimat — er wurde dann nochmals durch eine dritte diplomatische Mission, nach Ägypten, unterbrochen — fällt die innige Freundschaft mit dem Herzog von Reichstadt, dem Sohn Napoleons und Marie Luises, der ältesten Tochter des Kaisers Franz, eine Freundschaft, für die gerade noch ein Jahr blieb, bevor das wenig mehr als einundzwanzigjährige Leben des Kaisersohnes erlosch. Es bewegt, daß Prokesch in seinem letzten Sommer — er weilte in Altaussee — sich in diese Freundschaft zurückgedacht und zurückempfunden hat und wenig vor seinem Tod diese Schrift der Rückschau ‚Mein Verhältniß zum Herzog von Reichstadt' abgeschlossen hat, eine Ausarbeitung, die sechzehn Jahre zuvor entstanden war, wieder aufnehmend und nach bereits erfolgter Vollendung noch fünf Tage vor seinem Tod die letzte Hand an sie legend. Er hat so dem Frühvollendeten lebenslang die Treue gehalten.

Die Bekanntschaft begann im Juni 1830 gelegentlich eines Besuchs der Heimatstadt Graz, als Prokesch zur Tafel des damals gerade dort anwesenden Kaisers beigezogen wurde. Es kam zwar keine nähere Unterhaltung mit dem Herzog zustande, da die Kaiserin und der gleichfalls anwesende Erzherzog Johann von Prokesch unaufhörlich über den Orient und seine Erlebnisse hören wollten. Erst am nächsten Morgen ließ der Herzog seinen künftigen Freund zu sich bescheiden. Aber noch im Anschluß an die kaiserliche Tafel hat dieser, ,,der besten Wünsche für dieses nunmehr zum eigenen Leben berufene Land (nämlich Griechenland) voll", die Ansicht vertreten, daß man Griechenland, das einer kraftvollen Konsolidierung jetzt bedürfe, am ehesten den Herzog von Reichstadt zum König geben könne — ein Vorschlag , der den Beifall ebenso der Kaiserin wie auch des Erzherzogs Johann, eines überzeugten Philhellenen, fand. Man wird übrigens auch hier gut daran tun, die eben wörtlich ausgeschriebene Äußerung über das eigene Verhältnis zu Griechenland recht zu bedenken, eine Äußerung, die den immerwährenden Philhellenismus von Prokesch deutlich genug bekundet; am Ende seines Lebens getan, hat sie ebensowohl Geltung für die Zeit, auf die sie gemünzt ist, wie für das Lebensende des Mannes, der allen wechselvollen Erfahrungen eines langen Diplomatenlebens zum Trotz diese innerste Einstellung zu Griechenland weder korrigiert noch — was ein leichtes gewesen wäre — verschwiegen wissen wollte. Der Herzog selbst hatte jedoch für seine Zukunft nur die folgende Alternative im Sinn: „Ist es mein Verhängniß, nie wieder nach Frankreich zu kommen, so ist es mir ernst, Österreichs anderer Prinz Eugen zu werden. Ich liebe meinen Großvater, ich bin ein Stück seines Hauses und werde für Österreich gerne das Schwert ziehen gegen Jedermann, nur nicht gegen Frankreich."

Wohl aber war der Herzog von dem Wunsch beseelt, und zwar von Anfang an, daß Prokesch, den er aus seinen Schriften kannte und als einen Anwalt seines Vaters liebte, in seine Dienste treten solle und sein „Posa" werde. Metternich widersetzte sich indessen der Aufnahme Prokeschs in den Hofstaat des Herzogs, und auch Versuche aus dessen Umgebung im Sinn einer indirekten Einwirkung — über Gentz — auf Metternich blieben ohne Erfolg. Prokesch stand zu seiner Freundschaft. Er las mit dem Herzog die bedeutenden strategischen und geschichtlichen Werke der Zeit und die Napoleon selbst betreffenden Veröffentlichungen und war bestrebt, den Freund auf jede nur mögliche Weise für seine zukünftige hohe Aufgabe geeignet vorzubereiten. Metternich mußte in dieser engen Beziehung die gefährliche Möglichkeit einer Überhitzung des Zukunftsstrebens des Herzogs und als letzte Folge davon politische Komplikationen befürchten. Sein eigenes Verhältnis zu Prokesch war damals von der Art, daß dieser den Eindruck haben mußte, als hätte der Fürst ihn vergessen und abgeschrieben. Wenn Metternich ihn fallen ließe, so wollte er in die Armee zurückkehren. „Mich beirrte dieses Erbleichen meines Sternes nicht. Ich wußte mir keine Schuld. Erst das Verleugnen meiner Liebe und Treue für den Herzog hätte meinem Gewissen eine solche aufgebürdet... Mußte ich wählen, so war ich entschieden, lieber mit Fürsten Metternich als mit dem Herzog zu brechen... Und von diesem Jüngling hätte ich mich wenden können? Ich danke der Vorsehung, mir ... die Gelegenheit gegeben zu haben, der Gunst der Macht nicht die Treue des Herzens zu opfern."

Wenige Tage vor seinem Aufbruch von Rom nach Beendigung

der zweiten Sendung nach Italien hat Prokesch am 21. Juli 1832 mittags seinen Besuch bei der Großmutter des Herzogs, bei der Kaiserinmutter, im Palazzo Bonaparte gemacht. Sie ließ sich über ihren Enkel erzählen und stellte manche Ähnlichkeiten mit seinem Vater fest. Wehmütig sprach sie davon, wie sie den Enkel zum letzten Mal in Blois gesehen und umarmt habe. Mehrere Male habe sie an seine Mutter und auch an ihn selbst geschrieben, sei aber immer ohne Antwort geblieben. Sie bereitete für ihren Enkel ein eigenes Miniaturbild vor, an dessen Rückseite er eine Locke des Vaters vorfinden werde. Auf Prokeschs Haupt, der in die Knie gesunken war, sprach sie in Gedanken an ihren Enkel den Segen der Großmutter, da sie ihn selbst nicht erreichen könne. „Bringen Sie ihm, was ich vertrauend auf Ihr Haupt, in Ihr Herz lege!" Am Morgen des nächsten Tages verschied in Wien im Schloß zu Schönbrunn der Herzog von Reichstadt.

Zu Anfang 1833 wurde Prokesch nach Ägypten zu Mehmed Ali, der sich im offenen Krieg mit der Pforte befand, geschickt, um mit Kommissären aus England, Frankreich, Preußen und Rußland den Frieden mit dem Sultan vermitteln zu helfen. Nach Erledigung dieses Auftrags reiste er über Griechenland nach Wien zurück und von dort sofort weiter nach Münchengrätz, wohin er von Metternich zum Treffen der Kaiser von Österreich und Rußland beordert worden war.

Die vom Sohn 1909 veröffentlichten Tagebücher 1830—1834 lassen erkennen, wie stark Prokesch gleich nach seiner Rückkunft aus dem Süden in Wien von gesellschaftlichen Beziehungen und Verpflichtungen beansprucht war. Zahllose Kontakte wurden gepflegt, und viele Verbindungen ließen ihn gerade auch am Leben der Hocharistokratie teilnehmen. So berichtet etwa das Tagebuch unter dem 10. Mai 1830 von einer Aufwartung bei der Erzherzogin Sophie, die übrigens nach dieser Quelle eine Philhellenin am Wiener Hof darstellte; sie habe sich unter „großer Teilnahme" von seinen Reisen erzählen lassen. „Ich schenke ihr ein Fläschchen Wasser aus dem Jordan zur Taufe ihres künftigen Kindes..." — es ist der nach sechsjähriger Ehe erstgeborene Franz Joseph, der spätere Kaiser, gewesen!

Zu beliebten Treffpunkten der Wiener Gesellschaft zählten auch die Musikabende im Hause des Hofrats Raphael Georg Kiesewetter von Wiesenbrunn, die sich besonders auch die Pflege alter

Musik angelegen sein ließen. Der Hausherr war Referent beim Hofkriegsrat, hat sich als Musikgelehrter und Musikschriftsteller einen Namen gemacht, war ein Gönner Schuberts, betätigte sich gelegentlich auch als Dirigent und war Vizepräsident der Gesellschaft der Musikfreunde in Wien. Prokesch ist seit Beginn dieser Wiener Zeit Besucher der Abende bei Kiesewetter gewesen. So ergab sich im Oktober des ersten Wiener Jahres die Grundlegung des Lebensbundes mit Irene, der damals neunzehnjährigen Tochter (geboren am 27. März 1811) des Hofrats Kiesewetter. Im Herbst hatte sie zunehmend Prokeschs Aufmerksamkeit auf sich vereinigt, bis sie eines Abends in einer Wiener Gesellschaft durch den meisterhaften Vortrag einer Beethoven-Sonate eine durchschlagende Wirkung auf ihn erzielte. Als Klavierspielerin war sie auch in Schuberts Kreis geschätzt, der, nachdem er bereits der Vierzehnjährigen ein Vokalquartett ‚Der Tanz' dediziert hatte, zur Feier ihrer Wiedergenesung nach schwerer Krankheit am 26. Dezember 1827 für sie die Kantate ‚Alla nostra cara Irene' komponiert hat. Am Tag nach jenem Beethoven-Spiel machte ihr Prokesch eine Liebeserklärung und wieder einen Tag später, am 21. Oktober 1830, den förmlichen Heiratsantrag. „Wenn ich überhaupt glücklich werden kann im Hause, so ist es mit diesem Mädchen" — so schrieb er am 23. in sein Tagebuch. Bei seiner Wahl hatte er die völlige Zustimmung der Fürstin Schwarzenberg, seiner vertrauten Ratgeberin, gefunden: „Sie werden kein edleres Wesen finden." Gentz war ähnlicher Meinung, machte aber den Freund darauf aufmerksam, daß diese Verbindung seiner Karriere nicht förderlich sein werde. Prokesch ist auch in diesem Fall zur Entscheidung seines Herzens gestanden und hat der „Holden" die Treue gehalten, wie er auch schon beim Heiratsantrag ihr erklärt hatte, daß er bereit sei, seine Karriere, wenn sie sich ihrer Verbindung als hinderlich erweisen sollte, aufzugeben. Am 25. November 1832 fand die Vermählung statt, wenige Monate, bevor er zu seiner dritten diplomatischen Mission im Lauf dieser Jahre, zu Mehmed Ali, nach Ägypten aufzubrechen hatte.

Nachdem der Herzog von Reichstadt im Sommer 1832 verstorben war, erklärte Metternich: „Der Herzog ist tot; meine früheren Einwände existieren nicht mehr", was die Entlastung Prokeschs in den Augen des Staatskanzlers bedeutete und die Fortsetzung seiner Laufbahn ermöglichte. Es trat nun ein, worum ihn im April 1832 in

Rom Oberst Heideck, der in Begleitung des Königs Ludwig dorthin gekommen war, gebeten hatte: nach Griechenland zu gehen, sobald er mit Prinz Otto dort sein werde; auch als Verlobter hatte Prokesch seiner Braut gegenüber von der „Aussicht nach Griechenland" geschrieben und diese Lösung sich gewünscht, zu ihrer beider Gunsten. Er schrieb damals: „Ich wünsche, ich will diesen Posten, weil er mit einem Male alle Zweifel endet und das Loos über unser Beider Leben wirft..."

Der 29. Juli 1834 brachte die Ernennung zum österreichischen Gesandten in Griechenland und der 11. November die Einschiffung in Triest nach der neuen Wirkungsstätte, wo Prokesch auf volle vierzehn Jahre die Stellung eines bevollmächtigten Ministers Österreichs am griechischen Hof einzunehmen hatte. Dasselbe Schiff, der ‚Veloce', wie vor zehn Jahren nach der Levante brachte ihn diesmal nach dem Piräus, wo er am 18. Dezember eintraf.

Fürst Metternich hätte ihn eigentlich damals bereits als Internuntius nach Konstantinopel entsenden wollen; der Kaiser aber hielt ihn bei aller Anerkennung seiner außerordentlichen Verdienste im Hinblick auf diesen Botschafterposten doch noch für zu jung. Der griechische Wirkungsbereich erfuhr aber insofern von Anfang an eine Erweiterung, als der neue Gesandte die politischen Angelegenheiten Ägyptens weiter wahrnehmen und alle diplomatische Korrespondenz zwischen Alexandria und Wien, sowie umgekehrt, über ihn laufen sollte.

Die Atmosphäre im diplomatischen Korps am Hofe König Ottos war recht unerfreulich. Der für alle Diplomaten unangenehmste Kollege war der britische Gesandte Lyons; von ihm hat Metternich einmal gesagt, daß er wie ein Stier durch die Welt renne, und Stieren müsse man ausweichen. Trotzdem erging eines Tages Metternichs Instruktion an den Gesandten, mit Lyons gemeinsam vorzugehen, was jener als „eine der schwersten Prüfungen" bezeichnete.

Bald nach Amtsantritt hatte Prokesch die Erschwernisse durch die üblen Einmischungen des Auslands und durch ständige Intrigen, nicht zuletzt der Bayern, festzustellen. Er fand bestätigt, was er am 4. Februar 1832 an Georg Christian Gropius geschrieben hatte: „Die Sirenenstimmen europäischer Ratgeberei haben dem Lande mehr geschadet, als die Unwissenheit und Rohheit türkischer Minister oder Heerführer ihm schaden konnte." Erzherzog Johann, der sich während der letzten Monate des Jahres 1837, von Prokesch betreut, in Griechenland aufhielt, hat sich im gleichen Sinn in Briefen an Prokesch aus Wien vom 24. April 1838 und aus Vordernberg vom 12. Juli 1838 im Hinblick auf die englische Haltung geäußert: „Es ist nichts, was mich mehr empört als fremde Einmischungen, als Anmaßung, als das Streben, einer Regierung Verlegenheiten auf den Hals zu ziehen, um dann einseitige Absichten durchzusetzen." Er empfand mit dem griechischen Volk, „wo so viel Gutes, Großes sich entwickeln kann, weil es dessen fähig ist. Die Politik der Kaufleute ist selten was nutz; jene der Hirten ist etwas ganz anderes, das wissen wir am besten", und dieses Volk hat es ihm angetan: „Mit Wehmut denke ich an Griechenland, es schweben vor meinen Augen die Gestalten jener Krieger, welche man Barbaren, Räuber, ich weiß nicht was, nennt, und in deren Gemütern viel Edelmut liegt, mit welchen sich so vieles mit Einfalt und Kraft machen ließ." Hinsichtlich der Mißgriffe der bayerischen Beamten schrieb er: „Für ein Volk, was noch gar so jung ist wie jenes Griechenland, taugen alle unsere Theorien nichts."

Man hat guten Grund anzunehmen, daß solche Äußerungen Prokeschs eigene Ansichten spiegelten, und dazu stimmt die von ihm energisch während seiner Tätigkeit in diesem Land verfolgte Politik, den neuen, der Konsolidierung so sehr bedürftigen Staat der Einflußnahme Englands, Frankreichs und Rußlands zu entziehen, damit der junge Baum ungestört wachsen könne; er „hätte am liebsten gesehen, daß Griechenland mit einer Mauer umzogen würde, um jedem fremden Einfluß unzugänglich zu bleiben". Befreiung von der ausländischen Bevormundung und der Verzicht der Regierung auf die Anwendung auswärtiger, mitgebrachter Muster und Modelle schienen ihm die dringendsten Erfordernisse.

Zur Zeit der größten Schwierigkeiten des Grafen Armansperg in der Leitung des Regentschaftsrates kam Mitte Mai 1835 von König Ludwig von Bayern ein Sonderbotschafter zum jungen König mit dem Rat, Prokesch mit der Leitung der griechischen Politik zu betrauen, falls Armansperg zurücktreten sollte; als Prokesch davon erfuhr, wehrte er mit Entschiedenheit ab. Wohl aber wird er bei solchen Vertrauenserweisen sich darin bestärkt gefühlt haben, dem jungen König als Mentor und Freund tatkräftig zur Seite zu stehen — Engel-Janosi vermutet, daß er auch jenem gegenüber sich wiederum in der Rolle eines Marquis Posa gefühlt haben könnte. Man wird vielleicht nicht so weit zu gehen brauchen; Schemann erinnert mit Recht daran, daß eine ähnliche Vertrauensstellung dreißig Jahre später zwischen Prokeschs engem Freund Gobineau und dem dänischen Nachfolger Ottos auf dem griechischen Königsthron gegeben war. Als König Otto sich endlich von fremder Bevormundung befreit hatte, war es endgültig zu spät. Prokesch ist — wie sein französischer Kollege Piscatory — ein aufrichtiger Freund Griechenlands gewesen und immer geblieben. An einer bedeutenden Stelle hat Prokesch selbst Worte gesprochen, die in ihrer lapidaren Monumentalität von solcher Eindruckskraft auf den Leser sind, daß sie nicht anders als wahr sein können und damit es verdienen, als ein Motto auch über der Zeit, in der Prokesch österreichischer Geschäftsträger in Griechenland gewesen ist, zu stehen: „Seit langen Jahren die Schicksale des griechischen Landes teilend, seiner Kämpfe Augenzeuge, seiner Leiden und Hoffnungen Mitfühlender, am Baue seiner Wiedergeburt auch eine Hand, für die Bewahrung seiner errungenen Unabhängigkeit tätig..."

Die eben zitierten Worte laufen in eine Frage aus: „was Wunder, daß ich die Fackel der Geschichte in das diplomatische Labyrinth des Befreiungskrieges zu tragen unternahm?" Der Satz steht in dem „Athen, Frühjahr 1848" datierten Vorwort des historischen Hauptwerks Prokeschs, seiner sechsbändigen ‚Geschichte des Abfalls der Griechen vom türkischen Reiche im Jahre 1821 und der Gründung des hellenischen Königreiches. Aus diplomatischem Standpunkte'. Dieses zwei Bände zusammenhängender Darstellung und vier Bände Beilagen umfassende Werk, von dem Warsberg gesagt hat, daß es sich wie die von Xenophon erzählte griechische Geschichte lese, ist, wieder nach Warsberg, dem Verfasser vom Fürsten Metternich aufgetragen worden, der wenigstens für die Zukunft das wahre Bild der österreichischen Politik habe gerettet wissen wollen, daß nämlich „Griechenland... keinen aufrichtigeren Freund, vielleicht den einzig aufrichtigen an Österreich habe". Es hat, wie es Karl Mendelssohn Bartholdy, der Sohn des Komponisten und Historiker des neueren Griechenland, ausgedrückt hat, eine bemerkenswerte „Leidensgeschichte". 1848 vollendet, wurde es der Kaiserlichen Akademie der Wissenschaften zu Wien, die in diesem Jahre Prokesch zu ihrem korrespondierenden Mitglied gewählt hatte, zur Herausgabe angeboten. Auf Kosten der Akademie bereits zu zwei Dritteln gedruckt, und zwar in 3000 Exemplaren, mußte es infolge eines Publikationsverbotes im Jahre 1853 in die Kellerräume der Akademie wandern und wurde dort unter so strengem Verschluß verwahrt, daß auch jegliche Einsichtnahme unmöglich war; der Verfasser selbst hatte kein Exemplar behalten können. Wenn Mendelssohn gemeint hat, daß Beweggründe diplomatischer Diskretion zu dieser Maßnahme geführt hätten, so ist demgegenüber nachweisbar, daß in diesem Jahr der russische Botschafter in Wien gegen die Veröffentlichung dieses Werkes eines bekanntermaßen antirussisch eingestellten Verfassers protestiert hat. Erst 1867 ermöglichte Ministerpräsident Graf Beust die Publikation des Werkes, wobei Warsberg für den Ausdruck der noch ausstehenden letzten beiden Beilagenbände Sorge trug.

Für den hohen Wert der ‚Geschichte des Abfalls' spricht das Urteil des Verfassers einer Geschichte Griechenlands im 19. Jahrhundert, nämlich G. F. Hertzbergs, wonach dieses Werk von „besonderer Bedeutung" ist, „besonders genau die diplomatische Geschichte der Zeit 1821 bis 1833" bietet und „mit großem Geschick und oft sehr wirksam für eine günstigere Beurtheilung der österreichischen Politik jener Zeit (und minder glücklich zuweilen auch für Kapodistrias)" plädiert. Die von Mendelssohn schon 1867 im 18. Bande von Sybels Historischer Zeitschrift verfaßte umfangreiche Anzeige setzt sich in der Hauptsache mit der orientalischen Politik des Fürsten Metternich, deren „verspätete Rettung" das Anliegen des Werkes sei, auseinander, gelangt aber dann (trotz der gelegentlichen polemischen Bemerkungen über Prokesch im eigenen Geschichtswerk) zu einer auszeichnenden Würdigung der Leistung des Verfassers; er könne sich die Genugtuung nicht versagen, „die großen Vorzüge (des Werkes) hervorzuheben... Die Darstellung der Begebenheiten in Griechenland selbst ist klar und ruhig, der Ton ist einfach und besonnen gehalten. Man bemerkt es sofort: hier schreibt ein Mann, der mitten im Gewühl der Leidenschaften gestanden, der das wilde Emporwachsen dieses heißblütigen Geschlechts mit eigenen Augen gesehen hat, den aber praktischer Verstand und nüchterne Genialität hoch über das wirre Treiben des Tages gestellt und in Wahrheit zum historischen Richter berufen haben" — was kann man einem Historiker Höheres nachrühmen? „Schwerer zu bewältigen ist selten ein historischer Stoff als der, welcher den Vorwurf von Prokeschs Werk bildet. Es ist große Gefahr, daß der Erzähler sich in ein Chaos von Einzelheiten verirrt, da wie im Alterthum auch noch heutzutage jeder kleine Distrikt, jede Alpenlandschaft, jede Insel Griechenlands ihre eigene Geschichte hat. Aber Prokesch weiß die Schwierigkeiten glücklich zu überwinden..." Das Auftreten Lord Byrons, die Belagerung und den Fall Missolungis habe er „in völlig meisterhafter Weise geschildert".

Prokesch hat im pflichttreuen Dienst an seinem Staat viel Selbstentäußerung bewährt. Er hat es in Kauf genommen, wegen seiner vom Stabilitätsdenken bestimmten Einsicht in die Notwendigkeit, die Bedeutung und Stellung der Türkei aufrechtzuerhalten, viel gescholten zu werden. Er hat in seiner persönlichen Sphäre, in seiner Familie, das Opfer des Verlustes zweier Kinder auf sich nehmen müssen; in zartestem Alter stehend und den Lebensverhältnissen in einer ungewohnten Fremde jedenfalls nicht standhaltend, wurden den Eltern der kaum zweijährige Julius bereits 1835 und drei Jahre später der dreijährige Fritz entrissen. Als dann nach diesen beiden Athener Opfergängen der bereits 60jährige Vater in einer neuen Stellung einen dritten Verlust zu beklagen hat, den Tod des kleinen „Franzi", der das Opfer der verzehrenden Luft der Fremde geworden war, läßt er in einem Akt des Aufbäumens seinen Empfindungen in einem Brief an den Freund Gobineau vom 18. April 1856 aus Konstantinopel, bereits Wochen nach dem Tod des Kindes, freien Lauf und beklagt sich bitter über sein hartes und grausames Schicksal; Tag und Nacht habe er sein Kind vor Augen und von Tür zu Tür würde er um sein Brot betteln gehen wollen, könnte er nur den Kleinen noch an seiner Hand führen!

Stark und tapfer stand ihm seine Gattin zur Seite. Sie war ihm all die Jahre hindurch Zierde und belebende Mitte seines gastlichen Hauses, das kein einigermaßen bedeutender Besucher Athens sich versagt hat. Sein anziehender Landsitz lag am äußersten Rand von Athen in nordöstlicher Richtung auf das Gebirge zu. Andersen schildert es: „Die Glastüren öffnen sich, man hat der weitgedehnten Heide... den Rücken zugewendet und glaubt nun, ... in einem Landhaus der Kaiserstadt an der Donau zu sein; dieser Glaube wird fast zur Gewißheit, wenn man in die geschmackvollen Zimmer tritt und Rokoko, moderne Schaukelstühle, prächtige Spiegel und Gemälde sieht. Wirt und Wirtin, beide liebenswürdig... und herzlich, begrüßen uns... Wir sind bei Prokesch-Osten und seiner geistreichen Gattin..." Fürst Pückler-Muskau fühlte sich in ihrem Haus „durch die geschmackvolle Disposition antiker Fragmente an das unseres Goethe" erinnert; es lasse den „kunstliebenden, feineren Genüssen lebenden Besitzer" ahnen, und ein noch „lieblicherer Beweis von dem praktischen Schönheitssinn des Hausherrn" sei „die reizende Dame..., die er zu seiner Gemahlin gewählt. Frau von Prokesch ist schön und liebt ihren Mann... Dazu besitzt sie das Talent, eine große Virtuosin auf dem Klaviere zu sein." Was Graf Schack dem späteren Berliner Heim Prokeschs nachrühmte, daß es „ein wahrer Musensitz war und in welchem seine Gemahlin, die eine vorzügliche Stimme besaß, die Gäste durch ihren Gesang entzückte", galt natürlich ebenso von dem Athener Heim und nicht zuletzt auch wegen des Vortrags eigener und fremder Dichtung durch den Hausherrn. „Und wenn die Wellen der Poesie und der Musik verrauscht sind, wird nachher immer ein so mannigfacher, bunter Teppich leichterer und doch nicht minder fesselnder Unterhaltung ausgebreitet, daß ich mich nie genug desselben erfreuen kann" (Pückler-Muskau). Für Andersen gehörten die bei Prokeschs verlebten fröhlichen und geistreichen Stunden im Märchen seines eigenen Lebens zu den ihm interessantesten; nur seien sie allzu kurz gewesen. Prokesch hatte, wie man aus Pückler-Muskau weiß, zudem das Gelände der Pnyx, der Stätte der Volksversammlungen im alten Athen, erworben. Übrigens sind der mehrfach genannte Fürst und die Gräfin Ida Hahn-Hahn nach Warsberg „während ihrer vielmonatlichen Aufenthalte in Athen die täglichen Gäste bei Prokesch" gewesen.

Die Geltung der Gattin war indes keineswegs auf das Haus beschränkt. Der Gesandte verließ sich auch auf ihr Urteil und ihren Scharfblick und richtete sich nach ihren Eindrücken, bevor er mit jemandem in vertrauterem Verkehr trat. „Sie hat ein selten getäuschtes Auge für den moralischen Werth eines Menschen gehabt, denn sie sah mit der Seele und darum bis in die Seele hinein" (Warsberg). Prokesch selbst berichtet in einem Schreiben an Metternich vom 26. September 1843 von einer Probe ihres beträchtlichen Mutes. Sie beide hätten die scheidende Schwester der griechischen Königin, Herzogin Friederike von Oldenburg, auf dem Lloyddampfer ‚Baron Kübeck' vom Piräus nach Kalamaki auf dem Isthmus begleitet; dort seien sie von einem Volkshaufen empfangen worden, der offensichtlich seinem Unmut gegen die Bayern habe Luft machen wollen, indem man den Obersten von Heß und einige weitere begleitende bayerische Offiziere attackierte. Der Adjutant des Königs, General Kolokotronis, habe sich dazwischengeworfen, während Prokesch die Herzogin geleitete und der Oberst nun am Arm von dessen Frau ging. So sei man ohne weiteren Zwischenfall über den Isthmus nach Lutraki gelangt, wo man die Herzogin auf einem Dampfboot verabschiedete und nach Athen zurückkehrte.

Wie Prokesch in vieljähriger Arbeit während seiner Athener Zeit sein historisches Hauptwerk geschrieben hat, so fallen auch in die gleiche Periode mehrere seiner hauptsächlichen Leistungen im Bereich der Altertumswissenschaft. Für seinen Rang und seine Bedeutung auf diesem Gebiet ist eine zusammenfassende Wertung von Conrad Bursian in seiner ‚Geschichte der classischen Philologie in Deutschland' gegeben worden. Er spricht von den „Pionieren deutscher Wissenschaft auf griechischem Boden" und gibt eine Untergliederung seiner Ausführungen nach „Alterthumsforschern von Fach", Historikern und Naturforschern, wobei bezeichnenderweise und ausdrücklich Prokesch der ersten Gruppe beigezählt wird und seine Verdienste nebst der Entdeckung der „uralten Felsinschriften von der Insel Thera" festgehalten werden: er habe sich „außer durch topographische Forschungen in Ägypten, Kleinasien und den griechischen Inseln... besonders als tüchtiger Kenner und eifriger Sammler griechischer Münzen um die Alterthumswissenschaft verdient gemacht". Bei seinen zahlreichen Reisen in Griechenland hat der Gesandte immer auch seine wissenschaftlichen Interessen verfolgt, und „kein Dorf und keine Bergspitze blieb von ihm unbesucht". So konnte er in einem Brunnen auf der Peloponnes die berühmte archaische Statue des sogenannten Apollon von Tenea entdecken, die von ihrem Finder, nachdem sie erst das Wiener k. k. Antikenkabinett geziert hatte, König Ludwig von Bayern geschenkt und der Münchener Glyptothek übergeben wurde. Bei einer anderen Reise geriet Prokesch auf der Insel Thera auf jene hochaltertümlichen lasziven Graffiti, die wegen ihres Schrifttypus besondere Berühmtheit in der griechischen Epigraphik erlangt haben; nachdem er sie sorgfältig abgeschrieben hatte, traf er am 3. September 1835 in Phira mit dem Altertumsforscher Ludwig Roß zusammen, der gerade mit dem

Oberarchitekten Schaubert nach Thera gekommen war, worauf man dann gemeinsam nach dem alten Stadtberg ritt. Die Publikation und Bearbeitung der ‚von Herrn von Prokesch in Thera entdeckten Inschriften' erfolgte durch den bedeutenden Philologen Boeckh in den Abhandlungen der Berliner Akademie der Wissenschaften für 1836. Bei Gelegenheit der Besprechung dieses Fundes nennt übrigens Wilhelm Larfeld in seinem ‚Handbuch der griechischen Epigraphik' Prokesch einen „gelehrten Altertumsforscher", „dem wir als späterem Mitglied der Berliner und Wiener Akademie der Wissenschaften mehrere treffliche archäologische Aufsätze verdanken". Ein Verzeichnis der altertumswissenschaftlichen Veröffentlichungen von Prokesch bietet Engel-Janosi, wozu allerdings auch noch die Aufstellung von Schemann heranzuziehen ist. In der Hauptsache erschienen diese Arbeiten in den Publikationen der beiden genannten Akademien sowie auch der Päpstlichen Akademie und in den Annali und den Bulletini des (Deutschen) Archäologischen Institutes in Rom, zu dessen Mitgliedschaft Prokesch bereits am 8. September 1830 eingeladen worden war. Den Schwerpunkt seiner wissenschaftlichen Studien bildete im Lauf der Zeit immer mehr die Münzkunde; seine „höchst werthvolle Sammlung autonomer griechischer Münzen" (Bursian) ist im Jahre 1875 für das Berliner damalige „Münzcabinet" erworben worden.

Noch in Griechenland wurde Prokesch mit dem Kommandeurkreuz des österreichischen Leopoldordens ausgezeichnet, außerdem 1845 in den erblichen Freiherrnstand erhoben und 1848 zum Feldmarschalleutnant befördert. Im März 1849 kehrte er nach Wien zurück und wurde von dem damaligen Ministerpräsidenten, Fürsten Felix Schwarzenberg, mit dem er seit seiner Jugend befreundet war, zu einer wichtigen und schwierigen Mission nach Berlin ausersehen. Seine Aufgabe war, den preußischen König zu hindern, die diesem vom Frankfurter Parlament angebotene Kaiserkrone anzunehmen. Am 1. März 1849 schreibt er an seine mit den Kindern Anton, Carl und Irene noch in Athen verbliebene Gattin aus Wien seufzend: „Noch immer hier. Ich lese den ganzen Tag über die deutsche Frage! — Ich soll nach Berlin — schauderhaft! — Ich gehe nur hin, wenn dem Fürsten dadurch wirklich ein Dienst erwiesen wird." Seine zunächst nicht weiter präzisierte Stellung in Berlin wurde noch im gleichen Monat nach dem

Gelingen seines Auftrags durch die Ernennung zum außerordentlichen Gesandten und bevollmächtigten Minister bestimmt.

Bereits aus Berlin wendet er sich am 5. Mai 1849 wieder an seine Frau: „Bedenke ich, daß dies wahrscheinlich die letzten Zeilen sind, die ich an Dich nach Athen richte, so ergreift mich unwillkürlich Wehmut. Den Jahren nach der bessere Teil unseres Lebens ist uns dort vorübergegangen... Ich denke, Du erhältst diese Zeilen in Kalamachi. Grüße mir noch einmal die Berge von Athen, das glorreiche Vaterland der Kunst — den Boden, wo die Gebeine meiner Kinder ruhen! Grüße Salamis und Ägina und die glänzende See — grüße den Korinthischen Golf und Helikon und Parnaß und das Arkadische Gebirge, das ich zuletzt betrat..." Am 9. Mai spricht er wieder von der Piräuskirche: „Sie ist das Grab meiner Kinder — ich lasse sie nicht fallen; gibt die Gesandtschaft nichts, so weise ich ihr monatlich einen Betrag an." Die Abreise der Gattin mit den Kindern verzögerte sich und wurde auf den 3. Juni verlegt. Die Zeilen vom 27. Mai aus Berlin berichten von einem längeren Spaziergang mit Schelling und bedenken die augenblickliche Situation seiner Gattin, nachdem der Aufbruch anscheinend doch wieder vorverlegt worden war: „Du mußt Dich einstweilen eingeschifft haben, teueres Weib, und bist wohl schon aus dem Hafen — am sonnigen Gestade von Attika hinuntersegelnd. — Abgelöst von der griechischen Erde! — Mir ist, als hätten die Gebeine meiner Kinder sich nach Dir gewendet, fragend: Mutter, Du gehst?

Dir ist jetzt schwer zu Mute, das weiß ich. Aber die Kinder werden Dich erheitern, denn diese, im beglückenden Leichtsinn, gefallen sich gewiß auf dem Schiffe und freuen sich der See", und am 29. schreibt er: „Hundertmal habe ich gestern an Dich gedacht — habe jede Schiffsbewegung nachgerechnet... Jetzt, mittags, bist Du in der Nähe des Kaps Matapan. Dein Auge blickt schon vor Dich hin, nicht mehr ausschließend zurück.

Ich bin so zerrissen... Die deutschen Sachen verfahren sich immer mehr..."

Gegen Ende des Jahres 1850 ergab sich infolge des kurhessischen Verfassungsstreits akute Kriegsgefahr. Bei Fulda standen das bayerisch-österreichische Bundesheer und die preußischen Truppen zu Anfang November etliche Tage einander gegenüber; obwohl der preußische Kommandierende, Graf von der Groeben, infolge der Unbestimmtheit der an ihn ergangenen Befehle nichts unternahm, ergab sich zwischen den beiderseitigen Vorposten ein Zusammenstoß, bei dem fünf österreichische Jäger verwundet wurden; es war dies am 8. November bei dem Dorfe Bronzell. Noch am 9. abends erhielt Prokesch von Schwarzenberg die telegraphische Weisung, die Zurückziehung der preußischen Truppen entschieden zu fordern und umgehende Antwort hiezu zu erwirken. Im Falle einer ungenügenden Antwort habe er die Pässe zu verlangen und abzureisen. Auf eigene Verantwortung verschob Prokesch die Ausführung der Instruktion, worin ihn der Zuspruch seiner Gattin bestärkte, und bemühte sich um eine Audienz bei König Friedrich Wilhelm IV., die ihm sofort gewährt wurde. Das Gespräch begann mit Betretenheit und Ängstlichkeit auf beiden Seiten (Warsberg) und erging sich zunächst in einigen Bemerkungen über die Akropolis von Athen. Prokesch stellte zwar die Forderung nach Zurückziehung der preußischen Truppen, räumte aber hiefür gegen den Wortlaut seiner Instruktion eine Frist ein. Damit war der Friede gerettet. Nach einer 1872 von Prokesch geschriebenen Rückschau auf dieses Geschehen habe ihm, als er vom König durch den Vorsaal wegging, die Königin, aus einer Seitentür tretend, erklärt, daß dies „der glücklichste Tag" ihres Lebens sei. Die Eigenmächtigkeit des Gesandten fand in Wien die Mißbilligung des Ministerpräsidenten, während der junge Kaiser Franz Joseph Prokesch hiefür das Großkreuz des Leopoldordens verlieh.

Als Vertreter der österreichischen Politik und insbesondere seit der von ihm durchgesetzten Zurückziehung der preußischen Truppen im Verlaufe der eben geschilderten Ereignisse ist Prokesch in Berlin der bestgehaßte Mann gewesen. „Der Haß gegen Österreich ist hier auf allen Gesichtern, und man verübelt mir, daß ich unsere Interessen wahre." Er befand sich somit in einer keineswegs angenehmen Lage. Man ließ es ihn fühlen, daß er „der Ungeduld der preußischen Politik im Wege stand". Viele offizielle Persönlichkeiten mieden den Vertreter Österreichs.

Wiederum in einer 1872 verfaßten Rückschau (und auch in der schon genannten) vergegenwärtigt sich Prokesch die „Männer und Frauen in Berlin, die sich in (sein) Gedächtnis eingeschrieben haben". Er bezeichnet ihre Zahl als nicht groß. Trotzdem ist es eine stattliche Reihe von bedeutenden Namen, die er bei dieser Gelegenheit als Partner des geselligen Umgangs nennt und die man vielleicht auch noch ergänzen könnte. Zu der Zeit, da er notgedrungen „das Leben eines politischen Gefangenen" (Warsberg) führte und sich auf sein Haus zurückgezogen hatte, um beleidigenden Insulten auszuweichen, entschädigte der Verkehr mit manchen dieser Persönlichkeiten für viel Ungemach. Zu den häufigsten Gästen bei Prokesch zählten vor allem Alexander von Humboldt und Fürst Pückler. Die ununterbrochene Redeflut „Alexanders" ließ jeden Versuch seiner Gesprächspartner, den Kampfplatz zu behaupten, in die Kapitulation münden; Prokeschs Gattin erzählte später amüsiert von der Resignation, die sich in leiser Klage an sie bei solchen Gelegenheiten Luft machte. Der große Naturforscher stand damals bereits im neunten Lebensjahrzehnt.

Weitere Persönlichkeiten des Umgangs waren der Bildhauer Rauch, der Geograph Karl Ritter, Schelling, Savigny und seine Gattin, eine geborene Brentano, die Altertumsforscher und Philologen Boeckh, Gerhard, Parthey, der Numismatiker Pinder, der englische Gesandte Graf Westmorland, der mit Prokeschs Gattin viel vierhändig spielte, der die musikalische Atmosphäre des Hauses gleichfalls schätzende Nachbar Meyerbeer und wohl noch manche andere. Die Nachricht, daß Liszt die Gattin Prokeschs „viel" gekannt bzw. „oft" mit ihr zusammen gespielt habe, dürfte sich wohl auch auf die Berliner Zeit beziehen. Meyerbeer war ein alter Bekannter Prokeschs; sie hatten sich vor fast dreißig Jahren in Triest kennengelernt, trafen einander wieder in Wien 1830 und freuten sich jetzt über die neuerliche Begegnung. Im letzten Sommer, in Altaussee, ließ sich bei dem greisen Herrn eine Baronin Andrian melden, was ihn zunächst gleichgültig ließ, bis er hörte, daß es sich um die Tochter Meyerbeers handle: „Das ist viel, und dann habe ich sie schon jetzt gern." In täglichem Verkehr wurde dann durch Wochen die Erinnerung an den bereits Verstorbenen aufgefrischt, was Prokesch mit Hilfe seiner Tagebücher zur reichen Unterrichtung seiner Zuhörerin leisten konnte.

Der wegen seines Widerstandes gegen eine den friedlichen Ausgleich suchende Politik am 2. November 1850 gestürzte Hauptgegner Prokeschs, General von Radowitz, der dann seinerseits in Berlin sehr zurückgezogen lebte, war häufiger Gast in Prokeschs Familienkreis (er verabschiedete sich nur, wenn andere Gäste als Alexander von Humboldt und der politische Schriftsteller von Haxthausen zugegen waren) — ein großartiges und wahrhaft denkwürdiges Beispiel hoher menschlicher Gesinnung. Ein ungetrübt gutes persönliches Einvernehmen bestand während der gesamten Berliner Zeit mit König Friedrich Wilhelm IV., und zwar auch in der Zeit der höchsten Spannung zwischen den Kabinetten in Wien und Berlin. Man wird hiebei und bei allen diesen Beziehungen auch wieder die besondere Ausstrahlung Prokeschs zu bedenken haben. Im ganzen war aber die Berliner Zeit doch ein „Martyrium", und es wird ein Aufatmen ausgelöst haben, als im Dezember 1852 Graf Buol-Schauenstein, der nach dem im April dieses Jahres verstorbenen Ministerpräsidenten Schwarzenberg die Politik Österreichs lenkte, an Prokesch schrieb: „Bald sind Sie von Ihrem Dornenstuhl befreit."

Tatsächlich wurde zu Anfang 1853 dieser unbefriedigende Posten in Berlin mit dem eines Bundespräsidialgesandten in Frankfurt vertauscht. Graf Thun, sein Vorgänger in Frankfurt, wurde sein Nachfolger in Berlin. Schemann kennzeichnet die Veränderung durch die Bemerkung, daß Prokesch damit „aus der Scylla in die Charybdis" geraten sei. Als er mit Warsberg später im Sitzungssaal des Bundespalais weilte, schlug er die Protokolle der Sitzungen auf, „die ihm als die unangenehmsten Stunden seines Lebens im Gedächtnisse hafteten". „Herr v. Bismarck vertrat das Bestreben, den Bund zu Grunde zu richten, um Raum für Preußens Herrschaft zu schaffen, ich das Bestreben, den Bund zu halten." Es sei die „peinlichste Epoche seines Lebens" gewesen, „die er an dieser Sisyphusarbeit zugebracht". In Berlin habe er, meint Schemann, doch wenigstens Großes für sein Vaterland leisten und erreichen können, und das Martyrium habe ihn allein persönlich betroffen; in Frankfurt hingegen sei die Aufgabe selbst eine von Haus aus verfehlte und verlorene gewesen. Trotz der massiven und bedrückenden Gegnerschaft Bismarcks konnte er doch „nicht ohne Mühe und größte Selbstverleugnung" „wenigstens gesellschaftlich auf erträglichem Fuße" mit ihm bleiben und war auf das Vermeiden peinlicher Skandale sorgsam bedacht.

Die Ernüchterung und Enttäuschung über die Tätigkeit am Frankfurter Bundestag läßt sich ermessen, wenn man sich vergegenwärtigt, mit welch großartigem Konzept er seine Aufgabe in Angriff genommen hat. Am 3. Februar 1853 hielt er seine Antrittsrede, die wahrhaft den Geist großen antiken Staatsdenkens atmet, wie es etwa bei Cicero in dessen Schrift über den Staat in aller Bündigkeit in Buch 2, 69, Ausdruck findet. „Wir sind Eins dem Ausland gegenüber, Eins zur nötigen Abwehr nach innen, Eins in Wissenschaft und Kunst, Eins in vielen Anstalten, Einrichtungen und Maßregeln, Eins, so Gott will, durch Verständigung nach und nach über alles Gemeinsame, ohne das berechtigte Sonderleben der Staaten zu beeinträchtigen oder zu hemmen. Das ist die richtige Einheit, weil sie allein das besondere in reicher Blüte sich entfalten läßt...

Nur ein Volk auf hoher Bildungsstufe kann in einem solchen Vereine zusammenstehen; nur ein reiches Ausmaß von Weisheit, Mäßigung, Gerechtigkeit und Vaterlandsliebe... kann einen solchen Verein erhalten..." — es ist eine Ausführung, die dem Concordia-Modell Ciceros getrost an die Seite gestellt werden kann.

Am deutlichsten bekundet sich die gedrückte Gemütslage Prokeschs in dieser Zeit ständig vereitelter Bemühungen in dem fast rührenden Ausdruck der Erwartung eines geradezu neuen Lebens, als die Verwendung in Konstantinopel bevorsteht: die Aussicht, dort mit dem weisen Großwesir Ali verhandeln zu können anstatt mit Bismarck in Frankfurt, erscheine ihm wie eine orientalische Vision der Seligen.

Aus dem Anfang der Frankfurter Tätigkeit liegen übrigens — um diesen trüben Horizont des Politischen beiseite zu schieben — beachtenswerte Äußerungen des damals 57jährigen in Briefen an seine Frau aus Frankfurt vor, die die katholische Kirche und die Religion überhaupt betreffen und im Munde eines in der Jugend so tiefgreifend liberal geprägten Mannes wahrhaft überraschen. Ist ihm doch 1823 Christus nach einer Tagebucheintragung „der größte Liberale" gewesen, und in einem Brief an Schneller aus 1815 bietet eine Verherrlichung der Tat als unseres eigentlichen Selbst gegenüber dem Denken eine etwas jugendlich-übermütige, aber doch vom Geist der Aufklärung und des Liberalismus gespeiste eindeutige Bevorzugung eines Alexander, Hannibal und Caesar, die eben wegen des Vorranges der Tat größer gewesen seien „als Sokrates und der von Samos und der von Bethlehem in ihren Gewölben".

Unter diesen Umständen berührt es tief, den welterfahrenen Mann an der Schwelle seines Alters nunmehr so ergriffen sprechen zu hören, wie es etwa im Zusammenhang mit dem Osterfest der Fall ist: „Daß ich das Osterfest nicht mit Euch zubringen kann, schmerzt mich. Mir ist sehr einsam zu Mute... Eben komme ich aus der Kirche. Was sind alle Hof- und Weltceremonien neben denen der Katholischen Kirche! Auch in der größten Einfachheit, im Schmucke der Armut, sind sie würde- und prachtvoller als alles, was Könige vermögen!... Ohne sich an Gott zu lehnen, kann der Mensch nicht aufrecht stehen, und die uns gebotene Form der Gottesverehrung ist die allein richtige. — Kein Hochmut des Geistes kann sie ersetzen; sie allein genügt und umfaßt den *ganzen* Menschen, nicht bloß einzelne Kräfte desselben. — Gottes Sohn ist kein größeres Wunder der Allmacht als die kleinste Blume..." Und am 3. April, als er im Dom zu Frankfurt Zeuge der Erstkommunion von 120 Kindern durch beinahe drei Stunden gewesen war: „Ich war von der Feierlichkeit zeitweise so gerührt, daß ich der Thränen nicht Herr werden konnte. — Die durch keinen Undank, keinen Hochmut, keine Weltlust, kein Mißlingen beirrten Bestrebungen der Kirche, Glauben, Hoffnung und Liebe in die Gemüter zu gießen, rührten mich."

Solche Äußerungen überzeugen nicht nur von der inneren Eigenständigkeit des Mannes und der Tiefe seines Wesens, sondern ebensosehr von der immer wieder, wenn es um die Wahrheit ging, bewährten ernsten Bereitschaft zur Umbesinnung, zum Ringen um das Wahre und zur Preisgabe einer überwundenen Einstellung, mag diese auch noch so festgewurzelt gewesen sein. Sein Geschichtsbild weist entsprechende Züge auf, wenn ihm in einem französisch abgefaßten Brief an seinen ehemaligen Athener Kollegen Piscatory die Reformation ein Stadium der Revolution oder auf dem Wege zu dieser ist: Der Humanismus habe den Hochmut gebracht, dieser die Reformation, die Erhebung gegen die Kirche, diese die politische Revolution und diese wiederum die gesellschaftliche; aus all dem werde eine neue Ordnung der Dinge entspringen. In einem Brief an Gobineau — der intensive Verkehr mit dem französischen Legationssekretär war einer der Lichtpunkte der Frankfurter Zeit — fallen später bemerkenswerte Gedanken über das Papsttum und die in ihm sich darstellende Sublimierung des römischen Erbes, aber auch die skeptische Erwägung einer möglichen Analogie für eine noch bevorstehende Verfallszeit: Wie das Römische Reich sich schließlich aufgelöst habe in eine Vielzahl von Reichen und Staaten, könnte einmal das Christentum, das schon vor langem zu zerbrökkeln begonnen habe, schließlich in eine mehr oder weniger große Zahl kleiner Sekten zerfallen — aber dieser Gedanke wird beiseite geschoben zugunsten einer bedeutenden, geradezu augustinischen Feststellung: „Die großen historischen Epochen der Völker sind die, da sie ihre Existenz am Himmel verankerten (où ils attachaient leur existence au Ciel)." Man fühlt sich erinnert an die oben ausgeschriebenen Worte vom 25. März 1853: „Ohne sich an Gott zu lehnen...", wobei dieser Gedanke, wieder auf die menschlichen Gemeinschaften, auf die Staaten gemünzt, in großer Bestimmtheit bereits 1832 ausgesprochen ist: „Alle Staaten wurden durch Glauben begründet; keiner ist ohne Glauben groß geworden. Was der Mensch nicht an den Himmel hängt, hat kein Gedeihen auf Erden. Mit dem Glauben weicht aus den Völkern die Sitte, alle Teufel werden nach und nach losgelassen, und wie sehr auch das Wissen den Kopf bereichere, das Herz verarmt bis zur völligen Unkenntniß dessen, was Glück, was Zufriedenheit ist. Eine Reform, die mit Angriff gegen die Religion beginnt, kann ein Volk nur zur Verderbniß, einen Staat nur zum Untergange führen..."

Von vertieftem, bemerkenswertem Verständnis für die Religion zeugt bereits eine in Smyrna am 16. Februar 1828 verfaßte Ausführung: „Ich komme aus einer Andacht der Juden. Wie rührend diese Szene, wie abstechend durch ihre Ruhe von dem Lärmen der Welt. Und dort die ewigen Interessen — hier die flüchtigen des Tages! Wie wohlthätig die vollen Stimmen der Sänger mich anklangen, — wie wohlthätig der Gedanke, daß es etwas gibt, was Jahrtausende überdauert, aus ihren fallenden Ruinen sich rettet und dem Aufbau der Witzlinge und Neuerer entkömmt: Die Religion ist die Nabelschnur, mit welcher der Mensch aller Zeiten und Farben an der gemeinschaftlichen, unerratenen, allgegenwärtigen Mutter hängt. Daß man heut zu Tage noch Zeit zur Religion hat, das tröstet mich und hält meine Hoffnung aufrecht."

Noch zu Anfang des Jahres 1855 war von einer Verwendung bei der ‚Pforte' keine Rede. Prokesch wurde damals zur Teilnahme an den in Wien zu eröffnenden Friedenskonferenzen von Frankfurt vorerst zurückberufen; vorzüglich er vertrat auf ihnen Österreichs Interessen. Am 30. Juni wieder in Frankfurt, übernahm er am 5. Juli nochmals das Präsidium des Bundestags, wie der Minister des Äußern, Graf Buol, dies gewünscht hatte. Inzwischen hatte freilich jene Audienz vom 12. Juni beim Kaiser stattgefunden, in deren Verlauf Prokesch über die bevorstehende Verwendung in Konstantinopel Klarheit erlangt hatte. In den September fiel noch eine Ruhepause im Kreise seiner Familie in Badenweiler, von wo aus der Vater mit seinen beiden Söhnen Anton und Carl einen „Ausflug" nach Paris unternahm; die Bedeutung dieser privaten, familiären Ereignisse liegt indes darin, daß ihn der damalige österreichische Gesandte in Paris, Baron Hübner, Napoleon III. vorstellte. Der Kaiser behandelte Prokesch mit besonderer Liebenswürdigkeit und in der auszeichnendsten Weise — unter den anwesenden Diplomaten rief es einiges Aufsehen hervor, als der Kaiser den Besucher aus dem allgemeinen Empfangssaal auf fast eine Stunde zu einem persönlichen Gespräch in sein Kabinett rufen ließ. Auch Bismarck hielt damals eine beruhigende Feststellung für angebracht, wonach Prokesch „gar keine Privataudienz bei dem Kaiser Napoleon gehabt" habe, sondern nur „mit mehreren andern Fremden dem Kaiser vorgestellt worden" sei. Gegen Ende Oktober war Prokesch nochmals offiziell in Frankfurt, um Grafen Rechberg, der zu seinem Nachfolger ernannt worden war, das Bundespräsidium zu übergeben.

Noch Ende 1855 begab sich Prokesch, nunmehr bereits 60jährig, auf seinen neuen Posten als Internuntius und bevollmächtigter Minister nach Konstantinopel, worum ihn Kaiser Franz Joseph in der oben genannten Audienz vom 12. Juni mehr oder weniger gebeten hatte, während der Minister des Äußern, Graf Buol, weniger zartfühlend als der Kaiser von einer „Verpflichtung" gesprochen hatte, auch sonst nicht gerade ermunternd, wenig Rücksicht bekundend und damit „einen guten Teil des Vertrauens in die Zukunft" benehmend.

Als entschiedener Gegner der russischen Politik und ungemein wachsam in der Abwehr ihrer Aspirationen wirkte er dort bis gegen Ende seines 76. Lebensjahres, also volle sechzehn Jahre. Mit seinem russischen Kollegen, General Ignatieff, „den er am längsten und durch viele Jahre neben sich oder eigentlich fortwährend im Duell sich gegenüber hatte", stand er im persönlichen Verkehr bestens: „wir waren politische Gegner die ganze Zeit unseres Zusammenseins in Konstantinopel, und doch die besten Freunde" — wieder ein erstaunlicher Erweis der großen Überlegenheit Prokeschs (und auch seines Partners) und eben jener besonderen Einstellung, für die allein der Mensch gilt. Ignatieff habe einfach begriffen, „daß ich der österreichische Botschafter sei und die Geschäfte meines Landes zu machen habe", während er selbst „dasselbe von ihm keinen Augenblick vergaß".

In dieser Verwendung war er 1863 Feldzeugmeister geworden; seit 1867 k. u. k. österreichischer Botschafter, erhielt er von türkischer Seite bei seinem Abschied den höchsten Orden, den der Sultan zu vergeben hatte, den Osmanjé mit Brillanten. Von seiten Österreichs begleitete sein Ausscheiden aus dem aktiven Dienst die Erhebung in den erblichen Grafenstand; der Kaiser vollzog sie persönlich in der Abschiedsaudienz, wobei er hinzufügte, daß man daraus entnehmen solle, mit welchem Bedauern er ihn aus dem Staatsdienst verliere. Der Anfang September 1871 erfolgte Tod des von Prokesch hochgeschätzten Großwesirs Ali trug sicherlich viel zur Vorlage des Entlassungsgesuches bei. Andererseits dürfte er zu diesem Schritt sogar aufgefordert worden sein. Am 28. September, am Vortag der Abschiedsaudienz, hat ihm Ministerpräsident Graf Beust erklärt, daß er an diesem Vorgang unschuldig sei; vielmehr hätten Vorstellungen, die von slawischer Seite erhoben worden seien, zu diesem Ergebnis geführt. Warsberg weiß jedenfalls zu berichten, daß Prokesch „tief erschüttert vom Kaiser aus seiner Abschiedsaudienz" zurückgekommen sei, nachdem ihm der Rücktritt gewährt worden war. Es mag dies auch auf die Überwältigung durch die Situation zurückzuführen sein, in der ein beinahe 60jähriger Staatsdienst zu Ende gegangen war. Für Prokesch, dessen Wesen von Ehrfurcht geprägt war, hat aber auch — und auch dies ist zu bedenken — „die Majestät noch etwas Heiliges, noch ein Gottesgnadenthum" an sich gehabt, und so hat Warsberg „ihn, den alten Mann, der beinahe zwei Mal der Vater seines Herrschers sein konnte, nie anders als tief ergriffen, geradezu gerührt vom Kaiser kommen" gesehen; „in solchen Momenten mahnte er mich oft mit seinem ganz weißen Haupte an die poetische Gestalt des Bankban in Grillparzers ergreifendem Drama ‚Ein treuer Diener seines Herrn'".

Sein Abberufungsschreiben hat er dem Sultan am Neujahrstag 1872 übergeben, und am 6. Jänner 1872 „um halb elf Uhr Vormittags fuhr er mit seinem Sohn auf dem großen Lloyd-Dampfer ‚Saturno' aus dem Goldenen Horn in das Marmarameer hinaus. Es war beinahe ein halbes Jahrhundert, daß er diese Straße das erstemal auf den Schauplatz seines Wirkens und Triumphes, nichtsahnend, in einer kleinen, elenden Fischerbarke, einem Trabakel ..., ein armer, bescheidener, bürgerlicher Hauptmann gekommen war"; die gesamte österreichische Kolonie gab ihm auf eigens dazu gemieteten Dampfern das Geleit, und zum immerwährenden Gedächtnis war ihm von den Österreichern der türkischen Hauptstadt die Gründung einer eigenen Prokesch-Stiftung angezeigt worden.

Es war ein einziger Sohn, der dem Vater verblieben war, um ihn bei seinem Abschied von Konstantinopel zu begleiten. Der kleine Franz war Prokesch wenige Monate nach der Ankunft am neuen Dienstort entrissen worden, und während der gleichen Zeit des Aufenthaltes in Konstantinopel trug der Sohn Carl als Oberleutnant im Gefecht bei Översee im schleswig-holsteinischen Feldzug 1864 drei Schußwunden davon, denen er am 6. Februar erlag. Damals las der gebeugte Vater nach Warsbergs Bericht auf der stillen Insel Chalki, einer der Prinzeninseln, in einer abgelegenen Bucht und den asiatischen Olymp vor Augen, Schopenhauer, zu dessen Weltanschauung er sich auf Grund eigener Erfahrungen und Einsichten in steigendem Maß hingezogen fühlte.

Am 11. Jänner landete Prokesch in Triest, und bereits am 21. begann er eine Kunstwanderung auf dem Boden Italiens, schon im 77. Lebensjahr stehend und doch keine Müdigkeit kennend, wie er überhaupt immer das Leben neu zu beginnen vermeinte und sich so eine gewisse innere Jugend zu bewahren wußte. Man wird dies vor allem als Auswirkung seiner in einer „urwüchsigen Gesundheit" wurzelnden Vitalität zu verstehen haben, während vom Seelischen her die Neigung zu einem trüben Weltgefühl entgegenwirkte. Der Historiker hat für seinen Bereich feststellen müssen, daß trotz des politischen Tätigkeitsdranges ein pessimistischer Ton für den Charakter Prokeschs „so kennzeichnend" ist — eine genaue Entsprechung zu dem grundsätzlichen Antagonismus der eben geschilderten Art. Aus der Sicht des hohen Alters schildert er sich im Hinblick auf die frühe Jugend „als Knabe heiter, aber mit seltsamen Anfällen von ursachloser Traurigkeit" behaftet, und in einem von Rom am 6. Mai 1832 an Gentz geschriebenen Brief seufzt er, erst 37jährig, bezeichnenderweise folgendermaßen: „Wenn mich nur jemand leben und mich des Lebens freuen lehrte!"

Man möchte eine von Anfang an bestehende tiefreichende Gebrochenheit des Lebensgefühls feststellen, die im Lauf der Zeit durch das eigene Erleben erheblich verschärft wurde. Unter diesen Umständen sollte man vorsichtig gegenüber Warsbergs Sicht sein, der mit solcher Entschiedenheit von einem „außerordentlich glücklichen" Leben seines Helden spricht; es ist hier bedeutsam, daß Prokesch in einem Gespräch mit Warsberg in Form einer ausdrücklichen Konzession sich auf den Standpunkt des „fremden" Beurteilers begibt: „ich gebe Ihnen zu, ich habe glücklich gelebt." Es mochte eben jedem anderen so scheinen! Was Prokesch am letzten Tag des Jahres 1854 in sein Tagebuch eingetragen hat: „Die Freude nach Stunden, der Kummer nach Monaten!", dürfte der eigenen Gesamtbeurteilung seines Lebens — und dies nicht erst im hohen Alter — entsprechen.

Vier Söhne hat er im Tod sich vorangehen sehen, und er hatte sich nach seiner Rückkehr in der Heimat noch gar nicht eigentlich zurechtgefunden, als er seine geliebte Gattin am 7. Juli 1872 nach schwerem Leiden hinscheiden sah, ihre Rechte in der seinen und ihre Linke in der der Tochter Irene, „ruhig, ergeben, den Blick klar, fast erhellt und leuchtend von einem Strahl der anderen Welt", wie Prokesch an seinen Freund Gobineau am 14. August 1872 schreibt. Es wanke ihm der Boden unter den Füßen; da habe man die besten Jahre des Lebens gemeinsam verbracht, habe so viele schmerzhafte Prüfungen, so viel Kummer, so viele gute und schlimme Stunden geteilt, habe gleich gedacht, gleich gewünscht und gehofft — um sich schließlich allein zu finden, verstümmelt zu fühlen und entzweigeschnitten und ein Scheindasein zu führen.

Die Gattin war in Graz in jenem Haus an der Südostecke der Kreuzung Elisabethstraße—Merangasse dahingegangen, das sie dem Gatten mit solcher Liebe zu einem behaglichen Heim und einem wahrhaften „Kunsttempel von Erinnerungen und aus dem ganzen Orient zusammengelesener Schätze" (Warsberg) eingerichtet und für die oft eher kurzen Urlaube aus der türkischen Hauptstadt zu einer Stätte hoher Geselligkeit ausgestaltet hatte, an der ein Stockhausen die Müllerlieder oder die Winterreise sang oder ein Karl Eduard von Holtei aus klassischen oder auch vormärzlichen Dramen rezitierte, „begeisterter noch, als er es bei jeder seiner Vorlesungen war, durch das schwarze Feuerauge seines berühmten Zuhörers" (Warsberg). Nach dem Tod der Gattin war ihm diese Heimstätte verleidet, und ein Wanderer, der er zeitlebens war, zog er es vor, fern von Graz entweder bei seinem Sohn in Gmunden oder bei seiner Tochter, Baronin Reyer, auf Schloß Krastowiz in Kärnten zu weilen, wenn er nicht gerade auf einer jener ausgedehnten Reisen durch Italien, das südliche Frankreich, Spanien und den Norden Afrikas war, die er auch als hochbetagter Mann immer noch unternahm.

Er lebte mit der Vergangenheit, mit seinen Erinnerungen, eben einsam geworden. Eine Welt, der er mit aller Hingabe sich verschrieben hatte, sah er mit eigenen Augen auf ihren Untergang zugehen. An Gobineau schreibt er am 1. Oktober 1872: „Ich habe großen Schmerz in meinem Leben erfahren, den Verlust geliebter Kinder, die ständige (spätere) Krankheit und schließlich den Verlust meiner heißgeliebten Frau, die Erniedrigung meines Vaterlands, den Triumph der Revolution, den Anblick der wachsenden Zersetzung der Gesellschaft, die Verachtung des Rechts und die Lüge auf den Thron gesetzt und so viele andere Folgen der Entartung, meine Vereinsamung in meinen alten Tagen usw. Aber ich halte mich auf meinen Füßen und warte mit Gleichgültigkeit."

Im Oktober 1876 weilte er in Wien, wo er sich einer Operation unterziehen wollte, die aber wegen seines hohen Alters unterbleiben mußte. Am 17. Oktober besuchte er in Wien das orientalische Museum, am 19. nahm er an der Eröffnungssitzung des Herrenhauses teil und, nur wenige Tage unpäßlich, glaubte er sogar, bald nach Italien weiterreisen zu können, um dort den Winter zu verbringen. Am Morgen des Donnerstag, des 26. Oktober 1876, um $^1/_2 3$ Uhr, verschied er, nicht daheim, sondern — Symbol lebenslanger Wanderschaft — im Hotel Matschakerhof in Wien. Er erlosch recht eigentlich, „mit langsamen Atemzügen, ohne Beschwerde und auch ohne jede, selbst letzte Zuckung hauchte er wörtlich sein Leben aus, die Augen geschlossen, wie wenn er den letzten langen Schlaf nicht erwarten könne, weil er sich so lange müde gelebt hatte". Der treue Begleiter in seinem hohen Alter, Freiherr von Warsberg, weilte bei ihm. „Der Herbst nahm ihn, wie er die Zweige und Blätter nimmt, und das versteinerte Bild dieses ruhigen Todes blieb der Leichnam. Er schien zu schlafen, und nur leise zu schlafen, daß man sachte auftrat, um ihn nicht zu wecken. Die Züge hatten etwas Monumentales, übermenschlich Großes angenommen."

Auf einem offenen Zettel — ein eigentliches Testament hat er nicht verfaßt — trug er seinem Sohn den Wunsch auf, daß er einfach und ohne Gepränge, aber streng militärisch beigesetzt werde. Es ist trotzdem eine im Rahmen des Militärischen prunkvolle Trauerfeier in Wien am 28. Oktober geworden, wobei die geleitende Truppe und die den schweren Sarg tragenden Korporale, ohne daß man es geplant hatte, die außer Gebrauch gekommenen weißen Waffenröcke trugen, die Uniform also, in der der Verstorbene selbst gekämpft hatte. Das alte Österreich hat seinen großen Sohn in seinen alten Farben begraben. Der Tote wurde hernach nach Graz übergeführt und dort auf dem St. Leonhard-Friedhof in einer von Theophil Hansen (während der Athener Jahre Prokeschs ist er durch acht Jahre dort gewesen) erbauten Grabkapelle im orientalischen Stil, die den Wappenspruch des Verstorbenen „Ex oriente lux" trägt, beigesetzt.

Der philosophische Kaiser Roms, Marcus Aurelius, schrieb (3,3,6): „Was bedeutet das Sterben? Du stiegest ein, du fuhrest aus, du landetest: steig aus!... Nichts ist auch dort drüben von Göttern verlassen." Schneller hat in einem Brief aus Freiburg vom 29. Juni 1824 dieses Wort seinem ehemaligen Zögling mitgeteilt mit dem Bemerken, daß es von Leben und Seefahrt gesagt sei, womit wohl gemeint ist, daß die Seefahrt ein Bild für das Leben sei; der Brief ist insgesamt auf Prokeschs Aufbruch in die Levante eingestellt. Es ist, wie Warsberg mit Recht angemerkt hat, merkwürdig und, wie hinzugefügt sei, ein großartiges Symbol für die Geschlossenheit von Prokeschs Leben und für dessen innere Folgerichtigkeit, daß die Phantasie des Sterbenden ganz zuletzt von diesem Wort bestimmt war, das er in der Form aussprach: „Einschiffen, überfahren, um leichter auszusteigen!"

Nach diesem bedeutenden Zug seines Sterbens soll diese Skizze schließen mit der Vergegenwärtigung des Lebenden, wie ihn Graf Schack geschildert hat: „Bei meinem Aufenthalt in Konstantinopel im Frühjahr 1870 brachte ich die schönsten Stunden bei dem Grafen Prokesch zu. Ich fand denselben körperlich schon vom Alter gebeugt, so daß ich eine bange Ahnung seines nahen Endes nicht unterdrücken konnte. Doch hatte er noch dieselbe Geistesfrische wie früher. Es war bewunderungswürdig, welch ein lebhaftes Interesse er inmitten der vielen Geschäfte, die ihm sein Botschafterposten auferlegte, noch der deutschen Literatur widmete. Er las

Abends im Kreise seiner Familie mit wahrhaft jugendlichem Feuer Gedichte vor, die besonders starken Eindruck auf ihn gemacht hatten... Nachdem ich jeden Abend in der anregendsten Unterhaltung, die bis tief in die Nacht hinein dauerte, bei Prokesch verweilt, schied ich von ihm mit dem wehmütigen Gefühl, einen Mann zu verlassen, der an mannigfaltiger geistiger Bildung und lebhafter Teilnahme für höhere Bestrebungen fast Alle, die ich gekannt, überragte. Wenn ich jetzt an ihn und an einige andere Männer zurückdenke, die gleich ihm mehrere Dezennien älter waren als ich, und welche ich doch noch näher zu kennen das Glück gehabt hatte, so ist mir, als hätte ich mich von einem Symposion erhoben, wie jetzt keines mehr gehalten wird... Wäre meine Überzeugung von dem Fortschritt der Menschheit... nicht so stark, sie könnte leicht durch die Erfahrung erschüttert werden, daß ich unter den Lebenden kaum Einen weiß, der in jener Hinsicht dem Dahingeschiedenen gleichgestellt werden könnte."

Zeittafel
zum Leben des Grafen Prokesch von Osten

1795 Geburt am 10. Dezember in Graz.
1804 Tod der Mutter, Marie Anna geb. Stadler, am 15. September.
1805 erhält eine Stiefmutter, Gabriele Piller.
1808 erregt die Aufmerksamkeit des Historikers Julius Schneller.
1810 Beginn der philosophischen Studien am Lyzeum.
1811 Tod des Vaters am 15. Dezember. Erstmals Marie Koschak (geb. am 2. Februar 1794) gesehen.
1812 Beginn der juristischen Studien.
1813 zum Infanterie-Regiment Jordis (1. Dezember) und an den Rhein gegen Napoleon.
1814 Mitte Februar leicht verwundet; in Mainz garnisoniert.
1815 Ordonnanzoffizier bei Feldmarschall Erzherzog Karl. Die Stiefmutter heiratet Professor Schneller (26. Dezember).
1816 Marie Koschak heiratet Dr. Karl Pachler am 12. Mai. Mit dem Regiment nach Linz verlegt. Im Dezember nach Wien zur mathematischen Prüfung.
1817 Professor der Mathematik an der Kadettenschule in Olmütz.
1818 gegen Jahresende zurück nach Wien und zum Hofkriegsrat.
1819 im Juli Pionierleutnant, dem Generalstab zugeteilt.
1820 im Januar nach Prag als Ordonnanzoffizier zu Feldmarschall Fürsten Karl zu Schwarzenberg. Tod des Feldmarschalls am 15. Oktober; überbringt die Trauernachricht nach Wien.
1821 Oberleutnant am 9. Januar. Verwendung bei der Landesaufnahme (Mappierung) in den oberungarischen Karpaten.

1823	am 5. März Hauptmann im 22. Infanterie-Regiment Prinz Leopold beider Sizilien und nach Triest in Garnison.
1824	am 19. August an Bord des ‚Veloce' in die Ägäis.
1826	im September nach Ägypten.
1827	im April zurück nach Smyrna. Major und bald auch Chef des Generalstabs des Levantegeschwaders.
1828	Gefangenenaustausch.
1829	im Februar Auszeichnung mit dem Ritterkreuz des Leopoldordens. Erfolgreiche Aktion bei Abdallah Pascha von Akka.
1830	Ende Februar wieder in Wien; Oberstleutnant geworden und in den Ritterstand erhoben (24. Mai). Am 22. Juni Begegnung mit dem Herzog von Reichstadt in Graz. Im Sommer in Freiburg; letztes Zusammentreffen mit Professor Schneller. Im Oktober Heiratsantrag an Irene Kiesewetter von Wiesenbrunn (geb. am 27. März 1811).
1831	im Frühjahr als diplomatischer Kommissär bei der österreichischen Armee nach Bologna entsandt.
1832	im Februar abermalige Entsendung in den Kirchenstaat zur Mitarbeit an der Neugestaltung der päpstlichen Armee; Rückreise von Rom Ende Juli. Tod des Herzogs von Reichstadt am 22. Juli zu Schönbrunn. Eheschließung mit Irene Kiesewetter (25. November).
1833	Sendung zu Mehmed Ali nach Alexandrien.
1834	zum bevollmächtigten Minister beim griechischen Hofe in Athen ernannt (29. Juli) und Aufbruch nach Athen im Herbst.
1835	Oberst.
1839	Ehrenmitglied der Preußischen Akademie der Wissenschaften zu Berlin.
1843	Generalmajor.
1845	das Kommandeurkreuz des Leopoldordens erhalten und mit 1. Februar in den erblichen Freiherrnstand erhoben.
1848	Feldmarschalleutnant. Korrespondierendes Mitglied der Akademie der Wissenschaften zu Wien (wirkliches Mitglied 1852).
1849	Rückkehr nach Wien. Als außerordentlicher Gesandter und bevollmächtigter Minister nach Berlin.
1850	Geheimer Rat.

1853 Bundespräsidialgesandter im Bundestag in Frankfurt a. M. (Antrittsrede am 3. Februar).
1855 Audienz bei Kaiser Franz Joseph am 12. Juni: diplomatische Verwendung in Konstantinopel steht bevor. Im September Internuntius und bevollmächtigter österreichischer Minister in Konstantinopel.
1861 Herrenhausmitglied auf Lebenszeit.
1863 zum k. k. Feldzeugmeister am 26. Oktober ernannt.
1864 der Sohn Karl, k. k. Oberleutnant, stirbt am 6. Februar an den Folgen seiner Verwundung im schleswig-holsteinischen Feldzug.
1867 k.u.k. österreichischer Botschafter in Konstantinopel.
1871 Abschiedsaudienz bei Kaiser Franz Joseph am 29. September, Erhebung in den Grafenstand.
1872 am Neujahrstag das Abberufungsschreiben dem Sultan übergeben; am 6. Januar von Konstantinopel in die Heimat aufgebrochen. Tod der Gattin am 7. Juli.
1876 verschieden am 26. Oktober; Trauerfeier in Wien am 28. Oktober und Beisetzung auf dem St. Leonhard-Friedhof in Graz.

Die Reiseberichte

Aufbruch mit dem ‚Veloce' zur Fahrt in die Levante. Der Zauber von Polas antiken Ruinen im Mondlicht. Fahrt an der Küste von Dalmatien.

ZARA, am 24. August 1824

Ich habe Triest verlassen. Jetzt betrachte ich meine Reise als begonnen. Drei Tage war ich diesmal an der Stelle geblieben, die mir so manche liebe Menschen beherbergt. ...

Als die letzte Nacht halb verflossen war, riß ich mich los. Die Männer begleiteten mich auf den Molo di S. Carlo; da hatte ich eine Barke bestellt und fuhr nach der Veloce. Der 19. August brach trübe an; Regen umzog die wüsten Höhen des Karst, und der Wind war uns bis gegen 8 Uhr entgegen. An eine Kanone gelehnt, ließ ich den Blick noch lange auf der Stadt verweilen, in der ich fast ein Jahr verlebt hatte. Der Abschnitt im Buche meines Lebens, der nach ihr hieß, war zu Ende und ich schlug jetzt die letzte Seite über. Noch erkannte ich meinen Neffen, der auf den äußersten Steinen des Molo saß und dem Schiffe nachsah. Der Wandel meines ganzen Lebens zog an meiner Seele vorüber. Abschied an Abschied gereiht! Nichts weiter! Ein Kirchhof voll weißer Male, von Zypressen überragt, von Weiden überhangen.

Ost und Südost verzögerten die Fahrt ... Am nächsten Morgen blieb uns S. Eufemia von Rovigno zur Linken, eine Kirche, weit hinaus in die See sichtbar und bei den Schiffern hoch in Ehren. Sie schließt ein Madonnenbild ein, dem in Sturm und Not das Volk sich gerne verlobt. Dies Bild trug, so erzählt die Sage, ein Engel von Loreto über das Adriatische Meer und legte es auf jener Höhe der istrischen Küste nieder.

Wir hielten uns an diese Küste, die manche alte Stadt und anmutige Buchten zeigt. Um Mittag erhob sich frischer Nordost und trug uns rasch die marmorreichen Brionischen Klippen vorüber nach dem Hafen von Pola. Da ankerten wir, um uns mit einem Kriegsschiffe zu besprechen, das aus der Levante gekommen war. Drei Gesänge der Ilias las ich mitten in diesem herrlichen Hafen, im Angesicht der hohen Arena und der Tempel des Augustus und der Diana. Ich habe Dir zu anderer Zeit über Pola geschrieben, also hierüber nichts weiter.

Es mochte nahe an Mitternacht sein, der Mond warf weißes glänzendes Licht über die Ruinen. Die Wirkung davon war schlagend. Dies ist das Licht, das am besten diesen Werken lange versunkener Zeiten zukommt. Dieser geisterhafte Schein ist wie Leichenglanz. Wir hoben den Anker. Schlafend wurde ich über den gefährlichen Quarnero gebracht, und als ich des Morgens auf das Verdeck ging, fuhren wir eben zwischen Sansego und Lossin in die Inselgruppen ein, welche den kroatischen, dalmatinischen und albanischen Küsten vorliegen. ...

Albanien: Geographisches und Antiquarisches. Die Akrokeraunischen Berge.
      Höhe von Arlona, am 31. August 1824

Da, wo die antivarischen Gebirge sich verflachen, prangt reichliches Hügelland, das, beinahe die gleiche Höhe bewahrend, bis zu den Akrokeraunischen Felsenmassen, den Grenzmarken von Epirus, fortzieht. Diese Landstrecke ist das heutige Albanien, ein Teil des Illyriens der Alten, wohin Strabo (7,7,8 p. 326) die Taulanter verlegt, die wieder in die Penester, Parthiner und Bryger zerfielen. Die Natur hat hier ein Paradies von Fruchtbarkeit schaffen wollen. Fünf Flüsse von geschichtlicher Bedeutung münden aus dieser Strecke in das Meer. Der Drino, der einem Golf den Namen gibt; der Matis, der die Nordgrenze des mazedonischen Illyriens bildete; der Tobi (bei den Griechen Skombi), einst Genusus, der aus den mazedonischen Bergen durch das Tal von Elbassan kommt; der Beratino, einst Apsus, der an seiner Mündung auch Ergent (Argentea) heißt; die Voussa endlich, einst Aous, der größte von allen, an dem Apollonia lag. — Was kann ich über Dyrrhachium sagen? Ein paar Türme schauen aus der See empor und verkünden die türkische Feste, die auf den Trümmern der römischen Hauptstadt Illyriens steht. Neugriechen, Normannen, Türken warfen und hoben die Mauern der Stadt, die ihnen, wie früher den Römern, Hauptpunkt des adriatischen Handels war, bis Erdbeben endlich die Zerstörung vollendete. Kahle Hügel, Eichenwälder, Ölpflanzungen, aus denen Dorfschaften schauen, bilden den Hintergrund, in dessen nordöstlicher Ferne man nahe am Matis die Gebirge von Kroia (Ak Serai) sieht, Georg Kastriotas letztes und ruhmvolles Bollwerk. Südöstlich hebt sich der Boden zu beiden Seiten des Skombi, den ein Geschlecht von Räubern umwohnt, die, in jedem Fremden einen Feind sehend, keinen andern Zustand als den eines beständigen Krieges kennen. Sie legen kaum zu Nachts ihre Waffen ab; selbst die Weiber führen Pistolen und Dolche. Über den Apsus schaut der riesige Tomoros hervor, würdig des Pindus, von dem er ausgeht. Aber der Apsus selbst, der seine Quellen im kalaunischen Hochlande (an der Grenze zwischen Epirus und dem mazedonischen Illyrien) hat, eilt am hohen Bergschlosse von Berat vorüber und kommt in die Ebene des Sees von Trebocchi, wo einst römisches Blut in Strömen floß. Die Abfälle des Tomoros, die sich zwischen dem Apsus und Aous hinziehen, tragen einen milden Charakter, und die Akrokeraunischen Berge heben durch schroffen Gegensatz das Bild. Der Aous..., sein Wasser aus dem Pindus holend, stürzt durch die Engpässe, die Danville mit dem Namen der „Defileen des Pyrrhus" belegt, wo er sich Bahn gebrochen durch Asna und Aeropus, Teile der Bergkette, die man heutzutage Nemertczika und Trebeschina nennt, und nimmt dort unterirdische Wasser auf. Sulioten wohnen in der traurigen Wildnis, von ihrem Besieger Ali Pascha von Janina dahin versetzt. Eine ganze Gegend trägt hier den deutschen Namen: „der Talweg". — In dieser Umgegend war es, wo Philipp von Mazedonien die Römer erwartete, welche, die Freiheit im Munde und das schiedsrichterliche Schwert in der Faust, Ketten nach Griechenland trugen. Die berühmte Amantia zur Linken lassend, fließt der Aous an den seit Jahrhunderten bekannten und benützten Harzgruben, dem Nymphäum des Plutarch, nicht ferne an Byllis, die Neoptolemus baute, endlich an Apollonia vorüber, dann durch üppige Ebenen in den gefährlichen Hafen von Porus. Apollonia bildete einst den zweiten Haupthafen der Römer an dieser Küste. Korzyräer gründeten die

Stadt. Augustus, der (wie Velleius Paterculus und Suetonius uns erzählen) hier den Wissenschaften oblag, schützte sie mit besonderer Vorliebe. Cicero nennt sie die große und herrliche (Philipp. 11,26). Jetzt steht ein einsames Kloster an ihrer Stelle, zur heiligen Jungfrau von Pollini genannt, über den Trümmern des Tempels der Cybele erbaut. Reste der Vorzeit liegen herum.

Die ganze Küstenstrecke vom Drino bis zur Voussa wird auch heutzutage wie vormals für gefährlich gehalten und vermieden. Die Schiffe finden schlechten Ankergrund, keinen Schutz gegen Meer und Winde und ein ungastliches Gestade. Schauplatz eines fortwährenden inneren Krieges, von Römern unterjocht, von Griechen ausgeplündert, von slawischen Barbaren verheert, von Normannen durch den Schlachttag von Dyrrhachium mit dem Schwerte errungen und mit dem Schwerte beherrscht, gebeugt zuletzt durch Amurat unter das Joch der Turkomanen: Was konnten diese Küsten werden? Ein Vaterland wilder Krieger, und das sind sie auch.

Die Akrokeraunischen Berge, die Vormauern Griechenlands, die uns nächste und doch die wenigst bekannte Grenze desselben, türmen sich in riesigen, ungeordneten Massen empor. Sie strecken sich in mächtiger Reihe von Südost zum Süden bis zum Osten hin. Ihre Spitzen waren in Wolken gehüllt, und ich möchte sagen, sie glichen den versteinerten Titanen der Dichter, die außen am Tore sitzen als Wächter. Im tiefsten Hintergrunde, fast in Nebel verloren, sah ich die östlichen Züge, welche von den Albanesen die nackten Häupter genannt werden. Vor meiner Seele stand der Eingang des 11. Gesanges der Odyssee, da ein nördlicher Götterwind den Odysseus zum Gestade der nächtlichen Kimmerier führt. Du weißt, daß man dies Gestade an die Akrokeraunischen Berge legt, die vom Donner Getroffenen, wie ihr Name dies ausspricht. Dahin wiesen die Alten alle Schrecken der Natur. Dort war ihnen das Ende der Welt und der Eingang in den Tartarus; dort stand auch der geheimnisvolle Tempel der Eumeniden.

Vor der nördlichsten Spitze, Kap Linguetta, tritt das Meer in eine weite Bucht zurück, jetzt das Tal von Vallona genannt. Das Gestade ist reich und malerisch das Gebirge. Hier lag Orneus auf steilem Fels. Vallona (auch Avlona), einst der Sitz eines christlichen Bischofs, ist jetzt verlassen und öde. Ihr liegt wie eine schweigende Sphinx die dunkle Sasena vor, eine Klippe, allen Schiffern bekannt.

Polybius setzt sie an den Eingang des Jonischen Meeres und hat ihre Lage also richtig angegeben. Die Peutingerischen Tafeln verlegen sie irrig zwischen Zante und Cephalonia. Sie steigt kahl und steil in die Höhe; meinem Auge wurde kein Baum, kein Halm, möcht' ich sagen, darauf sichtbar. Die Reede ist offen; bei Südost und Süd gut, dagegen bei Nord und Nordost gefährlich. Man ist bei diesen Winden gezwungen, die Anker zu lichten, und stößt leicht auf Untiefen, welche um die Klippe sich befinden. Der Seegrund und selbst der Felsen ist reich an Korallen. Silius Italicus (7,480) warnt vor diesem Felsen mit den Worten: Adriaci fugite infaustas Sasonis arenas.

Kap Linguetta bildet mit Kap Otranto in Apulien die Pforte des Adriatischen Meeres. Jenes Kap ist, so wie die ganze Wand der Akrokeraunischen Berge, eines furchtbar wüsten, kahlen, finstern Charakters. Die Sonne scheint dir diese Strecke durchgebrannt und jeden Keim des Pflanzenlebens darin erstickt zu haben. Das falbe Licht des Tages strahlte unangenehm und gleichsam stechend zurück. Man begreift, daß nur Räuber auf diesem unwirtbaren Boden wohnen und der Seemann dieses Felsengestade flieht.

Um 4 Uhr nachmittags gewahrte ich Fanó, die Insel im Nordwesten von Korfu, welche die Alten Othonius nannten. Sie ließen eine Schar der Achaier dahin wandern, nachdem sie die Mauern der heiligen Ilios gebrochen hatten. Diese sollen jedoch die Insel bald wieder verlassen haben, weil sie dieselbe einem Drachen, der dort hauste, nicht abbringen konnten. — Um 6 Uhr wurde S. Salvadore auf Korfu sichtbar, der nördlichste Berg dieser Insel, aber Windstille fesselt uns bis jetzt. Die Nacht ist von unsäglicher Milde und Stille. Fanó steht wie ein Gespenst über dem Wasser. Einsame Lichter irren längs der Akrokeraunischen Wand.

Küstenfahrt entlang den Akrokeraunischen Bergen. Das Heiligtum der Eumeniden. Christen als Blutopfer Ali Paschas 1798. Annäherung an Korfu, die Phäakeninsel.

KORFU, am 1. September 1824

Erst gegen Morgen erhob sich günstiger Hauch. Wir segelten am steilen Gestade fort. Dukates, der Hauptort des Bezirkes Japurin, war in wüster Zerstreuung am Abhange erkenntlich. Türken wohnen dort und Christen, beide Räuber, dem Schiffbrüchigen gefährlicher als die See. Die Bucht von Val d'Orso bricht tief in die finstere Bergschlucht. In ihrem Hintergrunde sollen Trümmer zu finden sein, welche die Meinung bestätigen, daß an dieser Stelle der Tempel der Eumeniden gestanden habe, welche Ovid die Gottheiten von Palaeste (der alte Name von Paliassa) nennt. Diese Überreste bestehen in einem Mauerkreise, dem Hieron der Pelasger ähnlich. Sonderbar, daß dieselbe Stelle noch heutzutage unter den Bewohnern verschrien ist, als hielte der böse Feind dort seinen nächtlichen Hof. So wechseln die Fabeln, indes die Fabel bleibt. Keine Quelle erfrischt diese Einöde, die ob der Schlangen, die dort hausen, selbst von den Tieren geflohen ist; nur Adler nisten hie und da auf den wolkigen Spitzen, und Wölfe irren von Zeit zu Zeit herum. Die Alten nannten diese Gegend Aornos. ...

Leise Lüfte führten uns unmerklich an die Einfahrt in die Straße von Korfu. ...

Deutlich wird nach und nach das Kirchlein auf S. Salvadore, das über Trümmern eines Jupitertempels steht. Hier soll das Auge eine der mächtigsten Aussichten genießen, indem es die ganze Insel, das rauhe Epirus bis an die Kette des Pindus überblickt und jenseits über das Meer bis an die Spitze des Ätna in Sizilien reicht. Von S. Salvadore senkt sich das Gebirge in sanftem Fall nach Osten und verschließt scheinbar den Eingang in die Straße, indem es sich mit zwei Hügeln, beide mit Ruinen gekrönt, an die Akrokeraunischen Berge bindet, die noch weiter hin in wilden, vielfach untereinander geworfenen Massen ziehen. Dort liegen Lukowo und Nivizza, über dem Vorgebirge Kephali, deren christliche Bevölkerung im Jahre 1798, am Auferstehungstage des Herrn, von Ali Pascha von Janina überfallen und niedergehauen wurde. An 6000 Menschen fanden da in wenigen Stunden ihren Tod. Man zeigt einen Ölbaum, und nennt ihn seither den Baum der Märtyrer, woran an diesem Tage eine Familie von vierzehn Personen gehangen wurde. Es war Ali Pascha vorbehalten, die müßigen Tyrannen vergangener Zeiten an Erfindung der Folterarten zu übertreffen und so eine neue Märtyrerära zu gründen, der nichts abgeht, um mit Bewunderung, Mitleid und Andacht im Gedächtnis der Frommen fortzuleben, als einige Jahrhunderte zu spät gekommen zu sein. Die christlichen Ortschaften des Gebirges unterwarfen sich nach diesem Schlage.

Damals geschah es, daß Ali Pascha... das Kloster des heiligen Basilius zur Feste umwandelte, nachdem er zuvor die Mönche desselben getötet hatte.

Am Eingange des Kanals von Korfu hat man zur Rechten die Kirche der Lieben Frau von Kasopo, welche die Schiffe, solange die Insel venezianisch war, mit Kanonen zu begrüßen pflegten; zur Linken aber Santi Quaranta auf der epirotischen Küste, ein kleines Örtchen mit weißglänzender Kirche über dem Hafen gelegen, den Strabo Onchesmos nennt (7,7,5 p. 324); über dem Eingange selbst werden in weitester Ferne die molossischen Berge sichtbar. Hat man die Punta von Kasopo umfahren, so gleicht die Straße einem großen See, den nach allen Seiten Berge umfangen. Hügel auf Hügel mit Orangen, Oliven, Feigen und Zypressen steigen in die Flut nieder und bilden die Stufen zur Hauptmasse des Gebirges. ... Beugt man... um die Spitze von Kalura, so tritt plötzlich die Doppelspitze hervor, auf welcher das Kastell von Korfu steht, die gewiß zu allen Zeiten ob ihrer Beschaffenheit und Lage den Sitz der Herrscher der Insel trug. Da ich soeben Odysseus' Scheitern an dieser Küste, sein Erwachen in Mitte der Mädchen und seine Aufnahme bei Alkinous gelesen, so verlegte ich die Burg dieses Königs auf eben diese seltsam gestaltete schwarze Felsenspitze. In weiter Bucht krümmt sich von dem Schlosse die Insel zurück, und das Haupt des Isthome schaut über die weißen Hügelbrüche, an denen die heutige Stadt sich herablehnt. Selbst auf dem linken oder thesprotischen Ufer wird es gastlicher. Am Ausflusse des alten Kalydnus geht ein breites Meertal ins Land; tief im Hintergrunde steht Butrinto, das Buthrotum der Alten. Menschen gewahrte ich hie und da im Felde und am Gestade beschäftigt. Diesseits aber, auf dem Gestade Korzyras, trieb man Rinderherden längs den Uferwiesen fort — Bilder des Sängers von Chios, ersteht ihr vor mir? — Mehr und mehr wird die Stadt Korfu längs dem Ufer in weiter Verbreitung sichtbar. Die Insel Vido, vor dem Hafen liegend, löst sich von demselben und zeigt sich als Schutzwehr. Verwandte Schiffe grüßen uns und senden ihre Boote an Bord. Es ist 7 Uhr abends; wir werfen Anker dem neuen Kastell gegenüber. Man kündigt uns Kontumaz an, weil wir Dalmatien betreten haben.

Abends 9 Uhr

Schweigend beug' ich das Haupt; unendliches Bangen und Ehrfurcht
Pressen im Busen das Herz und die männlich drängenden Pulse!
Zwiefach ragende Burg, die hinausschaut weit in die Meerbucht,
Dich begrüß' ich zuerst, wo Alkinous heilige Stärke
Spendete glänzendes Mahl dem großen Dulder Odysseus!
Heilige Höh'n euch dann, die mit weitgebreiteten Armen
Gurten den mächtigen Port, von felsiger Klippe beschirmet;
Dich dann, Isthome, auch, der fern aus dem Herzen des Eilands
Schaut über Hügel und Stadt nach stolzem Gebirg' der Thesproten;
Stille Flut, dich zunächst, in die der zitternde Mondstrahl
Schwimmende Kreise verwebt, ein Bild von Sterblicher Leben;
Euch Gestirne zuletzt, geheimnisbergende Wächter,
Erde, Himmel und Meer, euch Geister versunkener Helden
Und euch Götter zumal, Bewanderer dieser Gestade!
Allen künd' ich mich an, ein Sohn entlegenen Landes.
Kummer drückte mein Herz, in Zwang und Öde verging es,
Deshalb nahm ich den Stab, durchzog die dunkle Salzflut
Zwischen italischem Land und Felsengehäng' der Illyrer.
Nun gewann ich den Port. Es leuchten hell mir die Ufer,
Wo die Jungfrau den Ball, die blühende Fürstin geschwungen;
Flammen lecken empor am Uranidengebeine
Blüthell, gierig und scharf; es verblasset fast die Laterne,
Die, dem Schiffer zum Heil, ausschaut vom riesigen Burghaupt
Warnend in drohender Nacht. Es tönen krieg'rische Hörner
Voll durch die Stadt; es gellt der Wachruf des Fremdlings,
Der, vom Kreidegestad der Meerbeherrscherin kommend,
Hier ein Sieger thront mit allgewaltigem Dreizack.
Aber schweige mir, Jetzt! Nur du, Vergangenheit, weile,
Täuschend hülle mich ein und gib mir Wachendem Träume,
Wie Homeros sie sang und wie sie geben die Götter! —

*Ausflug nach dem gegenüberliegenden Festland — Buthrotum,
eine neue Heimat der Trojaner. Die Stadt Korfu.*

KORFU, am 2. September 1824

Ich habe Dir gestern nur ein paar flüchtige Worte über Buthrotum
gesagt, das Virgil und Ovid mit Liederkränzen umschlangen, und
wo Racine den Sohn des Achilles, Hektors Witwe und Agamem-

nons Tochter mit modernen Klagen entehrt. Es liegt im Hintergrunde einer majestätischen Bucht und in der Mitte eines weit ausgebreiteten Tales. ... An diesem Gestade läßt der mantuanische Dichter seinen Helden Andromache finden, da sie den Manen des Gatten eben ein Erinnerungsopfer bringt. Diese Gegend überrascht den Sohn des Anchises durch eine teure Ähnlichkeit mit dem Vaterlande. Der neue Simois... wird ihm zum Skamander. Buthrotum, das auf schwache Hügel am Ufer dieses Flusses (nicht über anderthalb Stunden landeinwärts) sich hebt, ist ihm die heilige Ilios. Er träumt die Mauern dieser Stadt aus Schutt und Trümmern sich wieder erhebend; er sieht ihre Türme — er sieht das skäische Tor — er sieht in der waldigen Gebirgskette, die sich zuhinterst und zur Rechten erhebt, den Ida, und Tränen füllen sein Auge.

Ich verschaffte mir heute morgens mit dem Frühesten eine griechische Barke, um die Reste dieser gepriesenen Stadt zu besuchen. Vier Zeitalter haben daran gebaut und zerstört, und das fünfte wenigstens das eine. Pelasgische Trümmer tragen griechische Ummauerung und deuten auf eine urälteste Zeit, der die Sage vorausgeht, daß Jason hier Medea das Grab errichtete, und auf die jüngere des Pyrrhus. Römer zogen eine doppelte Mauer um die Stadt, die sie neben der Akropolis bauten. Neugriechen stellten die christlichen Tempel auf die gestürzten Altäre der Heiden. Barbaren kamen zuletzt und häuften den neuen Schutt auf den alten. Als die Venezianer Herren von Buthrotum wurden, bauten sie zur Linken des Flusses eine Feste, unter deren Schirm die wenigen Gebäude standen, die der Kaufmann von Rialto brauchte. Noch besteht dieses Schloß und tritt malerisch mit hohen Zinnen und Trümmern aus dem weiten Schilfmeer hervor, mit welchem die Ebene des neuen Simois bedeckt ist. ...

Auf die Reede zurückgekehrt, betrat ich, obwohl es spät war, noch das Gestade. Man führte uns nach der Sanität und hob nach den gewöhnlichen Vorkehrungen die Kontumaz auf. Ich ging in die Stadt. Welcher Schmutz und Unrat, welche enge, unfreundliche Gassen — welch Gestank in denselben — welch Gesindel! Nur eine einzige Stelle nehme ich aus, die der Esplanade, über welche der Weg zum Kastell führt. Der Schutzherr baute sich da einen königlichen Palast, neben dem der Geschützte, ein Bettler, im Staube kriecht. Weite Säulenhallen tun sich auf, und aus dem majestätischen Portikus sieht man hinunter auf den Platz von mehr als tausend Schritten Länge, den Alleen durchschneiden und an dessen unterem Ende ein Tempelchen steht, das der Senat der Jonischen Inseln dem vorigen Statthalter S. Th. Maitland über einer Quelle zum Denkmal errichtete. Zur Rechten dieses Platzes ziehen die besten Häuser der Stadt hin und die Gassen öffnen sich, durch die man in das Innere der Stadt hinabsteigt. Zur Linken aber tut sich die herrliche Bucht auf, in welcher das einstige Korzyra lag. Die beiden Felsenspitzen des Kastells, mit dem frühern Regierungsgebäude, Schule, Stiftungen, Kriegsmagazinen umbaut, schauen zur äußersten Linken hoch herein. Da die Stadt am nördlichen Abhange des Vorgebirges liegt, das mit dem Kastell endet, und dessen breiter Rücken mit der Esplanade gedeckt ist, so sind alle Gassen mehr oder minder bergig. Sie werden in dem Maße häßlicher, als sie sich von der Esplanade entfernen. Wenige Gebäude fielen mir auf. Das Opernhaus ist das bestgebaute. Unten am Hafen erbauten die Engländer einen Fleisch- und Fischmarkt, ebenso geschmackvoll als zweckmäßig, mit schönen säulengetragenen Steinhallen, die im länglichen Viereck eine Zisterne, mit breiten weißen Steinplatten gedeckt, umgeben. . . .

Ballfest beim englischen Hochkommissär. Aussicht von der Alten Festung.

KORFU, am 4. September 1824

Der High-Commissioner S. F. Adams ist ein feiner, lebensgewandter, sehr unterrichteter Mann, der mich einnahm. Ich fand edle Ungezwungenheit und Freimütigkeit in seiner Umgebung, die ich Gelegenheit hatte bei Tische kennenzulernen. Man wies mir eine militärische Aufnahme der Insel, in vielen Blättern, schön, und wie ich nicht zweifeln kann, auch richtig ausgeführt. In Korfu hat die griechische Sache zahlreiche Anhänger. Die Stadt ist mit griechischen Zeitungen überschwemmt; man freut sich jedes Vorteils der Griechen mit Leidenschaft; man glaubt in General Adams einen entschiedenen Freund der Griechen zu haben. Milady Adams, eine geborene Griechin, auch an einen Griechen vermählt, von dem sie sich aus Liebe für den General trennte, hatte ich gestern das Vergnügen bei einem Ballfeste zu sehen, das die Fregatte Sibylla gab. Das Hinterteil des Schiffes war trefflich aufgeräumt und mit einem Flaggenzelte geschmückt. Mehrere Frauen, viele Offiziere waren zugegen. Man tanzte französische und schottische Tänze. Walzer vermied man, bis Milady das Eis brach; sie walzte, und alle übrigen walzten nach. Diese Dame ist sehr ansprechend, schön, schlank von Gestalt, stolz von Haltung, edel in den Gesichtszügen, mit dunklem Haar und mit Feuer im Auge, in Wort und Benehmen. — Mondstrahl lag über der See, und die Gebirge deckte jener weißgraue schimmernde Nebel, der den Umrissen, ohne sie zu verhüllen, das Harte nimmt und vermählenden Glanz über das Gemälde ausgießt. Ich sehnte mich aus dem Gedränge der Uniformen, aus dem Toben der Musik hinaus in das Freie. Es war Mitternacht, da wir gingen.

Heute besah ich das Schloß, auf jener doppelten Felsspitze gelegen, die durch einen Wassergraben ganz von der Stadt getrennt ist. Zuoberst, wo die Laterne steht, ist die Aussicht wunderbar schön in Ferne und Nähe. Die Straße von Korfu von der nördlichen bis zur südlichen Einfahrt zeigt sich mit ihren schönen Ufern, und Stadt und Festung liegen wie eine Landkarte hingebreitet, und so die Insel bis an den Isthome und längs der Kette, die von dort nach dem eingesattelten Engelsberge und weiter westlich nach Kap Timon — östlich aber nach S. Salvadore zieht. Zedern und Orangenwälder, uralte Feigen und hohe Zypressen decken diese Hügel, und die artigsten Landhäuser sehen überall hervor. Schön weist sich Potamo, am Flusse gleichen Namens gelegen, der in die große Bucht zwischen der Stadt und der Klippe Vido, unserem Ankerplatz gegenüber, mündet. An diesen Fluß verlegt die Sage jene herrliche Szene der Odyssee, da Odysseus der königlichen Nausikaa naht. ...

Du kennst aus Thucydides die Kämpfe, welche Korzyra vor und während dem Peloponnesischen Kriege bestand — die Umwandlungen, die es erfahren — den Parteihaß, der es zerriß und zerstörte. Du erinnerst Dich, daß damals ein Teil des Volkes, den Lazedämoniern zugetan, auf dem Isthome sich verschanzte, nachdem früher ein Haufen derer, die zu den Atheniensern hielten, von Tempel zu Tempel fliehend zog, und endlich auf eine Insel hinausgejagt wurde, dem Tempel der Juno gegenüber. Sollte diese Insel nicht eben die Klippe Vido sein? Vierhundert Flüchtlinge (Thuc. 3,75,5) würden auf den übrigen Klippen kaum Platz finden.

Abfahrt von Korfu. An der Stelle der Seeschlacht bei den Sybota-Inseln (aus den Anfängen des Peloponnesischen Kriegs). Das traurige Los der epirotischen Küstenstadt Parga.

HÖHE VON PARGA, Nacht zum 6. September 1824

Der Wind hatte sich des Morgens günstig gewendet; wir lichteten die Anker. Sowie wir die Kastelle im Rücken hatten, war mir Muße genug, die Einbucht zur Linken und zur Rechten des Olivenhügels genau zu betrachten, und mir schien kein Zweifel über die Lage der alten Stadt übrigzubleiben. Offenbar ist der kleine Fels Pontikonisi (Ratteninsel), der vor dem verschlammten Eingange des alten inneren Hafens (eben des Sees Kalichiopulo) aufsteigt, jener, dessen Homer im 13. Gesange der Odyssee erwähnt. ...

Der Wind war so gering, daß wir uns, als die Sonne unterging, eben zwischen Leukimne und Syvota befanden. Paxo und Antipaxo lagen vor uns wie von Korfu abgefallene Stücke. Zur Linken tat der Koronäische Busen sich auf, an dem das Chimerische Vorgebirge steht; die Kastellspitzen Korfus versanken in die Flut. Dies ist die Stelle, wo Korinth und Korzyra den verderblichen Peloponnesischen Krieg begannen. Korzyra verfocht im Streite wegen Epidamnus die schlechte Sache, weshalb es auch Korinth gelang, halb Griechenland gegen dasselbe zu stimmen. Aber Korzyra behauptete den Ton und die Würde des Stärkeren, und wußte, nachdem es diese Rolle gefährdet sah, Athen für sich zu gewinnen und den Teilkrieg in einen allgemeinen umzuwandeln. Am Chimerischen Vorgebirge legten sich, wie Thucydides (1,46) erzählt, die 150 Schiffe der Korinther vor Anker, bei Syvota die 110 der Korzyräer; auf Leukimne aber standen ihre Landvölker mit den 1000 schwerbewaffneten Zakynthern. Die Seeschlacht, die sich darauf ergab, war eigentlich eine Landschlacht zur See, so wenig kannte die Schiffahrt jener Zeit noch die Hilfen ihrer Kunst (Thuc. 1,49,2).

Nacht lag schon auf der See und Grabesstille, da wir an Parga vorüberkamen. Ich sah eine einsame Flamme dort leuchten; mir unbekannt, welch Zeichen sie sei. Ein Wunder zog einst den Rest der Gläubigen auf diesen Felsen, den das Meer von drei Seiten bespült und den ein starkes Verteidigungswerk auf der vierten vom Festlande sonderte.

Die Geschichte Pargas ist die der Welt im kleinen. Fabel,

Glauben, Kampf, Täuschung, Elend zu allen Zeiten! Zu Anfang des 15. Jahrhunderts gaben sich die Pargioten an Venedig, um den Schutz der Republik zu erkaufen. Sie fanden Angriff und Kampf, sooft diese mit der Pforte in Krieg trat. Dies vermochte die Venezianer, im 16. Jahrhundert Parga zum festen Platze umzuschaffen; sie trugen ihre Einrichtungen, ihre Feste, ihre Fehler und Tugenden nach Parga und wunderten sich späterhin über die Verschlimmerung des Volkes, das doch sie verdarben. So wurde beiden Teilen der Schutz zur Last, und der Senat von Venedig schlug den Pargioten mehrmals vor, nach Antipaxos überzusiedeln, was diese verweigerten. Mit den Jonischen Inseln kam Parga 1797 an die Franzosen, wechselte nach dem Gange der großen Weltbegebenheiten französischen und russischen Schutz, sah sich mit Prevesa, Vonitza und Butrinto, den aus dem Nachlaß Venedigs ererbten Punkten des Festlandes, plötzlich durch Vertrag Rußlands mit der Pforte an die letztere überlassen. Der Pascha von Janina, im Ungehorsam gegen den Sultan, bemächtigte sich Prevesas; er streckte seine Hände nach Parga aus, aber darin kamen ihm die Russen zuvor. Der Tilsiter Friede gab Parga wieder unter französischen Schutz. Ali Pascha erneuerte das Begehren, daß diese Stadt ihm überlassen werde. Zehn Jahre hielt er das Auge fest auf Parga gewandt, und kaum vernahm er den Umschwung der europäischen Verhältnisse im Jahre 1814, so überraschte er diese Stadt mit 5000 Albanesen. Aber die Pargioten, durch sechzig Franzosen unterstützt, widerstanden und gaben sich später unter englischen Schutz. Die Engländer überließen die Stadt samt ihrem Gebiete den Türken. Dies Ereignis fand statt im Mai 1819.

Aktium und Leukas.

AM LEUKADISCHEN FELS, 6. September 1824, abends

Die Sonne ist unter, eben da ich eine der berühmtesten Stellen in der Geschichte der Leidenschaften nahe, ganz nahe vor Augen habe. —
„On these waves for Egypt's Queen the ancient world was lost and won."
Der Wind war schwach während des ganzen Tages. Ich hatte Zeit, die Kassopischen Berge zu betrachten, die steil gegen

Nikopolis und Prevesa abfallen, so daß sie ein niederes Vorland lassen, auf dem eben die Trümmer beider Städte liegen, die neuen der einen, und die alten der andern. Höher als das diesseitige Ufer des schmalen Einganges in den Golf Arta ragt auf dem jenseitigen das Vorgebirge von Actium als rundgehobene schwarze Spitze auf und bindet sich an den hohen, mit reichen Wäldern bedeckten Bergantischen Bergen, Zweigen des Olympus, an Leukadia, das glänzend, weiß, schroff, hoch und mächtig ins Meer hinauszieht — in der Mitte ein kahles, gelbbraunes Haupt hebt, das jählings nach Süden abstürzt und dann weiter mit Hügeln bis an das letzte, berühmte Vorgebirge sich senkt. S. Maura nennt man dies Inselland heute, das einst Festland war, bis es die Korinther durch den Kanal, der es heute noch trennt, zur Insel bildeten. Sein Felsengestade (Leucatae nimbosa cacumina montis: Verg. Aen. 3,274) ist nur hie und da mit dunklem Gesträuche überwachsen. ...

Ithaka und Cephalonia scheinen jetzt noch unter sich und mit Leukadia verbunden. Das erste breitet die Bucht aus, von der uns Homer (Odyssee 13,95) eine ganz treffende Beschreibung gibt; Neriton erhebt sich weitherrschend darüber. Cephalonia zeigt kräftige Gebirgsmassen von Ost bis Süd. Eine Menge Häuser wird sichtbar — reiche Baumwelt auf Flur und Höhen; die Spitzen aber sind mit Mauertürmen, zu Mühlen eingerichtet, gekrönt. ...

Akarnaniens vergessene Küsten, sie, einst mit Leukas und Ätolien Apollos geweihter Boden, begann die Nacht zu verhüllen. ...

Im Golf von Patras. Besuch von Missolungi. Bei der Regierung der aufständischen Griechen. Im Sterbehaus Byron's.

REEDE VON MISSOLUNGI, am 9. September 1824

Kaum war es Morgen, so tat auch dieser Golf sich vor uns auf. Links breiten sich die Niederungen Ätoliens hin, über welche die Gipfel des Arakynthus, die Heimat Theokritischer Hirten, kahl sich erheben und die Berge von Lokris schauen. ... — Wir ankerten sieben Meilen im Süden von Missolungi, und gestern morgens begab ich mich nach der Stadt, die dermalen der Sitz der Regierung des westlichen Griechenland ist.

Diese Stadt, welche der Grieche gerne Klein-Venedig ob ihrer Lage, ihres Ursprungs durch Fischer und ihrer Blüte der Schiffahrt nennt, hat, aus der Ferne angesehen, wenig Auffallendes, als etwa die beinahe durchaus gleiche Höhe der Häuser, die alle ein Stockwerk über dem Erdgeschosse und platte Dächer haben. Sie ist auf die Entfernung mehrerer Meilen gegen Ost, Süd und West mit Lagunen umgeben, welche nur durch einen einzigen sehr schmalen Kanal Annäherung erlauben. Diese Straße ist überdies durch ein Fort, Vasiladi, drei Meilen südöstlich der Stadt, an dem man nahe vorbei muß, verteidigt. Wir erreichten die großen mit Rohr umsteckten Fischereien vor Vasiladi, wo, in Rohrzelten wohnend, die Fischer noch ganz das Bild verwirklichen, das Theokrit mit so einfachen, ergreifenden Zügen von ihnen gibt. Eine Barke, für drei Menschen zu groß, — eine Schilfmatte — Angel, Netz und Faden — an Kleidern nur eben, was die Blöße deckt; — dies ist ihre ganze Habe! Sie schildert der Dichter, wenn er sagt:

> Weder Schlüssel noch Türe noch Hund war ihr eigen; dies alles
> Schien entbehrlich für sie; denn es schützte sie doch ihre Armut.
> Auch war nirgends ein Nachbar zu sehen; denn hart an der Hütte
> Wogte einengend das Meer und verebbte mit leisem Geplätscher.
> (Ps. Theokr. 21,15–18)

Um 8 Uhr früh, nachdem wir zu verschiedenen Malen aufgesessen waren und die Matrosen ins Wasser steigen mußten, um uns flottzumachen, kamen wir an das Fort, das nichts als eine Mauerfläche mit vier Kanonen nach vorne und zwei an den Seiten ist und einen Flügel, aus Kot und Reiswerk elend zusammengefügt, zur Rechten und Linken für eine Kanone hat. Rückwärts ist sie offen, und einige Strohhütten für das Kriegsvolk füllen den Raum. Nahe diesem Werke stand ein Korsar, der größte, den wir in diesen Gewässern sahen. Er führte zehn kleinere Geschütze an den Seiten und einen Zwölfpfünder am Hinterteil. Noch stand ein Trabakel da, kleinerer Art und ganz abgetakelt, eine Prise. Die Kriegsleute, die uns abermal im Kampfe mit den Untiefen sahen, gaben uns auf einer Barke, die nur ein ausgehöhlter Baumstamm war (Monoxylon), einen Knaben zum Führer, der uns nach der Stadt brachte. Kurz vor derselben fanden wir an dreißig Schiffe, wovon ein paar zum Kriege gerüstet, alle klein, so daß sie Barken glichen; einige derselben waren dreimastig; der Fock- und der große Mast führten

Quersegel, der hintere aber ein großes lateinisches Segel. Mit Mühe gelangten wir an einen Erddamm, der von der Stadt vorgreift. Unter der Menge Volkes, das da zusammenlief, fanden sich ein paar Bewaffnete ein, die uns nach der Regierung wiesen. Wir gingen mehrere Gassen durch, die ebenso vielen Pfützen glichen, traten durch einen Hof in ein Haus, das vor den übrigen nichts Ausgezeichnetes hatte. Dort führte man uns in ein ärmliches Zimmer, von Bewaffneten voll, die uns Platz räumten und Stühle brachten. Wir waren im Regierungsgebäude. Auf die Frage, wer an Alexander Maurokordatos Stelle (der abwesend war) die Geschäfte leitete, trat ein Mann, halb fränkisch, aber arm gekleidet, ein Beauftragter und Sekretär desselben, Herr Praidi, hervor. Ich fand in ihm einen düstern Mann, vorsichtig bis zur Furcht, mißtrauisch bis zur Befangenheit, aber unterrichtet und artig in Wort und Benehmen. Zufällig fragte ich, ob sich kein Deutscher hier befinde. — Alsogleich antwortete mir einer, der unter den Gliedern der Regierung saß, im reinen Deutsch. Er war nicht wenig erfreut, seine Muttersprache zu hören. Er nannte sich mir als Dr. Mayer, den Herausgeber der Chronik von Missolungi und des griechischen Telegraphen, zwei Tageblätter, das eine im Griechischen, das andere im Französischen. Er war Sekretär der Regierung und stellte mir einen andern jungen Mann vor, den Bruder des Exministers Negri, ebenfalls Regierungssekretär und zu Jena erzogen. Der dem Range nach erste Regierungssekretär Riotti sprach außer dem Griechischen nur italienisch; ein vierter endlich sprach nichts als griechisch und rauchte ruhig und gleichgültig seine Pfeife. Die widersprechendsten Elemente schienen in diesen fünf Personen zusammengegossen. Wärmer als alle übrigen führte der Deutsche das Wort; er führte es außerdem mit Feinheit, Haltung und Mäßigung, aber ungeachtet des zuversichtlichen Ausspruches schien auf den Stirnen aller stete Unruhe und eine düstere Ahnung zu schweben. Wir äußerten den Wunsch, die Stadt näher zu besehen, und alsogleich wies man uns gewaffnete Begleitung zu, mit der wir von Winkel zu Winkel eilten. Man kann den Ausdruck Gassen für die schmutzigen Zwischenräume von Haus zu Haus nicht brauchen, denn die Stadt ist eigentlich nur eine Zusammenstellung von 500 bis 600 Gehöften, jedes abgesondert und mit schwacher Mauer umfangen; die Häuser sind von Stein, unangeworfen, meist mit Lehm gefügt, ärmlich, klein. In der Mitte dieser

Gehöfte ist eine Art von Markt, d. i. eine Budenreihe für Wein, Getreide und allerlei Waren. Wir kamen an die krenelierte Mauer, welche erst neuerlich gezogen worden ist, um die Stadt ganz vom Lande abzuschneiden. Sie ist schwach, hat sieben Türme und einen Wassergraben von 12 Fuß Breite. Man zeigte uns auch den Erdwall, hinter welchem sich die Missolungioten vor ein paar Jahren mit Erfolg verteidigt hatten; er ist kaum die Knie zu decken geeignet und der Graben vor demselben nicht über vier Fuß breit. Man nahm keinen Anstand, uns das Zeughaus zu weisen, wo ein paar Haufen rostiger Kugeln und einige ganz schlechte Geschütze den Vorrat der Verteidigungsmittel ausmachten. Es drängte mich, das Haus Lord Byron's zu besuchen. Es steht nahe dem Molo, wo ich ausgestiegen war, und ist vielleicht das ansehnlichste der Stadt. Der Hof desselben ist geräumig und hoch mit Unkraut überwachsen; vier Fenster des Erdgeschosses gehen nach der Meerseite, im ersten Stockwerke sind fünf nach dieser Richtung; darüber steht noch ein Aufsatz im Dache mit einem Fenster. Auf die Hofseite sehen ebenfalls fünf Fenster im ersten Stockwerke, vier im Erdgeschosse, an der Stelle des mittleren aber ist das Tor mit einem Erker über demselben. Das Innere besteht in jedem Geschosse aus einem Saale und vier anstoßenden Zimmern nach italienischer Art. Die Hausleute wiesen mir die Bestimmung jedes Fleckchens der beiden Zimmer im ersten Stockwerke nach der Meerseite zu, welche eben die Zimmer des Lords waren. In dem rechtsliegenden, kleineren, mit dem Bette gegen die Teilungswand, starb er. Die Leute versicherten, er habe den Tod sich durch ein Bad im Meere zugezogen; er sei in ein Fieber gefallen nach diesem unseligen Bade und habe sich geweigert, sich die Adern öffnen zu lassen; diese Weigerung aber sei die Ursache seines Todes gewesen. Er war in den letzten Tagen nicht mehr bei sich. Dr. Mayer versicherte mich, der Lord sei in seinen Armen gestorben. Dessen Eingeweide liegen in Missolungi begraben.

Elend und Armut taten sich in allem kund, was ich in dieser Stadt sah. Gram und Bedrängnis sprachen aus den Zügen der Bewohner, und vorzüglich der Weiber. Ihre Grüße, ihre Worte verrieten wenige Hoffnung, wohl aber die Ahnung eines traurigen Ausganges. Ich hörte mehrere ganz gemeine Leute mehrmals ausrufen: „O daß die christlichen Mächte sich unserer erbarmten!" Unverhohlen sprachen die Begleiter sich aus, daß nur zur See die Rettung vollendet werden könne, zu Lande aber hätten sie nichts zu erwarten; alle ihre Wünsche beschränkten sich darauf, sich dort zu erhalten, bis Griechenland durch Seesiege sich die politische Anerkennung erworben hätte. Sie erzählten, daß Maurokordato eine Stellung im Gebirge halte, sich aber nicht in die Ebene wage, weil er den Türken keine Reiterei entgegensetzen könne. — Als ich mich zur Rückfahrt anschickte, sprach mich einer deutsch an; nannte sich den Chef des Geniewesens, sagte, er sei zu Wien erzogen, und erklärte mir, die früher erwähnten Werke gegen die Landseite seien von ihm entworfen und ausgeführt. Er beklagte sich dabei, daß er mehrmals, um eine elende Hütte zu schonen, die Richtung seines ganzen Baues habe ändern müssen. Er gab den Aufwand für diesen Verteidigungswall auf 12.000 Taler an.

Meine Seele war mir über den Anblick alles dessen, was ich sah und hörte, schwer geworden. Soll ich Dir gestehen — mir ist wie jemandem, der dem Wachen nahe einen schönen Traum festhalten will und nicht kann. Das also ist Missolungi? — Beklagenswerter Byron, wie arm mußt du gestorben sein! Beklagenswertes Griechenland!

Ich hing vergeblich den Blick an das verbrannte Gestade und an das schöne baumreiche Tal, das nach dem Golf von Anatoliko und nach der Mündung des Achelous hinzieht. Vergeblich auch dachte ich der Kämpfe der Athenienser gegen die Peloponnesier auf denselben Gestaden, in demselben Meere — und, nach dem Evenus gewandt, sah ich vor dem kühnen Phormion die Korinther und die von Sikyon nach Patrá, Dyme und Kyllene flüchten (Thuc. 2,84). — Nur wenige Gewalt übten diese Bilder über den Trübsinn, der meine Seele beschlich und noch gefangenhält.

Sira — Insel der Zuflucht für flüchtende Griechen. Begegnung mit der jungen, heimatlosen Theophania und ihren kleinen Geschwistern. Der Hafen von Sira, die neue und die alte Stadt.

SIRA, am 15. September 1824

Kaum ans Land gestiegen, umgaben mich Szenen des Elends. Rings um den Hafen fand ich mehrere tausend Geflüchtete aus Scio, Euwalin und Ipsara, vier Fünfteile Weiber und Kinder, da unter

Zelten, dort unter Bretterhütten gelagert, hier in Erdgruben sich bergend und zum Teile noch unter freiem Himmel des Raumes und aller Mittel entbehrend. Neben ihnen lagen ausgebreitet die geretteten Kleider, das wenige Geräte. Schreck, Not und Verzweiflung waren im Antlitz aller. Wir wurden schnell von diesen Unglücklichen, die um Almosen flehten, umringt. Sie beschworen uns bei den Eltern, die uns im fernen Hause wohnen — bei der Gattin, die im Antlitz des Kindes die Züge des entfernten Gatten suche — bei der Braut, die uns einst beglücken werde! — Ich folgte einem Mädchen von etwa 13 Jahren in eine Erdhöhle, mit dürftigen Werkzeugen in den Ton gegraben. Mitten in der Hütte war der Feuerplatz mit einigen Zwiebeln und Feigenblättern versehen. Stroh lag an den Wänden hingebreitet. Darauf hockerte ein Greis von nahe an neunzig Jahren; neben ihm wühlten sieben Kinder in Asche und Erde. „Das ist mein Barba", sagte das Mädchen, „und das sind meine Geschwister; Vater und Mutter sind nimmer!" — und sie weinte laut. „Woher seid ihr", fragte ich, „und wo ließest du die Eltern?" — „Aus Ipsara — den Vater haben sie erschlagen; die Mutter rissen sie in die Sklaverei — wohin, weiß die heilige Jungfrau allein! Die Kinder waren im Schiffe geborgen bis auf das kleinste da, das Eltervater auf den Armen rettete; ich aber entsprang, und wir entflohen alle mit den andern."

Sira hat einen Hafen, der gut und geräumig ist und wegen vorliegender Klippen und Vorgebirge leicht zu verteidigen wäre. Die Insel soll noch einen zweiten Hafen, geräumiger als der erste, haben; aber weil niemand am Gestade wohnt, besucht denselben niemand. Dermalen hat die Insel ungemein gewonnen, da Sira ein Zwischenpunkt für den Handel mit dem Schwarzen Meere geworden ist. Auch das griechische Festland verpflegt sich durch die Vorräte, welche in Sira niedergelegt werden. Wir trafen an hundert Schiffe im Hafen, meist kleiner Art, mit drei oder auch mit einem Maste und lateinischen Segeln. Die Stadt längs dem Gestade gleicht einem Markte, sie besteht seit ein paar Jahren. Die eigentliche Stadt liegt eine halbe Stunde tiefer hinein; sie ist auf einem Bergkegel getürmt und bedeckt ihn bis zuoberst. Die Häuser aus Stein, geweißt, ohne Dach, mit gestampfter Erde flach gedeckt, geben dem Ganzen die Ansicht von Verheerung und Ruinen. Die Wohnungen scheinen alle wie zufällig hingestreut, denn es ist kein eigentlicher Eingang, keine Straße sichtbar; man kriecht von

Schlupfwinkel zu Schlupfwinkel, und ein Haus türmt sich über das andere. Alle Tore sind offen, man sieht die Eingeweide der Haushaltungen; Schmutz und Unrat füllen die Löcher, wo Tier und Mensch gleichsam ohne Scheide nebeneinander leben. Zuoberst stehen die Kirche zum heiligen Georg und die Wohnung des Bischofs. Einige Säulenstücke sind da eingemauert. . . .

Die Aussicht von der Terrasse vor der Kirche ist herrlich und umfaßt einen großen Teil der Zykladen. Ich fand in diesem vergessenen Orte eine Frau, aus Wien geboren, die Gemahlin eines Arztes. Ich nahm einige Erfrischungen dort, bei der glühenden Sonne so wohltätig, und wandelte dann über den nackten Berg, wo nur hie und da ein Feigenbaum auf dem heißen Boden hinkriecht, zurück. Es gibt keinen eigentlichen Weg, der zur Stadt führt. Man geht, wie man eben will und kann, den Berg hinauf und sucht oben ein Loch, wo man zwischen den Häusern hineingelange.

Besuch beim griechischen Vorsteher. Die von einem Gerücht genährte Hoffnung der Griechen und die folgende Enttäuschung.

SIRA, am 16. September 1824

Der hellenische Eparch, Alexander Axioti, bat mich für heute zu Tische. Er bewohnt ein Landhaus nahe der untern Stadt, von einigen Reben und Feigen umgeben. Das ganze Haus besteht nur aus einem Saale, zwei kleinen Zimmern und der Küche, in die man aus den Gärtchen ebenen Fußes tritt. Das eigentliche Erdgeschoß ist der Wache eingeräumt. Einfacher noch als das Haus ist die Einrichtung desselben; im Saale ein Tisch aus gemeinem Holze, ein paar Sessel, ein Sofa mit Teppichen belegt, im Schlafkämmerchen ein Bett auf Gestelle, ein paar Nägel in der Wand mit Waffen behängt; nichts weiter. Kein Diener hat bei uns weniger Bequemlichkeit als hier der Befehlende. Axioti schien mir von Welt und Kenntnissen. Er kannte mehrere Teile Europas und hatte ihre Sprachen sich zu eigen gemacht.

Wir unterhielten uns, wie natürlich, mit den Angelegenheiten Griechenlands. Er rechtfertigte mit denselben Gründen, wie man dies zu Missolungi getan, den dermaligen Kampf; er sprach die regsten Hoffnungen für eine glückliche Beendigung desselben aus, doch schien mir im Hintergrunde seiner Seele ein Zweifel zu liegen, den er vielleicht sich, gewiß aber mir verbergen wollte. Durch ihn erfuhr ich, daß die Zahl der Einwohner der Insel, die an 25 Meilen Umfang hat, auf 10.000 Seelen betrage, die Zahl der Geflüchteten aber schon dermalen fast die Hälfte dieser Zahl. Alles Laub an den Bäumen war bereits von diesen Unglücklichen verzehrt. ...

Eben lief eine griechische Kriegsbrigg von Samos kommend ein, welche Nachricht über ein Seegefecht brachte, das an dieser Insel am 9. oder 10. September vorgefallen war. Axioti las mir den Inhalt der Briefschaft vor und gab ihn den Konsuln kund. Als ich zur Marine niederstieg, fand ich das Volk zu Haufen gedrängt den Erzählern horchen; alle waren betrübt, denn das Gerücht hatte Riesendinge verkündet, und nun schien ihnen die Wahrheit so dürftig — so weit hinter ihren Wünschen und Hoffnungen. So fiel dies Volk mit plötzlichem Übergange von lauter Freude zu wortloser Niedergeschlagenheit herab.

Wiederbegegnung mit Theophania.

SIRA, am 17. September 1824

... Da sprang ein Knabe an mich heran und faßte mich am Rocke, es war der jüngere Bruder des Mädchens von vorgestern; ein Kind von sechs Jahren. Er trug einen Krug in der Hand und wies ihn mir freudig. „Schwester kommt auch mit mir", sagte er, und ich sah sie, die mit dem Auge sorgfältig wie eine Mutter den Knaben verfolgte, eine kleinere Schwester an der Rechten führend, auf mich zuschreiten; in der Linken aber trug sie schwer einen gehenkelten Krug. Ich hatte vorgestern nicht bemerkt, daß sie hübsch sei; dies konnte mir heute nicht entgehen, da sie den Krug niedersetzend vor mich hintrat. Sie hatte sich geputzt, das heißt, sie hatte die Haare um das Haupt geschlungen und Leanderblüten darein verwebt; sie hatte auch eine neue Schürze vor. Ich bemerkte das; sie aber errötete über und über. — Sie faßte meine Hand und wollte sie küssen; „Freude Eurer glücklichen Braut!" sagte sie mit milderer Stimme als das erste Mal; ich aber brach den Gruß mit der Frage: „Wagst du dich so allein und so spät noch in diese Gegend?" — „Was soll ich fürchten?" antwortete sie mit der Zuversicht der Unschuld;

„Barba wollte Wasser von diesem Brunnen, und der Schlimme dort" — fuhr sie fort, indem sie lächelnd auf den Knaben deutete — „ließ sich nicht nehmen, in dem neuen Gefäße auch seinen Teil nach Hause zu tragen." — „Willst du mir davon geben?" fragte ich den Kleinen, und ich sah mit Vergnügen, daß er kein Zeichen von Unmut gab, als ich die Hälfte austrank und die andere Hälfte verschüttete. „Du sollst entschädigt werden", sagte ich ihm; „nimm nur das leere Krügelchen, ich will dir ein volles senden." — Dann hieß ich sie gehen; ich hätte sie so gerne begleitet, aber ich hatte Scheu, es zu tun, des Mädchens willen. Sie erriet den Grund nicht und bat mich, nicht böse zu sein, daß sie mich, obwohl ich abseits des Weges war, angeredet habe. — „Und fürchtest du nicht", erwiderte ich, „daß die Männer, die dort wandeln, und die mehreren, die am Eingange in die Stadt am Ufer stehen oder vor den Hütten sitzen und an denen wir vorüber müßten, die Nase rümpfend sprächen: Wie geht doch das hübsche Mädchen mit dem Fremden so spät über die Straße?" — Da sah sie mir in die Augen, faßte den Krug, wiederholte den gewöhnlichen Gruß mit leiser Stimme und ging. Ich blieb absichtlich noch eine Weile zurück. Es war dunkel, da ich heimkehrte.

Idyll in der Geborgenheit eines Felsentals fernab der leidvollen Gegenwart.
SIRA, am 18. September 1824

Ich komme von einem Spaziergange. ... Der Fußsteig führte zwischen den Klippen zu einer Quelle, die von Behausungen umgeben und mit dem herrlichen Grün reicher Schlinggewächse verziert war. Das Wasser sprang hell und rasch hervor und floß munter die Kiesel hinab. Kaum einige hundert Schritte mochte ich weitergegangen sein, wie ein Zaubergärtchen tat eine zweite grüne Stelle im engen Felstal sich auf, größer denn die frühere, wieder mit Wohnhäusern und hängenden Gärten umgeben. Feigenbäume breiteten hier die fünffachgeränderten Blätter aus. Schlinggewächse voll herrlicher Frische umkleideten Fels, Mauern und Wohnungen und vermählten alles zu einem und demselben sanften Bilde; eine Menge Mädchen und Weiber stand um den Brunnen beschäftigt; es war ein verwirklichter Traum aus der ersten Patriarchenzeit. Ich folgte dem Bächlein, das unter Lorbeer und rotblühenden vollen Oleander verhüllt war, und stieß bald auf einen dritten Brunnen, von dem mir Gesang und Jubel schon aus der Ferne entgegentönten, da noch die Felsen den Schauplatz der Freude bargen. Gärtchen und Wohnungen übertrafen die früheren an Nettigkeit, und das Wachstum strebte in voller Üppigkeit der morgenländischen Kraft auf. Ich müßte neue Namen erfinden, um die hundert Abstufungen zu malen, die allein im Grün der Gewächse stattfanden, welche hoch hinauf und strotzend die dunklen Felsen und die dunkleren Mauern verkleideten. Das Saftgrün der reichen Granate schien jedoch den Preis davonzutragen; diese Farbe hat einen geheimnisvollen Zauber, dem, womit morgenländische Dichter begeistern, nicht ungleich. Die Feige schien hier größer und gedehnter in ihren Ästen, als ich sie in Italien gesehen; Myrten und Lorbeer wechselten ab, und hellblühender Oleander neigte sich über die Steinstufen, die hie und da zu den Wohnungen führten. Oliven und Mandeln zitterten mit ihren Silberblättchen im Abendwinde; dunkle Zypressen stiegen säulengerade empor und geboten Ehrfurcht dem Auge. Vor allem aber fesselte dies ein einsamer hoher Dattelbaum, der mit seinem geschuppten Stamm und mit seiner breiten Krone dem ganzen Zaubersitze eine hochromantische Haltung gab. Man denke sich hinzu die gewürzige Luft, die Öde und Stille der umgebenden Felsschlucht, die nur einen einzigen Ausblick erlaubt, aber diesen auf die unendliche See; das Kommen und Gehen der Saumtiere, der Weiber und Kinder, alle mit Wassergefäßen und häufig von bewaffneten Männern begleitet; das Verweilen und Sichbesprechen und Helfen und mannigfaltige Gruppenbilden um die Brunnen — so steigen unwillkürlich die Bilder der Vorwelt auf; ich dachte an Hagar und an die Mägde, die das Wasser holen am Brunnen der Wüste, an Nausikaa, an Wuchs und reizender Bildung einer Unsterblichen ähnlich, und an die Szene, da der schiffbrüchige Odysseus sich ihr zu Füßen wirft; mir war, als begriffe ich jetzt erst, warum Quellen geweihte Stellen waren, warum die Alten ihnen den Beinamen der heiligen gaben und die Wandernden sich um sie ansiedelten, warum man Tempel neben sie baute, sie mit Bäumen umpflanzte und mit zierlichen Steinen umfriedete. . . .

Trauriger Bericht des Großvaters Theophanias über das Schicksal der Griechen von Ipsara.
SIRA, am 19. September 1824

Wir haben einen österreichischen Kauffahrer neben uns, dem fünf Matrosen an der Pest starben. Das ist ein schlimmer Willkomm. ...
Da unsere Abfahrt auf morgen festgesetzt ist, so ging ich nachmittags in die Stadt, dem Eparchen und dem Konsul einen Besuch zu machen, und da ich versprochen hatte zu kommen, so mußte ich auch meine arme Familie sehen. Ich fand den Greis in seiner Ecke, das zweitjüngste Mädchen, das sich etwas darauf zugute tat, den Barba zu hüten, neben ihm, drei Kinder und das kleinste spielten vor der Erdhütte; Theophania mit den beiden Knaben fehlte. Der Greis war mir noch einen Teil der Geschichte seines Lebens schuldig; ich setzte mich, ihm zu horchen, und er führte mir das Gemälde von Elend, Freude, Wagnis, Gefahr und Rettung, ich weiß nicht, ob mit Wahrheit, aber wenigstens mit kräftigen Zügen aus. Die See war sein Element gewesen. Er kannte fast jeden Winkel von Asien, Afrika und Europa, welchen das Mittelmeer bespült; er hatte mit den verschiedensten Völkern gelebt, hatte den Türken und Venezianern gedient, war Seeräuber und Jahre hindurch Gefangener in Algier gewesen; er hatte dreimal Schiffbruch gelitten und sieben Wunden empfangen. Er mischte Gebet, Klage und Geschichte wehmuterregend untereinander. Die Geschichte des Falles von Ipsara trug er immer auf den Lippen. Das Bittere hat ja längeren Nachgeschmack denn das Süße. Er kam auch jetzt wieder darauf zurück. „Saget nicht, Herr", so sprach er, „daß wir, in leichtsinnige Sicherheit eingeschläfert, den Angriff nicht voraussahen. Sie trafen uns bereit, da sie — es war an einem Freitage — erschienen. Von Mittag bis zwei Uhr in die Nacht währte der Kampf, und ihr Angriff blieb vergeblich. In der Nacht bewirkten sie an der Nordseite die Landung, an einer Stelle, wo zehn Männer, wenn auch nur mit Steinen bewaffnet, hingereicht hätten, sie zu vereiteln, und wo unsererseits fünfzig Albanesen standen. Von Verrätern geführt, erklommen sie die Höhen, die jene fünfzig, Gott mag es ihnen vergeben, schmählich verließen. Mit Anbruch des Tages waren mehrere tausend Feinde ausgeschifft und andere tausend folgten, ohne daß noch die Unsern in der Stadt und

auf den wichtigsten Punkten der Insel davon Kenntnis gehabt hätten. Die Türken drangen gerade auf die Stadt los, in welcher sie nur uns unbewaffnete und unfähige Greise, Weiber und Kinder fanden, denn die Männer, welche Waffen tragen konnten, waren alle, so wie auch die Fremden, teils im Schlosse über der Stadt mit Dimitri Prazanos, teils am Hafen mit Hadschi Anagnosti, teils auf der Insel, wo Niccolo Apostoli und Andrea Maurani den Befehl führten. Jetzt begannen die Schreckensszenen, von denen Ihr gehört habt und deren Folgen Ihr zum Teile sehet. Aus der schon brennenden Stadt flüchteten wir nach dem Hafen: Die Schiffe füllten sich in der traurigsten Hast und ohne jede zweckmäßige Verteilung der Menschenzahl oder der erfahrenen und fähigen Seeleute. Kaum einem Dritteil der Schiffe gelang es, aus dem Hafen zu kommen; alle übrigen fielen wehrlos in die Hände des Feindes. Wir trieben, an Lebensmitteln und an den notwendigsten Bedürfnissen ermangelnd, in die Weite, ohne Steuer, denn diese waren, den Fremden zuliebe und um die Notwendigkeit der Verteidigung zu erhöhen, schon seit der Zeit, als wir den Angriff erwarteten, ausgehoben und ans Land gebracht worden. Hadschi Anagnosti war mit uns; Apostoli begegneten wir in offener See; er hatte, da er alles verloren sah, sich mit wenigen in die Schiffe gerettet, die er unter seinem befestigten Posten zurückhielt. Was mit den übrigen geschehen, wisset Ihr. Ach, Herr! wer zählte die Feinde? — Der Unsern waren nur 800 bewaffnet; hiezu kamen (zu unserm Unglücke) 700 Albanesen, die man uns zu Hilfe geschickt hatte und denen es nicht Ernst war, uns zu helfen; auch an 2000 Scioten hatten wir mit uns, ganz unerfahrne, obwohl bereitwillige Leute, von denen kaum einer ein Feuergewehr besaß. Ihr Vater", er deutete damit auf das Mädchen, „war einer von denen, die mit Dimitri im Schlosse starben."

Der Alte war so erschüttert, daß er kaum mehr reden konnte und an allen Gliedern erbärmlich zitterte. Ich leitete das Gespräch auf sein früheres Leben und suchte ihn durch Seitenfragen über diesen oder jenen Hafen, über diese oder jene Klippe wieder zu beruhigen, als Theophania eintrat und das ganze Geschwirr der Kinder hinter ihr nachstürmte. Ich gab diesen einige Schnüre farbiger Perlen, wie ich deren mehrere aus Venedig, in der Absicht, sie als Geschenke zu verwenden, gekauft hatte. Dann ließ ich mir einige Auskünfte von dem Greise geben, um womöglich die Mutter dieser verlassenen

Kinder wieder aufzufinden. Da es schon spät war, ging ich, nicht ohne Wehmut und nicht ohne eine trübe Frage an die Vorsehung, auf die nur der Glaube Antwort weiß. — Wir segeln nach Smyrna.

Die paradiesische Pracht der Insel Chios früher und der Kontrast der Gegenwart.

GEWÄSSER VON SCIO, am 21. September, abends

Heute gegen 2 Uhr nachmittags befanden wir uns den Mastixdörfern auf Scio gegenüber. Das Vorgebirge Phanä, das jetzt Capo Mastico oder auch Capo bianco heißt und dem die Felsklippe Venetiko vorliegt, ist ein auf breiter Grundlage ruhender Felskegel. Links in der Einbucht sind Reste einer Feste sichtbar. Überhaupt tragen alle Küstenhöhen dieser Seite Türme, welche von den Genuesen, einst Herren dieser gesegneten Insel, erbaut worden sind. Reiche Baumpflanzungen breiten sich aus, und manche heitere Täler bieten dem Auge sich dar. Einige Ortschaften werden jetzt schon sichtbar; hinter denselben steigen hohe kahle Berge empor. Das Argennum der Alten, jetzt das Capo bianco auf der natolischen Küste, hebt sich, Scio gegenüber, wie eine Stadt aus dem Meere. Zwischen beiden tut der Kanal von Scio sich auf. . . .

Die Sonne sank hinter den Bergen von Scio, da jetzt Stadt, Hafen, Feste und Landschaft bis hin zum Vorgebirge Kardamyle sich auftaten. Der Kanal war durch die Spalmadoren (eine Gruppe von Inseln zwischen Kardamyle und dem Festlande, die bei den Alten Oenussae hießen) wie durch eine Wand geschlossen. Der rauhe Mimas, ein Felsgebirge des Festlandes, türmte sich über den Spalmadoren und senkte sich nach uns zu oder südlich gegen die sanfte Bucht von Tschesme ab, ein Städtchen, das mit viereckigem Turm und wenigen Häusern aus entlegener Tiefe vorschaut. Dann zieht die natolische Küste ebenso sanft weiter nach dem asiatischen weißen Vorgebirge, dem letzten südöstlich sichtbaren Punkte.

Über das, was Scio noch vor kurzem war, will ich unsern Landsmann Herrn von Hammer reden lassen, der die Insel, von Lesbos aus, besuchte.

„Eine Reihe nackter Felsen läuft längs der östlichen Küste von Chios hin, in einer kleinen Entfernung vom Meere. Wer möchte weit von der See aus hinter denselben die fruchtbarsten Täler und an ihren Füßen den schönsten Garten des Archipels vermuten? — Dies sind die Mauern, die ein irdisches Paradies umwahren. In der Mitte beiläufig der ganzen Länge beugen sie sich in einen Busen ein, der den sichern und schönen Hafen von Chios formt. Diese Ansicht ist der reizendsten eine. Die großen steinernen Häuser der Stadt mit Terrassen oder flachen Dächern, die Wälle des Schlosses, die Kuppeln der Moscheen, die beiden Leuchttürme und das Gewühl der Schiffe in der Mitte. Auf beiden Seiten, anderthalb Stunden gegen Norden und anderthalb Stunden gegen Süden, das dunkle Grün der Baumgärten vom hellen Weiß der Sommergebäude durchglänzt. Von ferne scheinen die Häuser dicht aneinander zu stehen und, nur durch einzelne Baumgruppen getrennt, eine einzige, mehrere Stunden lange Stadt auszumachen, in deren Mittelgrunde der Hafen liegt; und in der Tat sind diese Sommerwohnungen die Duplikate der Stadtgebäude, deren Bewohner die Hälfte des Jahres im Hafen, die andere Hälfte in ihren Gärten verleben. Die Häuser sind aus Steinen, und zwar die meisten aus schönen, großen, gehauenen erbaut, nach der alten genuesischen Bauart, die noch an einigen Häusern der Vorstadt Galata in Konstantinopel zu sehen. Alle in vollkommenen oder länglichen Vierecken mit flachen Dächern oder Terrassen, mit großen Fenstern und Toren, deren Pfeiler und Bogen bei vielen Marmor und Granit sind."

Höre noch diese Stelle: „Man reitet von der Stadt beiläufig eine Stunde lang gegen Norden immer in gleicher Richtung mit dem Meere. Das schmale Tal, das zwischen der nackten Felsenreihe und dem Seeufer hinläuft, ist ein Verein unzähliger Gärten und Landhäuser oder vielmehr ein einziger großer Garten, in verschiedene Partien geteilt, der auf der einen Seite mit Felsenmauern umgeben, auf der andern von dem großen Wasserstücke des Meeres begrenzt wird. Die Landhäuser sind teils vollkommene, teils längliche Vierecke mit Terrassen und großen Fenstern; die Mauern, welche die Gärten umgeben, aus großen gewichtigen Steinen aufgeführt und meistens drei Klafter hoch. Die ersten haben das Ansehen von Warttürmen, die zweiten von Stadtwällen. So fest sind kaum die Türme der alten Ritterschlösser in Österreich, so hoch nicht die Mauern, welche die Gärten Schönbrunns umgeben."...

„Chios ist der beständige Aufenthalt des Frühlings, aber zur

Zeit, da er sich den andern Ländern nur von ferne naht, feiert er hier schon seinen herrlichsten Triumph. Dieser Ritt gewährt im März den Genuß der schönsten Stunden des jonischen Himmels."

„Das helle Blau des reinsten Äthers fließt auf das mannigfaltige Grün der Gärten herunter. Laue Schmeichellüfte wehen Blüten- und Fruchtgerüche entgegen. Auch die kleinsten, in nördlichen Ländern fast geruchlosen Blumen sind mit würziger Kraft gefüllt. Äste mit frischen Mandeln biegen sich über das Haupt herein; Mastixbäume hauchen Wohlgerüche aus, und die Orangen sind in voller Blüte. Vom Strome des hellsten Lichtes umwogt, von Blüten und Düften umweht, vom Chorgesange der Vögel umtönt, gelangt man zur sogenannten Schule Homers."...

„Der Eingang der Felsenbucht ist erhaben und fürchterlich schön. Senkrecht stürzen sich die Wände herab; ein graues Gestein mit rötlichen Flecken durchzogen, wie ein Winterhimmel, an dem das Nordlicht brennt. Felsenkolosse haben sich losgerissen und liegen in der Tiefe umgestürzt durcheinander geworfen und reines Wasser rieselt dazwischen. Das Wasser ist die Quelle Homers, die einige hundert Schritte weiter sich aus dem Felsen in ein steinernes Becken ergießt, glänzend und leicht wie Silberflor. Täglich tragen Maultiere das Wasser nach der Stadt, um es dort zu verkaufen, und unter den Geschenken, welche die Einwohner der Insel von Zeit zu Zeit dem Kapudan Pascha darbringen, befinden sich immer einige Tonnen dieses Wassers. Es ist das reinste und leichteste der ganzen Insel, ebenso berühmt als der Wein Homers, der auf dieser Seite eine halbe Stunde weiter hinauf nur in einer kleinen Strecke reift."...

Fast mit gleicher Begeisterung spricht von Scio der ernste Chandler; er erhebt sich an dessen Rebenhügeln, an dessen Zitronen- und Orangenwäldern, die mit dem Blütendufte den Geruch entzücken, während sie mit ihren goldenen Früchten das Auge erfreuen; er rühmt, wie Myrten und Jasmin an Oliven, Palmen und Zypressen sich schmiegen, zwischen denen zierliche Minarette und Wohngebäude durchblicken, deren glänzendes Weiß das Auge des Wanderers blendet. Er vergleicht die Ansicht der Stadt jener von Genua und erschöpft sich im Lobe der Anmut und Reize sciotischer Mädchen.

Tournefort sagt, daß die große und freundliche Hauptstadt dieser Insel besser gebaut sei als irgendeine Stadt der Levante; ihm, der ein Jahr lang im Archipel herumzog, erschien sie wie ein Edelstein; das ist sein Ausdruck. Er spricht von ihren Reichtümern und von der Artigkeit ihrer Frauen.

Diese drei Stimmen umfassen einen Zeitraum von mehr als hundert Jahren. Wer heute malen will, muß freilich andere Farben nehmen.

Verzauberung durch die Nähe von Homers Heimat. Die Bedeutung dieser Nähe für das Verständnis seiner Dichtung und Gedanken über diese.

Am 21. September, Mitternacht

Der Schlaf flieht mich. Ich glaube Dir über den heutigen Tag nichts mehr sagen zu dürfen; aber Du siehst, es soll nicht so sein. Ich gehe auf das Verdeck und schreibe Dir da mit Blei auf die niedlichen Blätter, die Du selbst mir bereitet. Windstille hält uns wie geschmiedet an den Grund der See. Mir ist, als griffen unsichtbare Arme aus den Tiefen und hielten das Fahrzeug fest an dieser denkwürdigen Stelle. Wo bin ich? Gerade vor dem Felsen Homers; ihm zugewandt mit der Spitze des Schiffes. Welche Stille ringsum auf den Wassern — auf der Erde — in den Lüften! Ja, dieser Augenblick gehört der Vergangenheit.

Es hat eine Zeit gegeben, da mir Ossian über alle Dichter galt, und weit über Homer. Gerade umgekehrt geschah es mir, als Werther, wenn er schrieb: „Ossian hat in meinem Herzen den Homer verdrängt." Denn seit griechischer Himmel über mir den Bogen der Milde bereitet, seit griechische Luft mich nährt, gewann Homer entschiedenes Übergewicht. Da ich ihn während dieser Reise, auf dem Verdecke sitzend und weithin ausblickend auf griechische Erde und Wasser, öffnete und las, überkam mich die Empfindung, als hätte ich ihn vormals nicht begriffen. Unwiderlegbar erprobt' ich hiedurch, daß Dichter auf ihrem Heimatboden gelesen werden müssen. Gewiß, wenn ich die Nebelgestade der Helden Ossians bereiste, würde dieser Dichter auch jetzt noch die einstige Gewalt über mich üben, ohne mich jedoch zur einstigen Ungerechtigkeit in Beurteilung der übrigen zu verleiten. Die Verwandtschaft des Gesanges mit dem Boden ist kein Wahn. Auch das Lied ist eine Pflanze, die ihre Säfte aus Erd' und Lüften saugt, die sie umgaben, und die an dem Licht aufstrebt, dessen Strahl sie erwärmt. Der Anblick des Geburtslandes, die Gestaltung seines Bodens, das Wandern darüber ergänzen den Gedanken des Dichters und füllen die unzähligen Lücken aus, die, wie vollkommen auch das Mosaik der Worte sei, dennoch ob ihrer, im Vergleiche mit dem Farbenhauche des Gedankens, rohen Natur notwendig entstehen. Ähnliches nennen wir bei jedem Kunstgenusse die Stimmung; sie ist der geistige Boden, auf dem man steht. Höre Mozarts ‚Vergißmeinnicht' in einer Stunde, da du selbst Abschied nimmst, und höre es in anderer, da du eben zum Balle gehst oder zum Festmahl; — höre seinen ‚Don Juan', da du die Welt durchwanderst und das Menschengetriebe gepeitscht von den Geißeln der Leidenschaft schaust — und höre ihn, da du aus ländlichem Frieden, von den Deinen im Kreise umgeben, den jährlichen Besuch in der Stadt machst; — höre Beethovens Sonate pathétique, da du über ein großes Herz, das wie ein Aar mit gebrochenen Flügeln im Staube liegt, trauerst; höre sie, da du im Kampfe mit dem gigantischen Schicksal unter dessen Gewichte zu sinken meinst — und höre sie zu anderer Zeit, da dir die Welt rosig erscheint und in Farben des Frühlings getaucht; siehe Tizians ‚Paul den Märtyrer', wie der Wind durch die dunkle Landschaft braust und das weiße Mönchsgewand schauerlich aufweht — wie der eine am Boden liegt, vergeblich dem Mörder wehrend — und der andere, Schreck und Verzweiflung in Aug' und Gestaltung, flieht; — wie das Licht über den Bäumen glänzt, in dem die Engel mit Kron' und Palme schweben, und eben einzieht in die Augen des Opfers; sieh dies Bild, wenn du niedergetreten bist und eben dein fleckenloses Bewußtsein das tröstende Wort nimmt, und sieh es im satten Augenblicke der Gewöhnlichkeit. — Nein, alles braucht sein Klima, seinen Boden; nur in seiner Heimat wird es ganz erkannt; nur dort strebt sein Wachstum zum vollen Maße auf; nur dort bewahren sich treu Farbe, Gestalt und Verhältnis. Ich hatte Homer bis jetzt nicht verstanden, obwohl ich ihn mit Fleiß, ja mit dem Vorteile eingelernter Verehrung und in den Jahren der lebendigsten Jugend las. Ich würde ihn vielleicht nicht wieder gelesen haben, hätte mich nicht mein Schicksal nach Griechenland gebracht. Schon als ich im Angesicht der majestätischen Arena von Pola, die mit edlem leichten Schwunge, ebenmäßig wie ein Horazischer Gedanke dasteht, mitten in dem riesigen, verlassenen Hafen die ersten Gesänge der Ilias wieder las, wurde ich meines Irrtums inne. Aber die Wärme des großen Sängers zog ganz in meine Seele, da ich im Angesichte Korfus die Odyssee begann, die ich an der Bucht von Ithaka endete.

Die Odyssee hat einen eigentümlichen, warmen, innigen Reiz, den der jüngere Anacharsis sehr treffend mit dem wohltuenden Eindrucke der untergehenden Sonne vergleicht. Wir finden die Helden am heimatlichen Herde sitzen, das Mahl der Gastfreundschaft spendend, und mit Gesprächen über die vergangene Zeit in Wehmut bald, und bald in heiterem Bewußtsein sich letzen. Die Ilias ist der Mann; die Odyssee der Greis. Was das Leben der Helden in jener Zeit großer Kraft und edlen Sinnes betrifft, so gibt uns die Odyssee hierüber mehr Aufschlüsse als die Ilias, und ich möchte sie als geschichtliches Denkmal wichtiger nennen. Sie berichtigt viele unserer Ideen, die aus Mangelhaftigkeit der Sprachen notwendig auf Abwege geraten müssen. In der Odyssee lernen wir das Wesen der damaligen Herrscher kennen, für die das Wort König meist einen ganz modernen Begriff unterschiebt. Die Verbindung des Patriarchalischen und Kriegerischen in der Obergewalt, welche die verschiedenen Könige bis zur Zeit des Trojanischen Krieges bezeichnet, macht die Lobpreisungen begreiflich, welche die späteren Griechen ihrer Heroenzeit oder überhaupt den Jahrhunderten zwischen der Einwanderung des Inachus bis zum Falle von Troja geben.

An rührenden Szenen ist die Odyssee nicht minder reich als die Ilias. Dem Abschiede Hektors von Andromache und der Klage des Peliden um Patroklus kann man billig die ergreifenden Augenblicke an die Seite setzen, da Telemachos mit Nestors Sohne zu Menelaus kommt, oder da Odysseus an Alkinous' Hof dem Sänger horcht, der Trojas Fall und seine Taten singt. Ich konnte der Kraft des Eindruckes nicht widerstehen, sooft ich die Schilderungen las. Ich sah die Jünglinge vor dem Atriden sitzen und hörte dessen Worte; und wie er nun auf Odysseus zu erzählen kommt, über dessen Los noch geheimnisvolles Dunkel ruht, und Trauer des Helden Seele faßt. Da treten dem Jünglinge, der sich noch nicht genannt, Tränen in die Augen; er hebt den Mantel auf und verhüllt sich das Gesicht. Menelaus aber, fremden Schmerz, obgleich er ihn nicht versteht, achtend, schweigt. Da schreitet Helena aus dem hohen, duftenden Gemache, Artemis gleich an Gestalt, der Göttin mit der goldenen Spindel, und setzt sich neben den Gemahl. Sie beachtet mit weiblichem Scharfblicke schnell die Ähnlichkeit des Jünglings mit Odysseus. Der Nestoride aber nimmt das Wort und führt Telemachos, den Sohn des Odysseus, ein unter sie, und alle weinen über den entfernten, unglückgeweihten Helden. — Da ist alles so einfach, so stille und friedlich, so ganz nahe am warmen Busen der Natur!

Ich weiß, daß selbst unter den Alten mancher Tadel gegen Homer ausgesprochen wurde. Ich selbst möchte vielleicht hie und da einen Vers anders oder weggelassen haben, aber ich kenne keine einzige Stelle, nicht in der Ilias und nicht in der Odyssee, die ich für schwächer hielte als die übrigen. Ich finde keinen Pinselstrich falsch; nur selten eine Wiederholung unnotwendig, nur selten einen Ausdruck am unrechten Orte. Die wunderbare Wahl seiner Beiwörter (ich will ihrer unerreichten und unübersehbaren Kraft nicht erwähnen), die Kürze und Anordnung der Bilder — der richtige Takt der Empfindung würden allein schon hinreichen, ihn der fernsten Nachwelt als das ehrenvollste Erbstück der frühesten Zeit zu bewahren. An die Stelle Homers wird sich kein Dichter mehr setzen, denn die Welt wird nicht mehr jung und das Wissen ist zu breit, als daß, würden auch gleiche Kräfte geboren, sie mit gleicher Unbeflecktheit und Vereinigung wirken könnten.

Was aber, im ganzen, ist das Herrliche im Homerischen Epos? — Die edle Natur der Schilderungen, die durch und durch gedrungene Wahrheit in denselben, — die Einfachheit der Mittel, und die wenigen, aber großen Massen, in denen sie verwendet werden, — das Plastische, worin es unübertroffen, und was eine Folge der richtigen Zeichnung und der Vermeidung jeder Überladung ist — endlich die tiefe Grundlage unverdorbener menschlicher Natur. Diese Kräfte zusammen machen, daß mir das Homerische Epos wie der Text zum Bau der Schöpfung vorkommt. Alpen, Meeren, unendlichen Wüsten und mächtigen Reichen gleichen seine Bilder, unzählig verschieden und doch von demselben Meister erschaffen und zu dem einen Ganzen gehörig. Himmel und Erde gehorchen ihm, Menschen und Götter; und seine Stirne ist rein, wie die des olympischen Jupiters. Mir ist, als gehörten diese Gesänge notwendig zum Ganzen der Erde; als hätte die Natur sie mit erzeugt, da sie Berge und Meere schuf und was da lebt in beiden.

Beurteilung des griechischen Aufstandes in Smyrna. Über die Flotten der Ägypter unter Ibrahim Pascha und die der Türken unter dem Kapudan Pascha. Ihre Bedrohung durch die ‚Brander' der Griechen.

SMYRNA, am 8. Oktober 1824

Der Aufstand der Griechen wird hier aus einem strengeren Gesichtspunkte beurteilt als bei uns. Wir sehen nur die menschliche, die dichterische Seite davon. Wir lieben darin uns selbst, unsere Leidenschaften und Wünsche, unsere Irrtümer und Wahrheiten. Wir sitzen auf den sicheren Stufen der Arena, und unten zerreißen sich Menschen und Tier und hauchen die Fechter im Todeskampfe den Atem aus. Hier wagt man die Unnotwendigkeit des Aufstandes auszusprechen, ein Verbrechen hierin gegen die Glaubensgenossen in Asien und in den übrigen Teilen des Reiches zu sehen und, wiesehr man sich auch über die Greuel entsetzt, welche die Türken täglich verüben, die Griechen von ähnlicher Handlungsweise nicht freizumachen. Auf zehn, welche den traurigsten Ausgang fürchten, ist kaum einer, der einen erträglichen hofft, obgleich jedermann den diesjährigen Feldzug für so gut als geendet ansieht.

Der Sohn Mechmed Alis steht mit 64 Kriegsschiffen, darunter zwölf Fregatten, in Budrum, der Kapudan Pascha mit 26, darunter ein Linienschiff und neun Fregatten, bei Mytilene, die asiatischen Truppen verlaufen sich bereits, und für Samos ist nichts mehr zu besorgen. Die Türken haben von dem Schrecken, der nach der Zerstörung von Ipsara alle Inseln befiel, gar keinen Nutzen gezogen. Drei Wochen brauchte der Kapudan Pascha, um sich von seinem Siege zu erholen, dann trieb er sich bei Scio und Samos herum, verlor ein paar Schiffe, wurde vom Winde nach den Zykladen geworfen und ging dann nach Tschesme, während 34 griechische Briggs mit 12 bis 18 Kanonen, 70 kleinere Fahrzeuge und einige Brander das Meer zwischen Scio und Budrum halten. Vorgestern hörten wir heftiges Geschützfeuer, und deutlich unterschied man vier große Pulverschläge. Heute brachten Kauffahrer einige Türken, die sie im Kanal von Scio aufgefischt hatten, und die Nachricht, daß der Kapudan Pascha abermals eine Fregatte, eine schöne tunesische Korvette, die erst vor ein paar Tagen Smyrna verlassen hat, und einige kleinere Fahrzeuge verlor, dann aber nach Mytilene segelte.

Die Ägypter liegen untätig zu Budrum. Niemand glaubt an ein redliches Einverständnis zwischen dem Sohne Mechmed Alis und dem Kapudan Pascha. Was die Griechen betrifft, so danken sie ihre Erfolge der Unfähigkeit des Feindes und ihren Brandern. Geschlagen, wie wir dies Wort verstehen, hat sich kein einziges ihrer Schiffe. In den letzten Tagen des September war die türkische Flotte von Mykone bis Scio zerstreut, und einige ihrer Schiffe irrten im erbärmlichen Zustande bis unter Naxos und Paros; die Griechen, mit einigen sechzig Schiffen bei der Hand, wagten keinen Angriff. Sie wissen keine andere Waffe zu gebrauchen als ihre Brander und setzen auch volle Zuversicht des Erfolges in dieselben. Es sind gewöhnliche, alte Schiffe, mit einem Kasten voll Pulver, Schwefel, Pech und Stroh am Vorderteile und drei so gefüllten Kasten an jeder Seite, die unter sich alle durch eine Zündwurst verbunden sind. Sobald der Angriff geschehen soll, treibt der Führer mit einem Scampavia (einem kleinen Fahrzeuge, zwei-, auch dreimastig, mit weiten tiefliegenden Segeln, die fast das Wasser streichen) den Brander vor sich her und gerade auf das feindliche Schiff los, dem er sich entweder an die Seite oder, wo möglich, unter das Hinterteil legt. — Hat er mit vierarmigen Wurfankern, oder wie immer, am feindlichen Schiffe den Brander festgemacht, so zündet er an und entflieht auf dem Scampavia. Das Feuer spritzt alsbald über den feindlichen Bord, ergreift das Tauwerk, erlaubt keine Abwehr, und die Verwirrung macht den Rest.

Die Griechen wagten zuerst nur gegen Schiffe, die vor Anker lagen, die Brander zu treiben. Jetzt haben sie damit auch Schiffe unter Segel angegriffen und dadurch den Schrecken vor dieser Waffe nicht wenig erhöht. Ihr Erfolg setzt einen bis zur Verzweiflung kühnen Führer und einen bis zur Unbegreiflichkeit ungeschickten Gegner voraus, zwei Umstände, die sich nicht oft zusammen finden. Der Schrecken ist aber nun einmal da. Ein Ipsariote rettete mehrere der Schiffe, die nach dem Falle der Insel flüchteten und nahe verfolgt waren, einzig dadurch, daß er auf seiner Brigg eine Laterne aushängte. Die Türken hielten ihn für einen Brander und ließen von der Verfolgung ab.

Der Grieche ist für den Seedienst geboren. Seine Überlegenheit hierin, verglichen mit seinem Gegner, ist groß. Aber seine Mittel sind erbärmlich. Keines seiner Schiffe führt Geschütze von einem und demselben Kaliber; überall ist Mangel an Waffen und

Kriegsbedürfnissen. Er wird, weil er besser an den Wind hält, mit wenigen Schiffen ganze Flotten necken, niemals aber eine entschiedene Bewegung derselben aufhalten können.

Über zwei Sätze sind auch hier alle Stimmen einig, daß Griechen und Türken in der Morea nicht mehr zusammen wohnen können, und daß die Griechen verloren sind, wenn keine europäische Macht ihnen beispringt. Ihre heftigen Freunde verzeihen ihnen die Fehler nicht, die Albanesen nicht für, sondern gegen sich gestimmt, Thessalien nicht aufgeregt und nicht gleich anfangs, als noch die griechischen Kauffahrer in Konstantinopel aus- und einfuhren, die türkische Flotte dort angezündet zu haben.

Ich machte die Bekanntschaft unseres Konsuls von Athen, Herrn Gropius, eines ernsten, unterrichteten, gefälligen Mannes, der vieler Schätzung genießt. Er ist warm für die griechische Sache und hat ihr große Opfer gebracht. Auch den Ritter von Romano seh' ich öfters, der als Geschäftsträger von Neapel nach Konstantinopel geht und den ich wahrscheinlich dahin begleiten werde.

Ruhelose Nacht mit Unwetter auf See. Landung auf Tenedos. Die Bedeutung dieser Insel im Trojanischen Krieg und später.

TENEDOS, am 14. Oktober 1824

Wie ein Schiffbrüchiger, abgemüdet durch Gefahr und Anstrengung, hin auf die unwirtbare Küste sich wirft, so ich auf den Kalkgrund vor den rohen Mauern des Schlosses, womit der Muselmann den kleinen Hafen von Tenedos und mehr noch die Durchfahrt zwischen demselben und dem Festlande beherrschen will.

Ich verließ am 12. Oktober mit der österreichischen Kriegsbrigg Montecuccoli, Kapitän Stalimene, die Reede von Smyrna. Der Tag war einer von denen, wo man von Herodots Lobe des jonischen Landes durchdrungen ist, des Landes, ,,das den schönsten Himmel hat auf der ganzen Erde und der Jahreszeiten anmutigsten Wechsel" (1,142). Unsäglicher Farbenschimmer zitterte über Meer, Gestade und Bergen und über der Stadt, die, reizend in jeder Stellung, wie eine verlangende Braut die geschmückten Arme öffnete. ...

Wir hatten einen Besuch in Phokäa zu machen und wandten uns daher nach dieser verborgenen sicheren Bucht, die durch ein doppeltes Kastell gewöhnlicher Art gedeckt ist. Die Stadt liegt im Hintergrunde; schroffe Höhen ragen darüber; rauh von Angesicht ist rings das Gestade mit hervorstechenden Felsenspitzen, die aus der Ferne Schlössern gleichen. Während wir unser Geschäft dort abtaten, gaben wir der englischen Brigantine Mathilde und Susanna (sie hatte den neapolitanischen Geschäftsträger an der Pforte, Ritter von Romano, an Bord) den Wink, uns zu erwarten. Eben jetzt begann die See hoch zu gehen und bei dem heitersten Himmel ein Ungewitter sich zu bereiten. Dieses kam aus Süden mit seinem Wulste von Wolken heran, die augenblicklich das Felsenhorn von Karaburun umschlangen, Scio in Dunkel hüllten und über die Höhe von Mytilene schwere, weißgraue Massen rollten. Da es bereits Abend war, so tat auch die Nacht etwas zum besten und hemmte das Auge. Wir sahen und fanden unser englisches Schiff nimmer. Wir hatten es weit hinter uns gelassen, da wir nach Phokäa ausbogen; es war nur ein mittelmäßiger Segler; wir mußten es in der Nähe, und zwar noch hinter uns, glauben; ein Kanonenschuß, Laternen, Raketen, Kunstfeuer blieben unbeantwortet; wir beschlossen daher, die Nacht über zwischen Scio und Mytilene zu kreuzen. Das Ungewitter nahm zu. Das Brausen des Windes und der Wellen, das Krachen des Schiffes, das gleichsam über sein Schicksal erseufzte — das Rollen, Stampfen und Beben desselben, das alle Richtungen des Kampfes andeutete, den es bestand, ließen uns die lange Nacht hindurch keinen Augenblick Ruhe. Die ersten Strahlen des Tages zeigten Kap Sigri auf Mytilene, das Sigrium der Alten, vielfach übereinander geworfenes Hügelland, über das sieben hohe Berggipfel, zum Teile mit Gebäuden gekrönt, ragen. Das Meer glich dem Schauplatze der Verheerung, dem wilden Chaos, in das alle Elemente zurückgekehrt im Hasse sich befehden. Das Gestade von Mytilene schwankte ungewiß vor unseren Augen; als feste Stelle, an Farbe dem Meere gleich, stiegen hinter demselben Kap Baba, das alte Lektum, empor und weiter hin troische Erde.

Das flache Tenedos mit seinem Rundberge, um welchen es rings wie eine Unterlage gebreitet ist, empfing uns bald. Der Wind ließ nach, sowie wir unter den Schirm des südlichen Vorgebirges gelangten. Einer kleinen Bai gegenüber, südlich dem Schlosse, das mit Zacken und Türmen eine vorstehende Klippe krönt, warfen wir Anker. Der Anblick von Tenedos ist wüst; nur von unserer Bai aus gingen einige Weinfelder in flache Täler hinein, und vereinzelte Ölbäume unterbrachen da den einförmigen, braungrauen Boden. Die Höhen selbst zierte kein Baum, kein Gesträuch; überall war nackte Erde. Vier Klippen, hinter denen die hohe Imbros und die geheimnisvollen Samothraken in Nebel gehüllt thronen, machen den Übergang zum weithingestreckten, in gleichlaufenden langen Bergflächen sich überragenden Gestade von Troja. Der Ida bildet hier die Scheidewand zwischen Himmel und Erde oder, wenn man will, die Stufe zum Himmel. Er steigt von Norden nach Süden, zuerst sanft, dann zackig auf, bis gegen Südost und Süd gegen Ost der Gargarus mit türmenden Spitzen das Rundgemälde schließt; denn dieser fällt nach Kap Lektum ab, und weites, wildes Meer folgt in unabsehbarer Ferne.

In der Nacht beruhigte sich die See. Die Sonne kam, eine jungfräuliche Göttin, den Ida herauf und warf ihren Blick über die wie in Verlangen zitternden Wellen. Im feuchten Nebel, silberweiß stiegen Küsten und Inseln empor, wie mit koischem Schleier vielfach verhüllt und umschlungen. Der Himmel gereinigt, aus dem Sturme wie aus einem Bade hervortretend, unendlicher Klarheit und milden Anhauchs voll, erfüllte mit Heiterkeit meine Seele.

Der Ritter von Romano hatte mir in Smyrna den Antrag gemacht, an den Dardanellen, durch die kein Kriegsschiff fremder Völker segeln darf, seinen englischen Kauffahrer zu besteigen und so mit ihm nach Konstantinopel zu kommen. Da der Sturm mich dieser Gelegenheit beraubt hatte und der Montecuccoli des Windes wegen nicht bis zu den Dardanellen segeln konnte, so hatte ich wirklich des Beils von Tenedos nötig, um den Knoten meiner Lage zu zerhauen. Ich beschloß, mich auf Tenedos auszuschiffen, dort eine Barke nach den Dardanellen zu mieten und so allein, meinem guten Sterne vertrauend, nach Konstantinopel zu gehen, von dem ich nur ein paar hundert Meilen entfernt war. Am Orte selbst, dem das von allen Seiten beherrschte, in seinen Mauern feste und ausgedehnte Schloß der Türken vorliegt, trat ich ans Land und durchwanderte das enge, häßliche, schmutzbedeckte Winkelwerk von ärmlichen Holzhütten und wenigen ebenso ärmlichen Häusern aus Stein. . . .

Wo ist jetzt auf diesem zeichenlosen Boden die Spur jener Zeit?

Wo die äolische Stadt, von welcher Herodot erzählt (1,151)? — Wo erkenne ich das Gestade, hinter dem die täuschenden Argiver sich bargen, indes, dem Verhängnisse folgend, Ilion das Verderben in die heiligen Mauern zog? — Wo ist dein Tempel, fernhintreffender Smintheus?. . . .
Perser eroberten diese Insel, da nach dem Siege über die Jonier bei Lade (Herodot 6,11–17) das herrliche Milet, dann Chios und Lesbos und alle jonischen und äolischen Städte wieder in ihre Hände fielen; — Spartaner verheerten sie, da sie im Peloponnesischen Kriege für Athen sich zu erklären für gut gefunden hatte. Der Haufen armen Volkes, der Tenedos jetzt bewohnt und den ich da um ein paar zerfallende Hütten kriechen sehe, erklärt sich für nichts mehr; jetzt gibt die Insel wohl kaum zu einer Verheerung Stoff! — Justinian ließ hier große Getreidemagazine anlegen; nicht einmal von diesen besteht eine Spur. Kaum ernährt der verlassene Boden die kleine Zahl der Bewohner. Wein ist das einzige Erzeugnis; der aber hat die Tugend, die ihn vor Jahrtausenden berühmt machte, noch nicht verloren.

Ich wandelte über die Höhen, das leuchtende Meer vor mir, wo Lucullus über Mithridates gesiegt hat — Mytilene, Lemnos, Imbros, die Samothraken im weiten, erhabenen Halbkreise um mich — das Festland von Europa und Asien, meinem Auge sichtbar. Jetzt hab' ich mich am Hafen niedergelegt und warte, daß man die Barke rüste, die mich nach Asien bringen soll. . . .

Ich blicke hinüber auf den riesigen Ida, auf die baumreiche Hügelküste von Alexandria-Troas und auf die bedeutungsvollen Grabhügel, zu ihrer Linken getürmt.

Fahrt am Gestade der Troas. Die alten Dardanellenschlösser der Türken. Einquartierung beim österreichischen Konsul.

AUS DEN DARDANELLEN, am 15. Oktober 1824

Mit Rudern rangen wir uns gestern um die Mittagsstunde aus dem Hafen von Tenedos und spannten dann vier Segel auf, drei Gicksegel, ins Dreieck geschnitten, und ein Quersegel. Mit diesen Hilfen flogen wir dem Festlande von Asien zu. Ich hatte mir von meinen Griechen ausbedungen, daß sie mich so nahe als tunlich längs der Küste von Troja hinführten; wir steuerten daher gerade auf einen mächtigen Tumulus zu, der mir gestern und heute schon im Auge lag und den ich aus Kaufers Karte für den des Äsyetes erkannte. Kumburun (das Sandkap) strich zu meiner Rechten flach in die See; das troische Vorgebirge ragte hoch auf; Peneleus' Tumulus, wie zwischen Hügeln eingefangen, schaute davon herab in die See; im Hintergrunde aber stand, wie ein Tumulus von Göttern für Götter erbaut, die Kuppe des Ida in ungetrübter Bläue. Zur Linken, dunkel wie die Nacht, blickten die hohen Samothraken über die „rauhhinstarrende" Imbros. Bäume, zerstreut und ordnungslos, deckten das flache Gestade von Kumburun bis zum Kap Troja und die Hügel, die hinter ihm als Scheidewand zwischen dem Ägäischen Meere und der Flur des Skamander sich heben. Ich bemerkte den neueren Ausfluß dieses am schönsten besungenen aller Flüsse in der südlichen Einbucht des Troischen Kaps und konnte den Weg desselben an den hohen Pappelgruppen und an dem Wäldchen, das jene Ufer bekleidet, weit ins Land hinein erkennen. Eine englische Fregatte, eine Korvette derselben Flagge hatten soeben den Ankerplatz unter dem Troischen Kap verlassen; eine Kriegsbrigg lag noch vor Anker an dieser heiligen Küste.

Äsyetes' Tumulus steht tiefer ins Land hinein, der des Peneleus aber macht die Krone des Troischen Kaps, das, von den Stürmen des Meeres oft und heftig bekämpft, Felstrümmer rings um sich hat. Zu äußerst liegt eine Klippe vor, wie ein Sarg gestaltet und von weißem Stein um die Mitte gegürtet. ...

Das Ufer beugt sich nordwestwärts gerade so weit vor, um Antilochus' mächtigen Tumulus, das Vorgebirge Sigeum und den weit ausgreifenden Arm der thrazischen Halbinsel zu zeigen. Im glühenden Strahle der Sonne schimmerten auf diesem das Schloß von Europa und die Stadt, demselben zur Seite. Erst da ich um Sigeum lenkte, das Herodot als Grenzmarke Asiens bezeichnet (4,38), gewahrte ich auch das asiatische Schloß, auf ganz ebener Sandzunge liegend, und diesem zur Seite den Grabhügel des Achilles, neben dem alle europäischen und asiatischen Schlösser der Osmanen nichtssagende Steinhaufen sind. Abgebrochen, aufgerissen, die Entweiher verklagend, steht dieser Hügel da; eine Mauer lehnt sich daran, und wie von Menschenhand abgestuft hebt sich demselben zur Rechten das Sigeische Kap, auf dessen schroffer Kante neun Windmühlentürme in einer und derselben Reihe den ärmlichen Ort decken, der jetzt den Raum von Athenäas Tempel einnimmt.

Das Ufer wird nun flach; — hinter den paar Ölbäumen, die Achilles' Tumulus umschatten, tritt Patroklus' Hügel hervor, und weiter hinein zeigen sich türkische Grabstätten mit ihren hohen Zypressenkronen; so ist Tod und nur Tod aus Jahrtausenden zusammengeworfen auf dieser klassischen Erde! — Ich umfuhr das Schloß und den Ort, der an der Mündung des Simois liegt. Vier Türme an der Seite, zwei von vorne mit starken Zwischenmauern verbunden und im Halbkreise ausgebogen, bilden den äußern Umfang des Schlosses. Einige dreißig Feldstücke von allerlei Größe lagen davor; zwanzig große Steingeschütze, auf Steinunterlagen ruhend, gafften aus der Rundmauer, dem Wasserspiegel fast gleich hoch. Andere Geschütze waren in der halben Mauerhöhe eingemörtelt, und ganz kleine Feldschlangen sahen aus den Zinnen und von den überragenden Mauern eines Kastells im Kastelle herab. Sand lag gegen die innere Seite getürmt, das Walten der Nordwinde beurkundend. Aus dem Orte selbst blickten drei Minaretts, und zahlreiche Hütten und Bäume reihten sich malerisch um diese Rufer zur Andacht und Künder der Zeit. Weit taten sich jetzt der Ausfluß des Simois auf und die schilfbewachsene Bucht, wo einst die Schiffe Achaias lagen, vom Sigeischen bis zum Rhöteischen Vorgebirge. Eingebrochen schien das Ufer und sumpfbedeckt, als wollte es nach drei Jahrtausenden noch die Zerstörung bezeugen, die, wie Homer erzählt, der Erderschütterer Poseidon und Phöbos Apollon an diesem Gestade übten. Mir fielen die Eingangsverse zum 12. Gesange der Ilias ob ihrer Wahrheit auf die Seele, und mir war, als habe der Sänger vor diesem Ufer gestanden, so wie ich, und sie da geschrieben (V. 17–31):

„Jetzo beschloß Poseidon im Rat und Phöbus Apollon
Wegzutilgen den Bau, der Ströme Gewalt einlenkend.
Soviel hoch vom Idagebirg' in das Meer sich ergießen,
Rhodios und Karesos, Heptaporos auch und Granikos,
Rhesos auch und Äsepos zugleich und der edle Skamandros,
Simois auch, wo gehäuft Stierschild und gekegelte Helme
Niedersanken in Staub, und Geschlecht halbgöttlicher Männer:
Allen gesamt nun wandte die Mündungen Phöbos Apollon
Gegen den Bau; neun Tage beströmt er ihn; während herab Zeus
Regnete, schneller ins Meer die umflutete Mauer zu wälzen.

Aber der Erderschütterer selbst, in den Händen den Dreizack,
Ging voran, und stürzt' aus der Grundfest' all' in die Wogen
Blöck' und Steine zugleich, die gelegt mühsam die Achaier;
Schleift und ebnet es dann am reißenden Hellespontos
Und rings wieder mit Sand umhüllt er das große Gestade."

So ist des Gestades Anblick heutzutage; Verwüstung zur Grundlage; einige vergängliche Hütten des vergänglichen Menschenvolkes darübergeklebt; das Schaffen und Weben der Ameisen über eingesunkenen Tempeltrümmern.

Weiter hinein ins Land zeigt sich zunächst Ebene von einigen Stunden Tiefe; im Hintergrunde steigen dunkle Waldhöhen auf; zur Rechten ziehen drei scharf geschiedene Hügellehnen nach Kap Sigeum herüber; Äsyetes' Tumulus ragt auf der ersten; das Berghaupt von Tenedos blickt über die zweite; Antilochus' Grabhügel krönt die dritte. — Zur Linken, wo auf dem Rhöteischen Vorgebirge Ajax' Grabhügel wie eine Marke des Heldenbodens steht, öffnet sich hinter demselben zuerst ein breites Tal, das von Thymbra. Diesem schieben sich die Kallikolone Homers, die schönen Hügel, mit niederem, aber steilem Absturz, wie eine Bühnenwand vor und dehnen sich hin bis an dunkles Waldgebirge. Ein breites Erdhaupt, gleich einem Grabhügel, wird auf ihrem vordersten Abfalle sichtbar. Den entfernten Hintergrund von Osten bis Süden bilden die majestätische Kette des Ida und das wolkenbedeckte Haupt des Gargarus. . . .

Bald zeigten sich die beiden alten Dardanellenschlösser, Mahomed des Eroberers Werke; das europäische in mißförmlicher Gestalt, wieder an steilen Hügel gelehnt, und das asiatische auf ebener Landzunge weit in den Hellespont vorgreifend. Eine breite Bucht öffnet sich vor dem letztern; eine ähnliche geht auf europäischer Seite, aber innerhalb des Schlosses ein; — so bildet sich der Anblick eines großen Landsees, den ringsum Berge mit mannigfach geformten Kuppen, reiches Hügelland und üppige Felder umgeben. Vor allen hebt über die Wand im Norden ein Spitzberg das Haupt, der Knoten des Rückens der thrazischen Halbinsel. — Wir näherten uns dem Schlosse von Asien, schon da es Abend geworden war. Eine Menge Handelsschiffe lagen dort, ein türkisches Linienschiff und einige Kriegsbriggs in der Mitte des Hellesponts vor Anker. Ich stieg am Hause des englischen Konsuls ans Land und fand freundliche Aufnahme von Seite des unsrigen, des Herrn Xanthopulo, eines Venezianers. ...

Abend auf Hektors Grab. Im Bann der trojanischen Vorzeit. Nächtlicher Aufenthalt „über der Asche von Ilion" mit Träumen von der Vergangenheit.

FELD VON TROJA, am 18. Oktober 1824

...Es war Abend geworden, da ich auf Hektors Grabe saß und rings um mich fern und nah die Gegend betrachtete. Die Sonne sank ins Meer und goß den goldenen Nebel, den sie zum Abendschleier über das schimmernde Antlitz nahm, auch über die gefeierte Stätte und über den dunkeln Streif der thrazischen Halbinsel hin. Wie alles so warm, so friedlich um mich lag! Welche Bilder umschwebten mich nicht mit süß betäubender Kraft, furchtbare Bilder und schmerzliche, kämpfenden Schattengestalten gleich, deren Wunden nicht bluten und deren Tränen in unsichtbaren Äther zerfließen! Alle Erscheinungen der Ilias, eine nach der anderen, kamen wie ein großes Leben an mir vorübergezogen; aber ich sah nur, wie Virgil sagt (Aen. 1,342), „die obersten Gipfel der Taten"; den Zorn des Peliden zuerst, des untadeligen, gegen den allein aus allen Helden nie ein Zweifel der unüberwindlichen Tapferkeit, auch nicht im Scherze oder zum Sporne sich hebt, und dem der stolze Atride in seiner Seele höchsten Unmut noch die größere Stärke zugesteht; den Kampf im Gefilde, wo der Rufer im Streit, der schreckliche Tydide, die Götter selbst besiegt; die Flucht nach den Schiffen und den Kampf an der Mauer, die der große Sarpedon mit gewaltigem Arme niederreißt; die Not der Achaier und die Wut des strahlenden Hektors, der dem unermüdlichen Ajax den Speer entzweihaut und den Brand in das hochhauptige Meerschiff schleudert; den Angriff der Myrmidonen und den geflügelten Sieg, welcher Patroklus verlockt, daß er, von einem Gott überwunden, an den Mauern der Stadt dem erhabenen Hektor fällt; den Kampf um die Leiche und den Schmerz des Achilles, der, die unnahbaren Hände mit Blute besudelt, wie die Verheerung selbst, durch das Gefilde würgt und den großen Gegner erlegt an den Quellen des Skamandros.

Wie lebendig Homer nach solchem Umblicke wird! Da erst begreift man ihn, und die innersten Fügungen werden dem Leser klar. Tausend unscheinbare Umstände der Örtlichkeit, des Ausblicks runden das Ganze zur mangellosen Gestalt ab, und die Übereinstimmung im Charakter des Wortes und des Gegenstandes beruhigt das Urteil. Wie man Hügel und Flur vor sich sieht, so bekommen die Taten der Helden und Heere erst ihre sichernde Unterlage, und die Mythe ruht gerne auf diesem Boden. Es liegt ein eigener Zauber in manchen Bezeichnungen, die nur von dem aufgefaßt werden können, der auf der Bühne selbst steht. Welch ein Anklang von Wahrheit, wenn man z. B. liest, wie Polites von Äsyetes' Tumulus das Feld durchspäht; — wie Zeus von dem Olympus nach dem Gargarus wandelt, um von da über die Stadt der Trojer und die Schiffe der Achaier zu wachen; — wie die Rosse der Trojaner von den Schiffen langgestreckt über das Blachfeld nach der Stadt hinaufsprengen; — oder wie Agenor an der Buche, dort gegen die Quelle gewandt, den Peliden erharrend unmutvoll im Geiste sich fragt: „Fliehe ich des Weges, den die andern fliehn in Angst und Verwirrung, oder soll ich fliehen hinweg von der Mauer nach dem idäischen Felde mit Schnelligkeit, bis ich erreicht Idas Waldanhöhen und untergetaucht in ein Dickicht; dann am Abende könnt' ich, nachdem ich im Strome gebadet, abgekühlt vom Schweiße gen Ilios heimlich zurückgehn" (21,553–561); — oder wie Kassandra, schön wie die goldene Aphrodite, von Pergamos' Höhe den Vater erkennt, der mit Hektors Leiche von der „Furt des schönhinwallenden Xanthos" das Gefilde heraufkommt nach der Stadt (24,692–700); — oder wie sie beratschlagen auf der obern Burg, ob sie das verhängnisvolle Roß, das in seinem Bauche das Verderben Trojas trug, mit grausamem Erze zerhauen sollen, oder geratener sei, es empor auf den Felsen zu ziehn und hinunterzuschmettern (Odyss. 8,505–508); und hundert solche Stellen, nicht begriffen, nicht gewogen nach ihrem ganzen Gehalte, wenn das Treffende einer Bezeichnung, eines unscheinbaren Beiwortes den Blick an Ort und Stelle nicht überraschen kann. Diese Vermittlung der Teile, dem Auge kaum erhaschbar, welche dennoch dem Ganzen die Vollendung in der Wahrheit gibt, fehlt z. B. großenteils dem Virgil, sooft er von Troja spricht. Man sieht, er kennt das Land nicht. Er würde sonst hie und da ein Beiwort zugesetzt oder weggelassen, einen Umstand berührt oder nicht berührt haben. ...

Die Sonne war untergegangen, da ich noch auf Pergamos' Höhe saß, und als ich in das Dorf zurückkam, erinnerte mich der Dragoman, daß es schon nahe an zwei Uhr, d. i. die zweite Stunde der Nacht, sei, und daß Mahl und Bett meiner harren. Ich wanderte im Dunkel noch nach dem halbzerstörten Landhaus des Paschas, aus Trümmern römischer Tempel erbaut; ich besah noch den breiten Marmorblock vor der Moschee, den Lechevalier auf einen Triglyphen und auf einen feingebildeten korinthischen Knauf gestützt fand; aber dessen Stützen waren nunmehr Granitsäulen geworden. Ich suchte jetzt noch die Stelle des skäischen Tores auf; es konnte nicht hundert Schritte von meinem Hause gestanden haben. — Ich trug meinen Blick noch im gefälligen Schimmer der Nacht durch das Gefilde am westlichen Abfall der Höhe, wo die schwersten Kämpfe waren, wo der edle Menötiade fiel, und wo Hektor das Verhängnis ereilte, „das ihm die Moira bei der Geburt schon in den werdenden Faden gesponnen".

Nach dieser Seite zu, abendwärts, auf dem schwachen Abfalle über den Quellen des Skamander sitzend, aus denen ein aus Scio geraubtes Mädchen mir den Trunk im gehenkelten Kruge holte, genoß ich auch im Freien das Mahl aus Geflügel und Reis bereitet, welches die Türken Pilaff nennen und das bald weniger üppig, bald mehr, vom Sultan bis zum Bettler, jeder täglich zu verzehren strebt. Nach derselben Seite hin stand auch das Haus, wo man mir im Zimmer die Teppiche aufgebreitet hatte; meine Begleiter aber lagerten außen im Freien. Die Sterne leuchteten über dem Grabe der Heldenwelt, der sie in der Stärke ihres jugendlichen Lebens und Waltens geleuchtet hatten. Stille war ringsum; nur die Pappeln besprachen sich lispelnd an den Quellen des Skamander, und des Simois Rauschen verrann fernab im Brausen des ewig geschäftigen Meeres.

Ich weiß nicht, wie ich die Nacht hinbrachte. Ich schlief kaum, und doch verging sie schnell. Die Forderung wäre unbillig, seine Ruhe zu finden, wenn man über der Asche von Ilion liegt? Mitten in der Nacht überkam mich plötzlich das Bild des persischen Heeres, das einst an dem Simois und Skamander und auf den schon vernichteten Mauern, wie jetzt ich selber, lag. Schrecken fiel über dasselbe, sagt Herodot und spricht sich nicht weiter darüber aus; in der unheimlichen Empfindung aber, die mir dieses Wort gab, fand ich seltsamen Genuß. Bald darauf, und kaum, daß ich das Auge schloß, stieg ich die Höhe hinauf; mir war, als wiederholte mir jemand die Erzählung Herodots: ,,Als Xerxes an diesen Fluß kam, ging er hinauf nach Pergamos, der Burg Priamos', denn ihn verlangte, sie zu besehen. Und nachdem er sich's besehen und sich alles hatte erzählen lassen, opferte er der Ilischen Athenäa tausend Rinder, und die Magier gossen den Helden Trankopfer" (7,43). — Und ich sah die Scharen um ihn und ihnen beigemischt aus allen Jahrhunderten langversunkene Geschlechter. Sie gingen neben- und ineinander, und die so verfließenden Formen gewannen immer ihre erste Bildung wieder. Darauf öffneten sich die Gräber, und viele Helden stiegen heraus und gingen, Riesen gleich, durch die gehäuften Scharen. Im Felde aber war es dunkel, nur auf Äsyetes' Tumulus stand eine weitleuchtende Flamme.

Dieser Traum wechselte, so wie er manchmal zu nahe am Erwachen wegstreifte, in Ort und Zeit — aber seine Wesenheit blieb dieselbe. Erst gegen Morgen umfing mich gestaltenloser Schlummer. Der währte nur kurz, denn es mochten noch fast zwei Stunden zum Sonnenaufgange sein, als mein Verlangen mich wachrief. Während ich die Pferde füttern und satteln hieß, ging ich hinaus auf den Hügel, ins Feld des Skamander hinunterschauend, das in seinen einfachen Umrissen, halb verborgen hinter zweifelndes Dunkel, durchwandert gleichsam noch von den Schatten der Vorzeit, mir jetzt der großen Dichtung noch würdiger und der Zeit derselben nähergerückt schien. . . .

Weiterfahrt nach Konstantinopel. Unvergleichlicher Eindruck der Stadt. Aufnahme in der Residenz des Internuntius und Weiterfahrt zu seinem Landsitz.

Pera, am 28. Oktober 1824

Rodosto, wahrscheinlich die Rhoduntia des Strabo (9,4,13 p. 428), verließ ich noch am 26. abends in kleiner Barke. Am Ufer stand ich, während dieselbe ins Meer, das hoch aufbrauste, gezogen wurde, und überließ mich einer der Stimmungen, die Du kennst und auf deren weichen Kissen es sich so gerne ruht. Meine lärmenden Schiffsleute — ein Türke endlich, der da Wache saß und Trinkgeld forderte, weckten mich aus meinem Sinnen. Nur mit Mühe erreichten wir die Barke, welche die Wellen vor der Zeit mit sich fortreißen wollten. Wir zogen hinaus in die Nacht, einem einzigen Sprietsegel vertrauend, das die Barke fast ins Wasser drückte. Ich konnte nur die großen Umrisse der Ufer erkennen. Frost faßte mich. Drei Stunden mochten wir unter Segel sein, als der Türke am Steuer erklärte: er wage sich eines Riffes wegen, das sich nahe vor uns befinden müßte, nicht weiter. Wir fuhren zum Gestade und warfen da Anker, den Tag erwartend. Ich litt in dieser Nacht ungemein; das Schaukeln des kleinen, schmalen Fahrzeuges, verbunden mit dem abscheulichen Zwiebelgeruch, der darin herrschte, machte mich unwohl. Hiezu kam die feuchte Kälte, die ich um so mehr empfand, als ich mit nichts als Sommerkleidern versehen war. Mit Verlangen sah ich dem Tag entgegen. Als er kam, fand ich, daß wir die Nacht gerade unter der thrazischen Herakleia, dem früheren Perinthos, dem jetzigen Erekli, zugebracht hatten. Delphine umgaukelten unser Schiffchen, da es eine halbe Stunde vor Sonnenaufgang die schroffen Spitzen dieses Gestades umfuhr, das weit in den Propontis vorragt. Überall waren Mauerspuren im Gestade sichtbar — überall trug die Erde den Zuschnitt einstiger Bedeckung durch Bauwerke, und die Umwallung der Stadt trat vor das Auge durch den Schleier von Feld und Begrasung hervor. Ich ließ die Barke nach dem an der Ostseite liegenden, tief eingehenden Hafen fahren, während ich selbst ans Ufer stieg und den Weg dahin zu Fuße machte. ...

Der Ausblick von dieser Küste ist wunderschön. Ich überließ mich eben diesem Genusse, als ein Mann der Wache heranschreit und meinen Begleiter — denn ich hatte einen der Ruderer mit mir genommen — ziemlich unwillig fragte: was ich da wolle. Dieser antwortete; jener aber forderte, daß wir zum Kadi gingen und ich mich da ausweise. Wir kamen in eines der stattlicheren Häuser. Viele Überschuhe unten und auf der Treppe verkündeten, obgleich noch frühe Stunde war, viele Leute; deren fand ich auch im Vorsaale und in den Nebenstuben wohl an vierzig. Der Kadi selbst saß in einem abgesonderten, mit Teppichen ausgezierten Zimmer, das ringsum mit Polstern belegt war und wo an den Wänden Pfeifen von jeder Größe eingefugt standen. Er war ein stattlicher junger Mann, in geblümtem Leibrocke und blauem Überkleide, ein dunkelblauer, hoher, gefalteter Turban, mit glänzend weißem Tuche umwunden, deckte das Haupt. Vor sich hatte er einen Schemel, worauf einige Bücher, Papiere und das reichgezierte silberne Tintenfaß mit dem Federbehälter zu einem Ganzen vereinigt lagen. Zwei mit dem Kadi gleich gekleidete Männer (dessen Schreiber) saßen am Eingange in einer Nische, von Säulen getragen, von wo ein Auftritt nach dem Platze des Kadi ging. Ich zog, während der Türke, der uns brachte, seinen Bericht abstattete, den großen Bogen aus steifem Glanzpapier hervor, worauf der Pascha der Dardanellen mir ein Sicherheitsschreiben ausgestellt hatte, sowie den kleinen Teskereh oder Paß, womit ich versehen war. Der Kadi versicherte mich artig, aber trocken, daß alles in Ordnung sei, setzte auf die Rückseite des Teskerehs ein paar Worte, befahl das Siegel beizudrücken und wünschte mir gute Reise. ...

Freundlich steigt Silivri, das Selymbria der Alten, im nächsten Tale an den östlichen Hügeln hinauf. Moscheen und Minarette, hohe Bäume, farbige Häuser und Trümmer aus fränkischer Ritterzeit, die mit Mauern und Zinnen die Höhe krönen, bilden ein phantastisches Ganzes, und gut paßt ins Gemälde im Tale ein Steinweg, der mit achtzehn Bogen über den sumpfigen Wiesgrund führt. Auf steilerem Ufer liegt Bogados; eine Stiege führt zwischen Efeugewinden hinauf; Kaffeehäuser laden zur Ruhe ein; ein Schloß, wahrscheinlich von Genuesen erbaut, ragt in seinen Trümmern weit über die Holzhütten vor. Die Sonne sank hinter dem Felskoloß von Marmora hinab, eben als wir an Bogados einen Augenblick hielten, um Melanzinen und Feigen zu kaufen. Aus Asien herüber glänzten im herrlichsten Farbenwurfe sechs gewaltige Bergmassen, die im Westen mit dem riesigen Prokonnesus und im Osten mit den Gebirgen von Nikomedien sich an Europa schlossen, während der Olymp aus der Mitte mit zackigen Häuptern sich hebt, nach vorne aber die Berge von Drepanum, Apamea und Kyzikus mächtige Unterlagen bilden.

Vergeblich hatte ich gehofft, noch an diesem Tage Konstantinopel zu erreichen. Der Wind wollte anders. Ich mußte mich daher zu einer zweiten Nacht in der offenen Barke bequemen. Meine Türken ruderten unermüdet, da wir die Segel nicht mehr gebrauchen konnten. Bujuk-Tschekmedsche, am Flüßchen Athyras (Mela 2, 24; Plin. nat. 4,47), noch früher Poros genannt (Diod. 14,12,6), deckte mir die Nacht. Hier hielt Attila im Jahr 450 seinen Zug gegen den zitternden Theodosius an und ließ sich durch 60.000 fl. Goldes abfinden. Bis an dies unscheinbare Flüßchen drangen die

Hunnen ein Jahrhundert später zum zweiten Male, wo aber der greise Belisar, der Sieger im Osten und Westen, sie mit dem Schwerte zurückwies. ... Endlich gewahrte ich hohe Mauermassen, gegen die der Propontis gewaltsam schlug; mein Steuermann bedeutete mir, daß wir an den sieben Türmen seien. Da befahl ich zu halten, denn ich wollte den Tag erwarten; und wir legten deshalb bei Kaßabai-Salcham, d. i. bei der Vorstadt der Schlächter, an.

Welch ein Anblick, als der Morgen endlich kam, als nach und nach Europa und Asien den dunklen Schleier von sich warfen und fest verschlungen wie ein Schwesternpaar aus dem Strahlenbette sich hoben! Ich konnte nicht sagen, hier endet Europa, hier beginnt Asien; beide, durch eine Zauberkrone von Gebäuden vereinigt, schienen ein und dasselbe Festland, und der Propontis schlug wie ein friedlicher See an das vermählte Gestade. Die sieben Türme, halb verfallen und unförmlich, erschienen mir wie Reste irgendeiner mächtigen deutschen Ritterburg, nicht aber wie das Bollwerk einer Hauptstadt. Ich fuhr längs hohen Mauern fort, deren Zinnen eingebrochen waren und deren Türme zum Teil in Schutt darniederlagen. Heftig schlugen die Wellen gegen das aus dem Meeresgrunde aufgemauerte Gestade. Zeugen ihrer Gewalt, lagen die großen Blöcke und Steinwürfe samt den Eisenverbindungen los herum oder blickten, hinabgerollt in die Tiefe, durch die klare Flut. In weitem und tief eingehendem Bogen stand eine Hügelwand vor mir, mit Gebäuden dicht überbaut, mit Moscheen gekrönt, mit Gärten lieblich ausgeschmückt; sie endigte zur Linken mit dem Mauerblock der sieben Türme, zur Rechten aber, auf Entfernung mehrerer Meilen, verlor sie als sanfte, mit hohen Bäumen gezierte Spitze sich in die See, aus der eine Gruppe kleiner Inseln emporstieg. Über die Mitte des Bogens hin zogen Zypressenwälder, an welche sich eine glänzende Moschee, wie ein Tempel des Lichtes, schloß. Meine Begleiter bedeuteten mir, daß dies die asiatische Küste, jene flache Spitze das Vorgebirge des Leuchtturms, der nächste Ort daran Chalzedon, der hoch über die Zypressenwälder ragende Skutari sei. Jene Gruppe im Propontis nannten sie mir als die Prinzeninseln. Fast in der Mitte des Halbzirkels, auf sanftem Hügel, den Skutari überragte, schienen wunderherrliche Gärten zu liegen. Zur Linken weiter und weiter breitete sich gedrängter die Häusermasse hin, Konstantinopel selbst, aus der unzählige Minarette und mächtige Moscheen wie die Schutztempel der einzelnen Hügel sich hoben. Bald trennte sich Skutari von Konstantinopel, aber noch immer nicht Europa von Asien, denn andere Hügel, mit Gebäuden bedeckt, erschienen am Hintergrunde. Der Spiegel des Meeres griff tief hinein; es war der thrazische Bosphorus. Wir fuhren gerade auf jenen Gartenhügel los. Pinienalleen, Platanenpflanzungen, Zypressengruppen vereinten sich da lieblicher als an anderen Stellen — hohe Mauern blickten dazwischen hervor —, viele Kuppeln und Minarette mit vergoldeten Spitzen überragten dieselben; unten, wo das Gestade spitz in das Meer greift, sah ich ein prächtiges, vielgestuftes Gebäude mit vergoldeten Toren, ebensolchen Fensterstellen und dichten Gittern; Kanonen standen außen zur Seite; ich war am Serail. Eben als ich die Spitze umfuhr, stieg die Sonne über den Prinzeninseln empor, und nun erst tat das Rundgemälde des Hafens sich dar.

Ich habe eine solche Stadt nie gesehen und kann sie mit keiner vergleichen. Aus den Wellen zur Spitze reizender Hügel aufsteigend, mit Bäumen von tausend Abstufungen im Grün, welche die Armut der Einbildungskraft beschämen, in üppiger Fülle geschmückt, gleicht sie mit ihren unzähligen Häusern, mit ihren riesigen Moscheen, mit ihren goldumschimmerten Minaretten einem Traume aus Tausendundeiner Nacht. Vor mir hatte ich den großen Hafen, durch das alte Byzanz und Galata eingefangen; zur Rechten die Durchfahrt ins Schwarze Meer, in der, soweit das Auge reicht, die Stadt sich fortbaut; zur Linken den Ausgang in das Meer von Marmora, über welchem der berühmteste aller Berge der alten Welt, der Olymp, jetzt ganz entschleiert, den schneebedeckten Gipfel hob; hinter mir Skutari, ein anderes Konstantinopel. Hiezu das Leben auf den Wellen von unzähligen, langen, feingeschnitzten Barken; — die Menge der Segelschiffe, die da mit gespreiteten Flügeln einherziehen oder geankert in Doppelreihe, die sich in der Krümmung des Hafens verliert, am Gestade stehen; — die prächtigen Quaderufer mit ihren vielfarbigen, flachgedeckten Gebäuden! Der Stolz des Muselmanns schien mir entschuldigt, sobald ich seine prächtige Hauptstadt sah.

Ich stieg durch Galata nach Pera hinauf und fand im Palaste des Internuntius die freundlichste Aufnahme, obwohl er selbst nicht zugegen war.... Denke meiner, und kein Schatten ziehe über Deine Seele.

BUJUKDERE, am Bosphorus, am 29. Oktober 1824

Ich habe Dir gestern geschrieben, daß ich den Minister nicht in Pera fand. Man sagte mir, er bewohne noch seinen Landsitz in Bujukdere. Ich eilte, mich ihm vorzustellen. In einem jener unzähligen, flügelschnellen, schmalen und langen Boote, deren Treiben mich bei meiner Ankunft so überrascht hatte, machte ich die Fahrt durch die schönste Wasserstraße der Welt. Ihre mannigfaltigen Krümmungen begleitend, scheint die Stadt wohl an Gestalt zu wechseln, nicht aber zu enden. Wenn man das Ganze als eine und dieselbe Masse der Hauptstadt ansieht, wie es in der Tat der Fall ist, so hat man Unrecht, Konstantinopel noch heutzutage die Stadt der sieben Hügel zu nennen; man muß sie die der hundert Hügel heißen. Meine Blicke geizten um mich herum. Wie ein reiches Geschenk überraschte mich der Ausblick ins Schwarze Meer, kurz vor Bujukdere sichtbar. Erwarte über dies alles in meinen nächsten Briefen das Nähere. Heute will ich Dir nur noch sagen, daß ich die gütigste Aufnahme bei dem Minister fand. Er lud mich ein, einige Tage bei ihm auf diesem Landsitze zu verweilen, was ich gerne annahm. Ich bin so abgemüdet, ja erschöpft an Kräften, daß ich Dir nur noch eine gute Nacht sagen kann.

Ständige Geißel der Pest über Konstantinopel. Die denkwürdige Geschichte über den deutschen Pestarzt Rosenfeld.

PERA, am 16. November 1824

Es ist das abscheulichste Wetter von der Welt, Sturm, Nebel, Kälte, Regen. Meine Rückreise nach Smyrna ist beschlossen. Von dort werde ich die Inseln und Griechenland besuchen. Ich warte nur, daß mein Kapitän, ein junger Engländer, der eine Brigantine aus Plymouth, nach seinen beiden Schwestern Mathilde und Susanne benannt, führt, den Anker lichte.

Um meine Stimme mit etwas recht Trübem Dir fühlbar zu machen, will ich über die Pest schreiben, ein Stoff, der Bände füllen könnte und dessen hier niemals ganz vergessen wird. Dennoch glaube ich, daß die meisten Reisenden die Furcht vor der Pest ein bißchen zu weit treiben. Die einen geben sich durch den Mut, einen verpesteten Ort zu betreten, eine Heldenmiene, während andere die wichtigsten Zwecke aufopfern, um nicht einer Gefahr sich auszusetzen, der zu entkommen sie gleichsam als unwahrscheinlich voraussetzen. In Konstantinopel ist jahraus, jahrein diese Geißel Gottes tätig — und nichtsdestoweniger fällt es niemandem ein, sich deshalb von seinen Geschäften abhalten zu lassen. Es versteht sich, daß die Europäer die Vorsicht da nicht aus dem Auge lassen. Eben diese gibt dem Aufenthalte viel Unangenehmes, weil man, gerne mit den Reizen der Natur, mit den Erinnerungen des Bodens oder sonst wie immer mit seinen Angelegenheiten beschäftigt, gleichsam die rasselnde Kette dieses einen und ewigen Gedankens störend nachzuschleppen gezwungen ist. ,,Berühren Sie niemand!" bekommt man als Mitgabe und erste Regel zu jedem Gange auf den Weg und muß nun in engen volkerfüllten Straßen über dieser Besorgnis ängstlich wachen — sich durch die Leute mit Gewandtheit wenden —, sorgen, daß die Kleider nicht an den Kleidern der Vorübergehenden streifen, und die Gesichter spähen, um dem krank Aussehenden auszuweichen. In den ersten Zeiten, wo man streng darauf hält, pflegt man nichts zu kaufen, ohne sich an den gedrängten Buden zu beeilen — ohne mit Zängelchen langsam und ungeschickt die Sache zu fassen und umzuwenden. Bei aller Vorsicht geschieht es doch jeden Tag, daß, wenn auch du an niemand stößest, die andern an dich stoßen, und du hast nun den Genuß, in Bangen und Zweifel zu harren, ob irgendein Zeichen der Verpestung sich kundgebe. Kaum kommt man nach Hause, so muß man, berührt oder nicht berührt, sich umkleiden. — Ist nun das erste der Fall, so wird man beräuchert, alle Kleider und Wäsche gelüftet und das Zimmer mit dem abscheulichen Dampfe vollgefüllt. Ist man vollends auf dem Besestan gewesen, den man als die Wiege der Pest ansehen kann und wohin man doch muß, weil diese Bauten unter das Merkwürdigste der Hauptstadt gehören — weil sie das eigentliche Bild morgenländischen Handelns sind —, weil endlich alles, was man bedarf, dort und oft nur dort zu finden ist, so nehmen diese Räucherungen gar kein Ende, denn man hatte sich drängen müssen, durch Tausende und Tausende von Menschen und durch die Menge der Waren, die da hin und wieder geschleppt werden. Da die Pest außerdem das tägliche Gespräch in Konstantinopel ist und, dermalen wenigstens, die Zahl der täglich an dieser Krankheit Sterbenden selten unter einige Hundert kommt; da noch außerdem von Zeit zu Zeit höchst traurige Fälle auch den Unbefangenen aus seiner Ruhe und Zuversicht reißen und das Unenträtselte der Ansteckung hart vor die Augen halten, so ist sie wahrlich wie ein böser Traum, wie ein Alp, der während der ganzen Zeit seines Aufenthaltes in Konstantinopel den Reisenden drückt. Nach und nach befreundet man sich in etwas mit diesem Schwerte des Dionysios. Ich bin in mehrere Häuser gegangen, worin Pestkranke sich befanden; ich trieb mich unter Leuten herum, von denen man wußte, daß darunter täglich bei einigen die Pest sich erklärt; ja der Spaziergang von Pera führt unter den Fenstern des Pestspitals vorüber; Du siehst also, daß die Ansteckung nicht so häufig ist, und daß man sich um ihretwillen nicht vergräbt, aber man trägt die Furcht vor ihr wie einen Dornengürtel, der bei jedem Schritte sich fühlen macht. Die geringste Übelkeit, die man empfindet, versetzt in Angst und wirkt leider nicht wenig auf die Bedienung, so daß man einige Tage zwischen Angst für Leben und Tod um eines nichtigen Kopfwehs willen oder einer Erkältung verleben kann. Die Symptome der Pest sind sehr verschieden, und es ist schlechterdings unmöglich, ihr, bevor sie zu einem gewissen Grade gelangt ist, einen bestimmten Zeichencharakter beizulegen. Eine ähnliche Furcht erlebte ich, als ich am Abende, nachdem ich das Arsenal besucht hatte, mir den Kopf beschwert fühlte. Ich wußte, daß mir, da ich ins Bagno getreten war, der Wächter zugerufen hatte: die Pest ist in diesem Hause! und daß ich bald darauf in der Tauwerkstätte durch eben die Gefangenen aus diesem Bagno, ein paar Hundert an der Zahl, gehen mußte. Ich hatte keinen berührt, keiner mich; aber ob mein Überrock nicht an ihre Kleider gestreift — ob von ihren Wolljacken nicht ein Haar (genug, um eine Stadt zu verpesten) auf mich geflogen war, ob ich keines mit dem Fuße aufgefaßt hatte, da der Fußsteig enge ist und oft nur über ein Brettchen wegführt; das, natürlich, konnte ich nicht wissen. Drei Tage, in denen man derlei Dinge zu erwägen verpflichtet und gedrängt ist, dauern wie dreißig. Letzten Sonnabend war ich in einem Hause zu Pera für den Abend gebeten. Der Zirkel war zahlreich, und unter mehreren sehr angenehmen Frauen stellte man mir auch die Gemahlin des englischen Dolmetsch, Herrn Wood, vor, eine äußerst artige Gestalt, jung, fein, und durch eine gewisse Stille und Klarheit in den Zügen sehr angenehm. Man sagte mir außer anderem, daß sie für diesen Abend sich habe entschuldigen wollen, weil sie sich nicht ganz wohl fühlte; — daß man aber in sie gedrungen war — und setzte bei dieser Gelegenheit einige Artigkeiten über den Gewinn ihrer Gegenwart für die Gesellschaft, und was da sonst Sitte und Höflichkeit ist, bei. Am nächsten Tag hieß es, sie habe sich legen müssen; am Montag aber brach die Pest mit Heftigkeit bei ihr aus, und Dienstag morgen verschied sie. — Denke an die Angst aller, welche den Sonnabend mit ihr zusammen waren — neben ihr Platz auf dem Diwan genommen oder sie berührt hatten! — Ein schönes Beispiel elterlicher Liebe gab bei dieser Gelegenheit der Vater dieser liebenswürdigen Frau — der ihr Bette nicht verließ, als bereits alles, wie von Schrecken gejagt, aus ihrer Nähe geflohen war.

Nun hast Du ein Bild über diese schlimmste der Geißeln des Himmels, die unbegreiflich, verhüllt, ohne alles erkennbare Gesetz wirkt, heute schont, morgen trifft; jetzt durch ein Stäubchen tötet und zu anderer Zeit selbst an dem Berührenden achtungslos vorübergeht. Viele haben sich bemüht, ihr Wesen zu erforschen, und manche wurden das Opfer ihrer heldenmütigen Bemühungen, für die kein Kranz auf Erden gegeben wird und die nicht weniger Mut erfordern, als oft der kühnste Krieger braucht. Mehr als alle Ärzte, welche in den neueren Zeiten an ihrer Kunst zu Helden und Opfern wurden, hat ein deutscher Arzt, Rosenfeld, getan, der, wenn ich nicht irre, vor sechs Jahren starb. Rosenfeld behauptete, ein Mittel gegen die Ansteckung gefunden zu haben, und gab hiervon erstaunungswürdige Proben. . . .

Baron Testa, der Kanzler der österreichischen Internunziatur, ein Mann von Einsicht und Wahrheitsliebe, welcher den Nachlaß des Verstorbenen amtlich aufnahm, versicherte mich, in den Papieren desselben nichts Klares über die Mittel gefunden zu haben, womit er sich gegen die Pest zu verwahren geglaubt hatte. Eine Menge Gebeine und trockene Pestbeulen, Verstorbenen abgenommen, zum Teil in Stücke geschnitten und an Fäden wie Perlen aufgefaßt, oder auch zu Pulver gerieben, lagen in dessen Kästen. Der Bediente Rosenfelds sagte aus, sein Herr habe jeden Morgen ein Pülverchen aus den geriebenen Knochen gestorbener Pestkranker eingenommen und jene Beulenschnüre am Halse getragen. Ich begreife, welche Freude diese Mitteilung unsern Homöopathikern verursachen kann.

Aber lange genug habe ich Dich mit diesem eklen Gegenstande

unterhalten, der leider von so ungeheurer Wichtigkeit und nicht weniger weltgeschichtlich ist als irgend der Sturz eines Reiches oder eine große Naturerscheinung, welche die Oberfläche eines Weltteiles ändert. Die Pest steht wie das feindliche Prinzip, wie der sichtbare Statthalter des Todes auf Erden.

Abenteuerreiche Rückfahrt nach Smyrna.

SMYRNA, am 21. November 1824

Beschwöre die Vorsehung, mein geliebtes Herz, daß sie mich keine ähnlichen Tage und Nächte mehr verleben lasse wie die erst überstandenen; sie sind schrecklicher als der Tod, mit dem sie drohen.

Der Himmel war mit Wolken dicht überhangen, es regnete und stürmte heftig, als Kapitän Fry die Anker zu lichten befahl. Der Pilot, ein Greis aus Mykone, bemerkte vergeblich, daß man bei solchem Wetter und bei der finstern Nacht, der man entgegenginge, sich nicht in ein enges, ob seiner Strömungen gefährliches Meer, wie der Propontis, wagte, in welchem überdies Marmora und andere Inseln sich befänden. Der Kapitän behauptete dagegen, der Sturm würde nicht zunehmen, und da die Entfernung bis Marmora an 120 Meilen betrage, so würde es Tag werden, bevor wir dahin kämen. Unter solchen Gesprächen lüfteten wir die Segel — der Wind bemächtigte sich augenblicklich derselben, und wir fuhren mit großer Schnelligkeit von dannen. Konstantinopel, die schönste Stadt auf Erden, solange man sie nicht betritt, zerfloß wie ein Traum vor meinen Augen.

Auf der Höhe der Prinzeninseln und später auf der von Silivri erneuerte der Pilot seinen Rat und wies auf ein paar Schiffe, die des Morgens Konstantinopel verlassen hatten, nun aber an diesen Reeden geborgen standen. Der Kapitän beharrte auf seinem Entschlusse. Die Brigantine, eine von den kleinsten Gattung, hatte nur sieben Menschen Bemannung, und der zweiundzwanzigjährige Kapitän seine erste Reise nach Konstantinopel gemacht. ...

Nach Mitternacht riß ein Windstoß das Segel entzwei, und eben als wir das Focksegel refften, um uns nun dessen zu bedienen, fiel einem der Schiffleute ein, Land zu sehen. Dieser Ausruf war ein

Schreckschuß für alle — wir stürzten zusammen nach dem Vorderteile —, die See tobte, kochte und schlug empor, und die Nacht lag schwer darüber. Je schwärzer das Dunkel, desto schärfer zeichnen sich vor dem Auge feste Massen darin, die ganz getürmten Klippen und Ufern gleichen. Um die Insel Marmora liegen mehrere abgesonderte Felsklippen — wir konnten nicht behaupten, daß wir denselben nicht nahe wären, wie dies der erfahrene Seemann kann, der seines Weges gewiß ist —, wir irrten, gleichsam ohne Glauben auf Kompaß und Steuer, herum. Alle blieben wir auf dem Verdecke, der Kapitän und seine sieben Leute, der Pilot (welcher ebensowenig sich ausfand und nur an seine Warnungen erinnerte), ein junger Engländer, Herr Wilkinson, der eben aus Ägypten nach Konstantinopel gekommen war und die Überfahrt nach Smyrna vorhatte, ich dann und meine beiden Diener. Vermummt bis an die Ohren mit allem, was wir zur Hülle fanden, klebten wir uns an die Wandtaue und spähten hinaus nach der Richtung, wo Marmora sein sollte. Diese einförmige, alle Kräfte anstrengende Beschäftigung, welche im fortwährenden Kampfe gegen Wind, Wellen und Kälte aufrechtgehalten werden mußte, dauerte, bis endlich — endlich das Grau des Tages die wüsten Nebel zerteilte.

Kaum vier Meilen waren wir vor Marmora. Eine riesige, weiße Marmorwand, mit den Wolken des Himmels vermählt, stand es in weiter Verbreitung vor uns da, die wir dem augenscheinlichen Untergang so wunderbar entronnen, den Rest der Gefahr nicht achtend jubelnd gegen Westen ausbogen, und dann auf das dardanische Vorgebirge lossteuerten. Der Hafen und die Stadt Priapus lagen einst an dieser heiteren Spitze, wo uns zuerst wieder die Sonne schien. Die Gebirgsmasse der Halbinsel von Kyzikus hatten wir schon im Rücken und fuhren nun, immer den Ida vor Augen, an der Küste des alten Parium und ‚Apäsos' Gemeinfeld' nach den Rebenhügeln von Lapsaki hin. Obwohl es einige Gründe für die Meinung geben mag, daß Alexander aus der thrazischen Halbinsel nach Parium, Priapus oder Linus, das zwischen beiden lag, mit seinem Heere überging, so beweist doch die Örtlichkeit zu sehr gegen diese Meinung. Nicht nur daß jene Wasserstrecke sechs- bis achtmal breiter als jene zwischen Abydus und dem gegenüberliegenden nächsten Ufer ist — die Strömungen und der Andrang sind hier auch mächtiger und der Schutz vor den Winden geringer.

Wir hatten einige Mühe gehabt, um an die Spitze von Parium zu gelangen, sobald sich aber der majestätische Halbkreis von Gallipoli auftat und Lapsaki aus seiner hohen Baumumschattung blickte, fuhren wir pfeilschnell weiter; Wind und Strömung waren für uns und beide heftig. So kamen wir um die Spitze Abydus' und fanden noch das Admiralsschiff des Kapudan Pascha mitten im Hellesponte geankert; Mangel an Aufmerksamkeit auf unsere Segel brachte uns diesem Schiffe so nahe, daß alles darauf in Aufruhr geriet und wir dem Himmel danken mußten, nur mit Drohungen davongekommen zu sein. Wir trieben nun dem asiatischen Dardanellenschlosse zu — der Wind (es mochte Mittag vorüber sein) wurde heftiger; der Kapitän wußte wohl, daß zwischen den beiden alten Dardanellenschlössern jedes Schiff sich der Untersuchung von Seite der türkischen Beamten unterziehen müsse, aber er wußte die Stelle nicht genau, wo er ankern sollte. Diese ist für die aus dem Propontis kommenden Fahrzeuge an dem asiatischen Dardanellenorte, bevor man das Schloß erreicht; für jene aber aus dem Ägäischen Meere in der Südwest unter demselben Orte eingehenden Bucht. Wir trieben schon fast bis ans Schloß, da gab uns dieses einen Kanonenschuß zur Warnung — der Kapitän, erschreckt, wandte sich nach der europäischen Küste und hielt sich dabei dem Winde so nahe, daß wir jeden Augenblick umzuschlagen meinten; — kaum in die Nähe des europäischen Schlosses gekommen, gab auch dieses einen Schuß. Nun wußte der Kapitän nicht mehr, was er tun sollte. Wir hatten wirklich die Linie beider Schlösser schon überschritten, konnten also den vorgeschriebenen Landungsplatz nicht mehr erreichen, ebensowenig aber, ob der Heftigkeit der Strömung und des Sturmes, an der Stelle, wo wir waren, ankern.

Während wir überlegten, was wohl das Rätlichste sei, und dabei abwärtstrieben, begannen plötzlich beide Schlösser das Feuer, und die Kugeln gellerten neben und über uns hin. Wahrscheinlich hatten die Türken unser Manöver nach dem europäischen Schlosse für ein täuschendes gehalten und trauten uns die Absicht zu, der Untersuchung entgehen zu wollen. Wir rissen die Segel auf, um aus dem Schusse zu kommen, und hofften, die Enge der unteren Schlösser zu durchfahren, bevor irgendein Bote diese von dem Vorfall unterrichtet haben würde. Den Kapitän verließ aber der Mut, und ein auf dem europäischen Gestade hinfliegender Tartar, offenbar ein Eilbote vom alten zu den neuen Schlössern, bestärkte ihn vollends, nicht weiterzufahren. Er warf das Boot ins Wasser und sandte zwei Matrosen an die Küste. . . . Diese Maßregel machte die Schlösser einhalten. . . .

Unsere Stellung war die gefährlichste. Der Anker konnte weichen, und dann waren wir verloren; — wir hatten wohl einen zweiten, aber wir konnten diesen nicht zu Hilfe nehmen, weil er der einzige noch übrige war und für den Fall, daß der Wind umspränge, gespart werden mußte; das Gestade zeigte Fels und Klippen und bog sich vor uns gegen Süden heraus, der Wind aber kam aus Nord; nur vor der Gewalt der Strömung waren wir etwas gesichert, dagegen ganz jener der Brandung heimgegeben. Der Kapitän befahl, daß die Schiffsmannschaft bis auf zwei Mann sich schlafen lege, damit sie mit Einbruch der Nacht, bis wohin nur noch zwei Stunden sein mochten, wieder bereit wäre.

Die Nacht kam — der Sturm nahm, wie dies meistens der Fall, mit dem Dunkel zu. Alle Schrecken, die uns umgaben, waren jetzt losgelassen und wüteten ohne Scheu. Mit Heulen und Getöse schlug die Brandung an das Fahrzeug, das mit Beben und Krachen, als hätte es Leben und seufzte über sein Schicksal, antwortete. Die Stöße des Windes warfen die Wellen über das Verdeck. Starr vor Entsetzen und Kälte standen wir alle dreizehn Personen an die Geschäfte verteilt, die wir für die wichtigsten hielten. Furchtbar riß das Schiff an seiner Ankerkette, und das Gerassel derselben übertraf alles übrige Gelärme an Schauerlichem, denn an dieser Kette hing unser Heil!. . .

Das Anstrengende und die Schrecken einer solchen Nacht malt keine Sprache. Bliebe man noch Meister seiner Kräfte! In solcher Lage aber mangelt gerade der bessere Teil derselben. Der Frost lähmt die Glieder des Leibes und macht die Hände an den durchnäßten Stricken erstarren — das Seewasser brennt in den Augen und füllt mit bitterm Ekel den Mund —, das Gelärm von Wind, Wellen und Schiff ist so groß, daß es das Ohr betäubt; dem Auge, dem der größte Trost, das Licht, mangelt, hält die finstere Nacht tausend Schreckgestalten vor, als wäre das Wirkliche nicht genug. Hiezu kommt, daß man kaum festen Fuß hat, daß Übelkeit den Kopf beschwert und daß tausend Gedanken an die entfernten Freunde und Geliebten das Herz befallen. Jede Stunde in einer solchen Nacht wird zu einer Woche. Wie horchten wir jedem Windstoße — wie beachteten wir jeden Wellenschlag! Wir lebten von einem Augenblick zum andern — und je mehr die Kräfte sich erschöpften, desto mehr bleichten auch die Farben des Lebens. Gewiß, daß nicht der Tod uns schreckte, denn er kommt ja gerade in solchen Augenblicken als ein Erlöser — aber wohl die Art, ihn zu erleiden! — Manchem unter uns und vielen in ähnlicher Lage mag der Gedanke, zu sterben — plötzlich hinüberzugehen, wo Ruhe und Vergessenheit sind —, viel süßer als das Leben geschienen haben — und die Erlösung aus dem Bangen einer solchen Nacht nicht zu teuer mit dem Tode erkauft zu sein, wenn er schmerzlos zu erringen wäre; jeder aber schauderte vor dem eiskalten Wellengrabe zurück.

Abermals rief es (es mochte zwei Uhr in der Nacht sein): Der Anker weicht! — Auf fuhr der Kapitän aus dem traurigen Schweigen, in das er versunken war und während welchem er nur durch abgerissene Ausrufe über sein Unglück Zeichen des Lebens und uns einen Beweis der Gefahr gab. „Haken herbei!" rief er, denn er meinte uns schon auf dem Strande und wollte den Mast kappen. Der Anker hielt wieder. Die Mannschaft betete oder fluchte, je nachdem sie aus Welschen oder Briten bestand. ... Nichts blieb übrig, als die ewig lange Nacht zu harren und auf das Schlimmste gefaßt zu sein.

Um drei Uhr nahm die Gewalt des Sturmes ab, und als das erste Grau des Tages kam, teilte der Kapitän seiner Mannschaft Grog aus — und alle zusammen brachten wir mit lautem Ausrufe des Jubels uns selbst und unserem Anker ein Lebehoch! — Der Bord mit Guineen übersät hätte kein ähnliches Entzücken hervorgebracht als das erste, matte, kaum sichtbare Licht des Tages.

Während der Nacht waren ich und Wilkinson übereingekommen, mit Tagesanbruch ans Gestade zu setzen und unsere Sache mit den Türken auszugleichen. Das Boot wurde ins Wasser geworfen, an einem Rollstricke zur größeren Sicherheit festgemacht, und wir, mit den Schiffspapieren gerüstet, rangen uns nach dem nächsten Gestade — klommen glücklich hinauf und wandelten nun nach dem europäischen Schlosse über Sand und Felsstücke am steilen Ufer hin, das nur in seinen Schluchten hie und da ein Häuschen zeigt und Feigenbäume nährt. ... Wir mochten eine starke Stunde Weges gegangen sein, da gelangten wir an das Vorwerk, unter dem letzten Selim vor die südliche Spitze des Schlosses gelegt und auf 56 Kanonen eingerichtet. Von diesem Vorwerke zum Schlosse selbst führt der Weg durch den Ort. Wir erwarteten da rohe Behandlung, aber man brachte uns nach einer Kaffeestube, wo etwa dreißig Türken versammelt waren; diese verrieten Anteil an unserem Ungemache und führten uns zum Befehlshaber des Schlosses. Dieses Schloß ist ein unförmliches Gebäude (so wie das gegenüberliegende asiatische Mohammeds II. Werk), an den Abhang gelehnt, das mit Mauern und Turm einen Schriftzug bildet...

Der Befehlshaber, ein Greis mit mürrischem Gesichtsausdruck, schalt unsere Fahrt am vorigen Tage, die wir vergeblich durch Wind und Wetter zu rechtfertigen suchten, und erklärte zuletzt, er könne in dieser Sache nicht entscheiden, sondern wir müßten zu dem Pascha von drei Roßschweifen, der auf der asiatischen Seite seinen Wohnsitz hat. Neue Verlegenheit, neue Zögerung, neue Gefahr! — Der Hellespont ging hoch, und hundert Piaster forderte man für die Barke, um uns über diesen Meeresarm zu führen. Für siebzig mietete ich die Barke. Während sie zurechtgemacht wurde, lief ich, von Türken begleitet, denn man ließ uns nicht mehr aus den Augen, auf die kahle Höhe, die Zypressenstätten durch, bis ich den Hügel erreichte, den ich für die Stelle des Grabes der Hekabe halte. Er ist nach allen Seiten abgekantet, 120 Schritte lang, auf 60 Schritte Breite; aber keine Spur von geordneten Steinen dort sichtbar.

Welche Aussicht von dieser Höhe nach dem Ida, nach den hohen Samothraken, nach der Ebene von Troja! Aber ich mußte in meine Barke. Wir rangen uns wacker durch die Wellen — und jetzt, da ich erschöpft niedersah in die wildbewegte, aber sonnenerleuchtete Flut, Europa und Asien, die Hügel von Troja und die Gestade von Sestus vor Augen, jetzt war mir, als sollt ich enden! — als käme der Engel der Zukunft zu mir und spräche nur in traurigen Lauten.

Die Strömung hatte uns unter das asiatische Schloß geführt; wir gingen zu Fuße dahin, und zunächst zum französischen Konsul, der in Abwesenheit des englischen dessen Geschäfte versah. Die liebenswürdige Frau des ersteren, da auch er nicht zu Hause war, erstaunte nicht wenig, mich aus jenem Schiffe zu wissen, das den Bewohnern der Dardanellenorte tags zuvor das Schauspiel des Kampfes gegen Sturm und Feuer gegeben hatte und verloren geschätzt worden war. Ihrer Güte zunächst verdanken wir die Eile, mit welcher unsere Sache vor den Pascha gebracht wurde. Ich ging selbst zu diesem Manne, und da ich ihn während meines früheren

Aufenthaltes in den Dardanellen gekannt hatte, so war er so gefällig, unsern Vorstellungen Gehör zu schenken, die Untersuchung des Schiffes ganz nachzusehen und weit weniger an Bezahlung zu fordern, als wir erwarteten.

Froh über diesen unverhofften Zeitgewinn schifften wir gerade nach unserer Bucht, lichteten nun, alles Erlittene vergessend, den Anker und entkamen glücklich der gefährlichen Bucht.

Wir hofften, daß mit zwei Nächten dieser Art dem Verhängnis die Schuld bezahlt sei, aber diese Hoffnung war irrig. Pfeilschnell flogen wir dem Ägäischen Meere zu — uns jetzt fast in der Mitte zwischen dem thrazischen und troischen Gestade haltend. Ich überblickte mit zufriedenem Auge noch einmal diese geheiligte Erde, nahm Abschied von Ajax' Hügel am Rhöteischen Kap, von dem Tale von Thymbra, von dem dunklen Bruch der Kallikolone, von Iliums Höhe, die deutlich aus den Hügeln des Hintergrundes vortritt, — von Äsyetes' Grabe — von jenem des Achill und Patroklus endlich, die zunächst an der Küste liegen. Wir traten aus der breiten Straße hinaus in das stürmende Meer und wandten uns Tenedos zu. Die Samothraken waren enthüllt, indes Imbros daneben im graulichen Nebel schwamm. Jene, eine riesige Klippe, mußten dem Schiffer in der uralten Zeit ein Sitz mächtiger Götter werden, denen er sich in Gefahren verlobte; denn sie schlagen das Auge, sowie man aus dem Hellespont tritt, mit Erhabenheit und Majestät. Der geheimnisvolle Dienst der samothrakischen Gottheiten hat seine Erklärung in der Gestalt und Lage dieser Insel.

Auch ich, von meiner Argo, hielt meinen Blick auf dieselbe geheftet — da entwich uns nach und nach der Schutz des thrazischen Chersonesus. Nord faßte uns und trieb uns rasch an Tenedos vorüber. Wir schwankten einen Augenblick, ob wir auf dieser Reede, ob unter dem Troischen Vorgebirge ankern sollten, und entschieden uns, den Weg fortzusetzen. Kaum hatten wir Tenedos im Rücken, so brach der Nordsturm los und riß alsogleich das einzige Segel, das wir zweimal gerefft am Vordermaste hielten, in seiner ganzen Länge entzwei. Wir zogen ein anderes auf, aber auch dieses ging in Stücke. Die Wellen wie Bergflächen wälzten sich heran und überschütteten den Bord vom Steuer bis zum Bug. Mit Anstrengung wurde das letzte Vorratsegel heraufgebracht und an die herabgelassene Raa gebunden, aber keine Gewalt reichte hin, diese wieder hinaufzubringen — Stricke rissen — Balken sprangen

— Geräte flog über Bord. — Wir mußten uns in Bande legen, um nicht weggewaschen zu werden, wie die Welle Staub wegführt. So trieben wir ohne Segel gegen Kap Lektum und Mytilene hin, ein Spiel der Wellen! — Das Gestade der Leleger, die wir unter Hektor kämpfen sahen — die schroffen Häupter des Gargarus, zu welchen das Kap von Lektum emporstieg — der weite adramyttische Busen bis zu den Bergen von Antandros, wo Paris den verderblichen Richterspruch tat, die sanften Rebengestade Methymnens endlich, wo Orpheus' Leier ans Land schwamm, Sappho sang und die Musen niederstiegen, zu horchen und zu weinen — sie breiteten sich aus vor mir und drohten mit Tod und Verderben. Unser Fahrzeug, herumgeschleudert auf Höhen und im Abgrund, fühlte nur selten das Steuer; jeder Versuch, ein Segel aufzuziehen, mißlang; überdies war es Abend, die Nacht mit allen ihren Schrecken nahe; wir trieben sichtbar dem Gestade Methymne zu; — wir schienen rettungslos verloren.

Auch jetzt kam unerwartete Hilfe vom Himmel. Der Sturm, statt mit der Nacht zuzunehmen, ermüdete. Wir konnten das Fock- und das hintere Gieksegel halten; wir waren wieder Herren unseres Weges, und Jubel in allen Ecken! — Schwarz, dicht, schwer war die Nacht und breitete sich über die weite See hin, wo die Wogen breithin wie Gebirge emporwuchsen und dann wieder, wie unter Erdbeben, einsanken. . . .

Der Pilot hatte, ob der Ermüdung, in der sich dieser Greis von 76 Jahren befand, ein Glas zuviel genommen und lag berauscht im Raume. Der Kapitän kannte die Küste nicht — und als ich auf das Verdeck trat, so sah ich zu meinem Erstaunen, daß wir gerade auf Scio lossteuerten. . . . Aber es war zu spät; wir hatten zu viel gegen den Wind verloren und trieben den ganzen Rest des Tages zwischen Mytilene, Ipsara und Scio herum, ohne das Kap umsegeln zu können. . . .

Gestern morgen erneuerten wir unsere Anstrengungen. Von den Spalmadoren segelten wir bis gegen das Kap Colonna auf Mytilene und wandten dann nach Karaburun; vergeblich! — Zehn Stunden blieb die keckste Bestrebung, das Kap zu umsegeln, ohne Erfolg. Abends endlich erhob sich ein leiser West und brachte uns, die wir schon die Hoffnung aufgegeben hatten, heute des Punktes Meister zu werden, sanft um denselben.

Dies Felshaupt von Karaburun, d. i. das schwarze Vorgebirge, ein Name, den es verdient, — ist die nördliche Wandspitze des Mimas der Alten, der mit den korykischen Bergen die Chios gegenüberliegende Halbinsel bildet. Die Schilderung der Rückfahrt von Troja, die der greise Nestor dem Telemachos gibt, trat so warm und wahr vor meine Seele. Auch ihm zürnten die Wasser von Lesbos, auch sie erwogen, was wir bedacht hatten:

„Ob wir oben um Chios, die Felsige, unsere Heimfahrt
Lenkten auf Psaria hin, sie dort zur Linken behaltend,
Oder unten um Chios, am Hang des stürmischen Mimas."
(Odyss. 3,170–173)

Die Sonne sank, da wir um Karaburun gelangten. Mit fünf gewaltigen Füßen trotzt dies dunkle Berghaupt dem Meere, und streckt zuoberst einen hohen Felsblock, wie ein Horn, gegen Norden hinaus, weithin sichtbar. Felsgeripp ist ringsum, und einige Orte, an Farbe und Gestalt den Felsen ähnlich, unterscheidet man kaum. Die Berge von Smyrna, jene von Phokäa, über welche der Sipylus ragt, — die Bergwände im Busen von Sandarlik, die mächtige Mytilene endlich und die Schneezacken des Gargarus glänzten in dem Strahle des Abends, indes das weite Becken des Meeres tiefdunkle Wogen regte und der doppelt eingekrümmte Kardamyle auf Scio, durch eine Wolke zur Insel gebildet, im glühendsten Schmelz der Sonne schwamm, die hinter ihm niedersank. Laue, herrliche Nacht folgte, den mildesten Sommernächten vergleichbar. Ich blieb bis gegen Morgen auf dem Verdecke.

Jahreswechsel an Bord des ‚Veloce'. Auf neuerlicher Fahrt nach der Troas. Pestgefahr macht das Vorhaben zunichte. Kreta das neue Ziel. Der ‚Veloce' gibt drei Kauffahrern Geleitschutz vor den Seeräubern.

AM BORD DES VELOCE, am 31. Dezember 1824

Wieder ein Jahr und wieder eines! Wie die Sonne heute hinuntersank in die unendliche See, so war mir's, als sollt' ich mit ihr! — Ich pflegte sonst den letzten Tag des Jahres in Ruhe und Zurückgezogenheit zuzubringen; diesmal treib' ich auf den Wellen. Die Feste, die Smyrna in den nächsten Wochen verspricht, konnten mich nicht halten; das begreifst Du wohl. Ich verließ es heute morgens am Bord desselben Kriegsschiffes, auf welchem ich die Reise von Venedig hieher gemacht hatte. Der heiterste, mildeste Himmel wölbte sich über uns, und leiser Nord führte uns durch den Golf. ...

Ich will Alexandria-Troas sehen; deshalb schiffte ich mich an Bord des Veloce ein, der nach Tenedos zu segeln hat. Gute Nacht! Möchte auch Dir, wie jenem Mädchen von Heilbronn, ein lichter Engel in der Silvesternacht erscheinen und Glück und Wonne verkündigen!

Aus den Dardanellen, am 5. Jänner 1825

... Wir waren um Mitternacht dem Schlosse von Tenedos gegenüber und warfen Anker in zehn Faden Tiefe, außerhalb des Hafens, da in denselben einzugehen Wetter und Enge nicht erlaubten. Wir hatten zwar gewünscht, unter das Troische Vorgebirge zu kommen, fanden aber, da der Sturm aus Südwest kam, die Ankerstelle von Tenedos sicherer. Das Meer ging hoch, und wir sahen wohl bald, daß wir nicht lange aushalten konnten. Überdies war der Kapitän böser Vorbedeutungen voll, da er auf derselben Stelle einmal den Anker kappen mußte und ein anderes Mal beide Maste verloren hatte. Wir zögerten bis gegen drei Uhr früh — endlich riß das Schiff so heftig an seinen Tauen, daß wir abermals unter Segel gingen. Nicht achtend, daß Kriegsschiffen die Einfahrt in die Dardanellen nicht erlaubt ist, fuhren wir durch die ersten Schlösser im Dunkel des Sturmes und der Nacht und warfen in der Bucht zwischen den Hügeln von Dardana und dem asiatischen Dardanellenschlosse aufs neue den Anker.

Höhe von Negropont, am 10. Jänner 1825

Meine Hoffnung, noch einmal die Felder von Troja zu besuchen und bis in die Trümmer von Alexandria-Troas zu wandeln, ist zu Wasser. Ein österreichischer Kauffahrer, von Konstantinopel kommend, der nahe an uns lag, hatte die Pest an Bord und gestern fünf Tote ans Land geschafft. Bei der Verantwortlichkeit, die auf einem Kriegsschiffe lastet, konnte niemand von uns das Land betreten. Der Sturm, mit welchem wir gekommen waren, nahm in der Nacht zum 6. so zu, daß unser Anker wich und wir in aller Hast den zweiten werfen mußten. Am 6. wandelte der Sturm aus Südost in heftigen Nord sich um, und dieser brachte den Winter. Es schneite am 7. und 8. — Gestern aber begann es sich aufzuhellen, und um Mittag lichteten wir die Anker. Beide Ufer, das von Asien und jenes von Europa, hatten eine leichte Schneedecke und erschienen mir wie zusammengeschnürt, ihre Schluchten tiefer, ihre Höhen niedriger. Ein halber Winter versetzt die Landschaft aus Jugend in krüpplichtes Alter; während ein völliger Winter, wie er bei uns zu Hause ist, ihr den ehrwürdigen Glanz, die Einfachheit und die Ruhe eines Heldengreises gibt. Zu diesem Bilde kam ich durch die Vergleichung dieser Gestade mit den Samothraken und Imbros, welche, tief in Schnee, wie unsere Alpen, da wir aus dem Hellesponte ins Ägäische Meer traten, im herrlichsten Strahle der Sonne glänzten; sie schienen gehäufte Schneemassen, zu riesigen Abstürzen gebrochen; sie glichen einem strahlenden Weltkristall mit unverletzten, scharfschneidenden Kanten. Trojas Ebene war so unscheinbar! So einsam ragten die Gräber des Ajax, des Äsyetes, des Achilles empor! Mir war, als wenn kein lebendes Wesen auf der Flur des Skamander und Simois atme!

Wir nahmen an der Südseite von Tenedos, da es Abend geworden war, die Richtung nach Südwest zum Süden, die uns nach der Straße zwischen Andros und Negropont bringen mußte. Wohin aber gehst Du? hör' ich Dich fragen. Und sieh, ich antworte Dir, wie vom delphischen Dreifuß, in Versen, die freilich nicht den Zauber der Unverständlichkeit haben:

„Kreta heißet ein Land in der Mitte des dunkelen Meeres,
Fruchtbar und anmutig, umwogt rings; siehe, darin sind
Viel' unzählige Menschen, die neunzig Städte bewohnen,
Andre von anderer Sprache gemischt; dort wohnen Achaier,
Dort einheim'sche Kreter voll Tapferkeit, dort auch Kydonen,
Dorier auch, dreifachen Geschlechts und edle Pelasger;
Mächtig hervor ragt Knossos, die Stadt des Königes Minos,
Der neunjährig mit Zeus, dem Gewaltigen, trautes Gespräch pflog."
(Odyss. 19,172–179)

Nach Suda geh' ich; dahin trägt mich die Kriegsbrigg. Drei Kauffahrer flehten sie um Schutz, denn der Trotz der Seeräuber wächst mit jedem Tage. Da wir ausgesendet sind, um solchen Schutz zu gewähren, so versprachen wir, die Schiffe nach dem genannten Hafen auf Kandia, ihrem Bestimmungsorte, zu führen. Wir machten in der Nacht zum heutigen Tage nicht viel Weg, wie günstig auch der Wind uns wehte. Mit Sonnenaufgang lag uns Mytilene gegen Nordost, die blauen Häupter in die blaßgelbe Lichtzone hebend, die sich zwischen dem Dunkel des Meeres und dem Dunkel der Wolken hinzog. ... Dunkles, weites Meer wogte am Gesichtskreis bis im Süd zum Westen auf, wo aus verwischtem Nebel und zweideutigem Lichte Skyros, Achilles' Land der Liebe und Theseus' letzte Heimat, in ansehnlicher Breite mit schneebedecktem Rücken, auf dem das Schwarz des Bodens überall vorsah, sich hinzog.

Um dem langsamsten der drei Schiffe nachzuhelfen, nahmen wir es an das Schlepptau, was bei der starken Bewegung der See zu einiger Verwirrung und zu gefährlicher Annäherung beider Schiffe Veranlassung gab. Gegen Abend trübte sich der Himmel so, daß wir Andros und Negropont nicht zu sehen vermochten, obwohl wir eben damals in der Straße zwischen beiden waren, die doch kaum über sechs Meilen breit ist. ... Jetzt zeigten sich auf einen Augenblick Zea, gerade in SSW, und die Höhen von Attika in WSW, samt dem trefflichen Hafen von Mandria, dem die Insel der Helena vorliegt. Ich war also an der Stelle, bis wohin Themistokles nach dem Siege von Salamis die tausend Schiffe des Xerxes verfolgte. Schnell verschwanden diese Bilder wieder, und jetzt — abends 9 Uhr —, da ich Dir dieses schreibe, treiben wir, bei hoher See und ungeregeltem Winde, in der Richtung von WSW. Mir scheint die Finsternis dichter, körperlicher möcht' ich sagen, als ich je eine solche gesehen habe, obwohl ich manche schwarze Winternacht in Deutschland und Frankreich im Freien durchwacht, manche Waldschlucht der Karpaten zur Lagerstätte gehabt und manchen Schacht und Gang durchwandert habe. Um 11 Uhr kommt der Mond über den Gesichtskreis. Das wüste Dunkel muß doch einigermaßen Leben empfangen.

Milo: seine Vergangenheit und seine Sonderbehandlung durch die Türken. Der griechische Neujahrstag. Die schönen Milotinnen. Aussicht vom Hügel der Stadt und Einladung beim Konsul gemeinsam mit chiotischen Flüchtlingen. Die warmen Quellen.

MILO, am 14. Jänner 1825

Drei Tage verweile ich schon auf dieser Insel: Der Sturm vom 11. warf uns hieher. Obwohl gerade die Winde, welche wir zur Fortsetzung der Reise brauchen, die Ausfahrt aus diesem Hafen verhindern, so hatten wir, unserer Kauffahrer wegen, welche die See nicht mehr halten konnten, doch keine Wahl, als hier beizulegen. Am 11., bis tief in den Morgen, wurden wir den Tag nicht gewahr, bis plötzlich Antimilo, in furchtbarer Schwärze und Schroffe, vor uns aufstieg. Die kleineren Inseln, selbst Milo sahen wir nicht. Einen Kauffahrer hatten wir zur Seite, die beiden andern fehlten. Wir erwarteten sie zwei Stunden mit Mühe und Unbequemlichkeit; endlich kamen sie, und wir segelten gemeinschaftlich in den Hafen von Milo. Der Nord schloß das Tor hinter uns. Da harren wir nun des günstigen Windes.

Milo, kaum 65 Meilen im Umfang, war dennoch zur Zeit der griechischen Blüte mächtig, reich und berühmt. Von Lazedämoniern bevölkert, wie Thucydides meint, oder von Phöniziern, wie die Meinung anderer ist, genoß diese Insel siebenhundert Jahre vor dem Peloponnesischen Kriege schon eines glücklichen Wohlstandes und völliger Unabhängigkeit (Thuc. 5,84,2). Es bewahrte dieselbe bis zum Ausbruche dieses Krieges, an welchem sie nicht teilnehmen wollte und eben deshalb den Zorn der Athenienser auf sich zog. Diese sandten Nikias mit 60 Schiffen und 2000 Mann gegen sie ab; dann Kleomedes und Tisias, endlich Philokrates, der eine dritte Flotte führte und die Stadt endlich zur Übergabe zwang. Strabo, Diodor von Sizilien, Thucydides und Plutarch erzählen das Todesurteil, das Athen, auf Alcibiades' Rat, über die unglückliche Melos aussprach. Alles, was Waffen tragen konnte, ward niedergemacht, Weiber und Kinder aber in Sklaverei geschleppt. 500 Athenienser kamen, über den Leichen der Eingebornen zu wohnen, bis der Wandel des Kriegsglücks Athen selbst unter die Füße Lysanders, des Lazedämoniers, geworfen hatte, die Athenienser aus der eroberten Insel gejagt und die Eingebornen, welche noch hie und da lebten, zurück in die Heimat gerufen wurden.

Die Römer nahmen mit ganz Griechenland auch Melos in Besitz und vererbten es an die Byzantiner. Nach der Festsetzung der lateinischen Kaiser auf dem Throne von Byzanz und der Gründung des Herzogtums Naxos kam Melos an dieses, unter Marco Sanudo, dem Fürsten des Archipels. Der sechste Herzog, Johann Sanudo, gab es an einen andern, Marco, seinen Bruder, der es zur Brautgabe seiner Tochter bestimmte, die sich mit Franz Crispo vermählte, einem Enkel der griechischen Kaiser. Dieser gewann durch Mord das ganze Herzogtum und vereinigte Milo wieder mit demselben. Barbarossa, Soliman II. Feldherr, machte diesen Fürstengeschlechtern, die wie Raubvögel über den Inseln des Archipels saßen, ein Ende, indem er die Mehrzahl der Inseln, darunter Milo, dem Sultan unterwarf.

Diese Insel ward von jeher und wird auch noch von den Türken ausnahmsweise behandelt. Sie zahlte dennoch an 10.000 Taler, als Tournefort sie besuchte, davon die Hälfte als eigentliche Abgabe, die andere als Geschenk; aber sie regierte sich nach eigener Wahl und eigenen Gesetzen, und kein Türke, außer dem Kadi, hatte das Recht, darauf zu wohnen. Diese Behandlung sicherte sie sich durch die Dienste, welche sie fortfuhr dem Handel der Levante zu leisten. Am Eingange des Archipels gelegen, bildete sie sich zur eigentlichen Hochschule der Piloten dieses Inselmeeres und überhaupt der Levante aus. Auf den dreißig Kriegsschiffen der europäischen Mächte, welche dermalen in der Levante kreuzen, sind vielleicht nicht fünf mit anderen Piloten als solchen aus Milo versehen. Diese setzen auch ihre Ehre darein, tüchtige Männer an die Schiffe zu geben. Wenn ein Fahrzeug, aus unseren Meeren kommend, den Archipel betritt, so pflegt es vor Milo anzuhalten und einen Kanonenschuß zu tun. Alsogleich begibt sich der Pilot an Bord, den eben die Reihe trifft, denn sie haben unter sich einen völligen Dienstraster, und immer stehen Mann und Boot bereit. . . .

Gestern war der Neujahrstag der Griechen, alles Volk daher im Freien, mit Steinspiel, Musik und Gesang sich ergötzend. Die Männer waren fast alle wohl gekleidet; sie trugen eine braune Jacke, weite Beinkleider aus Leinen, Schuhe mit roten Bändern, Strümpfe, auf dem Haupte aber eine rote Mütze. Der Anzug der Frauen war ganz anders, als Du ihn bei Tournefort (1. Lett. IV.) gezeichnet siehst. Er hat sich also seit dem Jahrhundert geändert. Alle, so jung als alt, trugen das Haupt sehr malerisch mit weißem

Schleier umwunden, fast so wie der genannte Reisende die Frauen aus Naxos malt. Die Brust war mit gefaltetem Musselin verhüllt; das weit ausgeschnittene, meist lichtfärbige Leibchen, bei den Reicheren mit einem schmalen Goldbörtchen verbrämt, lief nach rückwärts und fiel in vielen steifen Falten bis an die Waden. Nach vorne war ein weißer, sehr weiter Rock sichtbar, der nur eine Hand tiefer als das Leibchen reichte. Die Füße waren in gestickte Strümpfe und zierlich ausgenähte Schuhe gehüllt.

Die Schönheit des schönen Geschlechts in Milo fiel uns allen auf. Fleckenlose reine Gesichtsfarbe — große Augen — reiche, mehr hellbraune Haare — dabei eine schlanke Gestalt waren den meisten Mädchen eigen. Der Ausdruck ihres Wesens in Gesicht und Haltung unterschied sie mir klar von den andern Griechinnen. Ihre Blicke, ihre Schritte, ihr Benehmen trugen weit mehr das Gepräge von Ruhe und Sicherheit, als ich dies irgendwo an Griechinnen sah; dabei lebte in ihrem Auge viele Klarheit, und seelenvolle Feinheit adelte die Stirne, Mund und Nase.

Und diese holden Wesen wohnen in einem Pfuhl von Schmutz, wovon man sich bei uns gar keinen Begriff machen kann! — Milo ist ganz auf die Art wie Sira gebaut, eine Ummauerung für Schweine, neben denen auch Menschen leben. Obwohl steil und hoch gelegen, waren die Straßen, oder besser zu sagen, die Gruben zwischen den Häusern, voll Kot. — Wir eilten nach der Spitze des Hügels, den die Stadt umgibt und krönt, und von Dach zu Dach gehend (die Häuser haben auch hier flachgestampfte Erde zur Bedeckung, so daß man oben gleichsam Hunderte von Tennen und nirgends die Spur eines Hauses sieht), setzten wir uns endlich neben die Glocken des Kirchleins, welches der höchste Punkt der Stadt ist. Welch ein Umkreis für das Auge! — Eine Welt in Trümmern! — Dein Auge erfaßt mit einem Umblicke die Berge von Kreta und jene von Sparta, von Argos und Athen! — Du siehst die mächtige Cerigo mit Cerigote zu ihrer Linken — den Golf von Nauplia, Hydra und Ägina. S. Giorgio d'Arbora steigt, ein spitziger und niedlicher Kegel, dunkelblau vor dem Festland von Attika auf, wo du die ganze Kette des Laurion und Hymettus deutlich unterscheidest. Weiter zur Rechten reihen sich hintereinander Serpho, Thermia, Zea und Negropont; — Jura dann, von Andros überragt; Siphanto, das fast, aber nicht ganz Sira und Tenos birgt. Noch weiter zur Rechten ist die eigentliche Welt der Zerstörung:

Argentiera und Polino, Polykandros, Sikinos und Nio, Santorin und eine Menge von Klippen, durchaus vulkanische Trümmer! Naxia in weiter Verbreitung schloß mit schneebedeckten Bergen den Hintergrund. Zu dem Bilde, das diese Trümmer geben, stimmt ganz die Insel selbst, die mit ihrer Schwefel- und Ockererde, mit ihren zerrissenen Felsen und mit dem riesigen Felsblock, Antimilo, eine verlassene Werkstätte der Zyklopen scheint.

Denke Dir diese mannigfachen Inseln und Länderstriche mitten im glänzenden Becken des ewigen Meeres mit dem Zauber des Lichtes ausgeschmückt, das bald in weichen durchscheinenden Schleiern von Insel zu Insel ein liebliches Band schlingt, bald von dem schwarzen Gestein der Klippenwände glühend widerstrahlt! Der Durchschnitt des Kreises, den hier dein unbewaffnetes Auge von Norden nach Süden, d. i. vom Ida auf Kreta bis zum Pentelikon hinter Athen oder bis zum St. Elias auf Negropont erfaßt, ist 170, von Osten nach Westen, nämlich von den Gipfeln des Taygetus bis zu denen von Naxos an 150, der Umkreis aber an 500 Meilen.

Ich war zu Tische beim Konsul gebeten. Da fand ich eine Familie aus Scio oder, besser gesagt, Trümmer von Familien aus Scio, nun durch Elend und Unglück unter sich zu einer einzigen vereinigt. Die Mutter, in tiefes Schwarz gehüllt und durch Leid über den Verlust ihres Gatten und dreier Kinder gebrochen, hatte neben sich einen Sohn, der schon Mann war, ein paar europäische Sprachen kannte und auch sonst unterrichtet schien. Er hatte sie aus Tod und Flammen gerettet und schien auch jetzt ihre Stütze. Drei Mädchen saßen daneben, eine Tochter dieser Frau, eine Base, die dritte einem andern Hause angehörig. Alle drei waren an jenem Tage der Verheerung in Sklaverei geschleppt worden, hatten darin bis vor einigen Wochen gelegen und gemeinschaftlich die Flucht gewagt, die ihnen auch wirklich gelungen war. Die älteste mochte 22 Jahre zählen und schien sehr mißhandelt, doch wies sie Spuren von Schönheit, was ihren Anblick um so rührender machte; die andere, ein paar Jahre jünger, schien nicht minder gelitten zu haben; die dritte und jüngste blühte noch in seltener Schönheit. Alle drei hatte das Unglück und das gemeinsame Wagstück der Flucht innig verbunden. Der Konsul hatte diese Familie auf wenige Tage zu sich genommen, um sie nach Sira und Tino zu schaffen, wo sie bei entfernten Verwandten Unterkunft hoffen. Arme gebrochene Wesen, für deren Lebensglück es keine Blüte mehr gibt!...

Die Erde, jetzt wie vormals an den wenigen Stellen, wo sie bebaubar ist, ganz geeignet, die trefflichsten Weine und Früchte des Archipels hervorzubringen, ist aus Mangel an Händen wüste oder mit wilden Blumen und duftenden Kräutern überwachsen. Die Insel ist voll warmer Quellen, und ihr Inneres kann billig als ein großer chemischer Herd angesehen werden, wo fortwährend Tätigkeit ist. Die Bäder von Lutra, am Gestade nach Stadt Milo zu, bestehen noch; wer aber fände gelegen, davon Gebrauch zu machen? — Die Einwohner pflegen noch bei mancherlei Beschwerden in den zahllosen Höhlen Schwitzbäder zu nehmen. Viele solcher Höhlen sind auch bewohnt. Man sieht deren am Gestade des Hafens mehrere, die in die Seifenerde gegraben und mit einer Türe geschlossen sind.

In diesen Höhlen finden sich täglich eine Menge antiker Vasen und anderes Grabgerät. ...

In der Bucht von Suda auf Kreta: im Lager der Truppen Ibrahim Paschas. (Aufwartung beim Kiaja Bey.) Erwartung des Angriffs gegen Morea nicht vor April. (Unbegreifliche Untätigkeit der Griechen angesichts ihrer Möglichkeiten gegen die Ägypter in der Suda-Bucht.) Besuch von Kanea. (Rückgang der griechischen Bevölkerung.) Vorbereitung des Aufbruchs nach Gortyn.

SUDA IN KANDIA, am 18. Jänner 1825

Ich habe Dir schon in meinem früheren gesagt, daß ich Milo am 14. verließ. Der Tag war weich und hell; der Wind kam auf leisen Schwingen aus Nordost; die See schien ihn kaum zu fühlen. Zwei andere Schiffe hatten unsere Begleitung nach Kandia erbeten; wir zogen daher mit fünf Fahrzeugen aus dem majestätischen, felsenumragten Hafen; eine französische und eine englische Korvette, von dem Sturme gleich uns nach Milo getrieben, mehrten den Zug. Die eine nach Marseille, die andere nach Smyrna bestimmt, ließ uns bald weit hinter sich, da wir an unsere Kauffahrer gebunden waren. Als wir eben an Antimilo vorbeikamen und schon die flache Klippe Paximadi über der Westspitze Milos sich hervorschob, barg beide der glänzende Vermählungsring von Meer und Himmel. Die Nacht zum 15. blieb so ruhig, als Winternächte in der See sein können, und mit dem 15. früh fanden wir uns kaum zehn Meilen vor Kap Maleka und hatten das Land von Kap Spada im Westen bis Kap Sassoso im Osten, über welches die Klippeninsel Standia sah, in weiter Krümmung vor uns. Als eine mächtige Bergmasse tritt das erstere vor, niedriger endet das zweite. In majestätischer Reihe, wie glänzende Diamanten einer Krone, saßen die Häupter der Weißen Berge über der westlichen Hälfte der Insel; weiterhin folgten abgesonderte Massen bis zum Ida, der gegen Südost, den hellschimmernden dichten Wolkenkranz unter sich, zwischen zwei hohen Bergpyramiden dastand. Der ganze Himmel war umwölkt; im Westen schimmerte ein Regenbogen; die Sonne brannte wie mit hellen Flammen durch die Wolkenrisse. Uns hielt Windstille vor der Felswand Maleka gefesselt. Was dem Ida das majestätische Ansehen gibt, ist seine abgesonderte Stellung, seine breite Grundlage und die Menge kleiner Kuppen, die zusammen einen Kranz bilden, aus dem sein Haupt sich erhebt.

Sobald man um das Kap gelangt, so daß man hinter dem niedern Vorsprunge des Schlosses von Suda ansichtig wird und die grünen Matten am Abhang bis Kap Trepani (das nächste östlich von jenem von Maleka) ihre bebuschten Höhen zeigen, weist sich, fern im Osten, scheinbar unter dem Schneegipfel des Ida, das Schloß von Retimno, auf mäßig hohem, aber steilen Felsen aus dem Meere steigend. Wir trieben uns den ganzen Tag vor den kahlen Klippenwänden des Kap Maleka herum, auf welchen nur ein paar verfallene Kirchlein sichtbar wurden. Der Wind war uns entgegen, und wir mußten auch eine Bewegung gegen ein Raubschiff machen, das unsere langsam segelnden Schiffe bedrohte. Gegen Abend endlich gelangten wir in die Bucht und in den Hafen von Suda. Das Schloß, auf der Klippe am Eingange, nicht hoch, aber so gelegen, daß dadurch die doppelte Einfahrt im Norden und die einfache, größere im Süden streng beherrscht werden, umschließt wenige Behausungen, diese nur auf die Besatzung berechnet. Dieses Schloß hatten die Venezianer noch fast ein halbes Jahrhundert nach dem rühmlichen Falle der Hauptstadt gehalten; es war mit Spinalonga der letzte Punkt, der den Türken Widerstand leistete. Der Geist Morosinis schwebte über dessen Verteidigern. Die Wälle sowohl als die Bauart der Häuser da auf den Bergen, welche den Hafen einfassen, deuten noch auf venezianischen Besitz. Der Hintergrund des Golfes, der die Tiefe von 6 Meilen haben mag, ist höchst malerisch durch eine Folge von Bergreihen gebildet, über die zuletzt ein hoher Spitzberg, kegelförmig abgerundet, schaut. Im Golfe fanden wir nur einen geringen Teil der Flotte Ibrahim Paschas; rings am Gestade glänzten die Zelte der Truppen, die im Dunkel der Nacht ebenso vielen Flammenzeichen Platz räumten.

Ich besuchte dieses Lager am nächsten Morgen. Unordnung, Schmutz, Lärm und Verwüstung bezeichneten es. Hier betäubt nicht der Ausdruck kriegerischer Kraft dein Herz und entfernt, indem er sich deiner Einbildung bemächtigt, die Berücksichtigung der Quellen des Krieges; hier findest du nicht den Stolz, die Einfachheit und Ordnung, den Waffenglanz, der Wachen geregelten Aufzug: Haufen halbnackter Wilder liegen um schmutzige Zelte gereiht, Sklaven, von anderen Sklaven mit Peitsche und Strick zusammengegeißelt. ...

Fünf- bis sechstausend dieser Schwarzen und eben so viele Ägypter und Araber sind dermalen hier gelagert. Dies ganze Heer schien elend, kraftlos, krank. Die Ägypter, gelb und hager, geben an Häßlichkeit den Mohren wenig nach.

Der Kiaja Bey, ein schöner Greis, auf Purpurkissen über Strohmatten mitten im Kote gelagert, empfing uns mit Anstand. Er war von mehreren Offizieren und einer Abteilung Schreiber umgeben, die neben ihm ihre Feldkanzlei, auf Matten hockend, aufgeschlagen hatten. Wir empfingen einen Offizier zur Begleitung, der uns durch das Lager führte. Dieses ist in einer Olivenpflanzung aufgeschlagen, an dem Südende des Hafens unter der Stadt Suda, deren wenige, meist zerstörte Häuser am Abhang des Berges hinauf gebaut sind. Alle Bäume im Umfang des Lagers waren niedergehauen, die Zerstörung griff schon in die Ferne, und Olivenstämme flammten zur Feuerung. Die Truppen sind eben dieselben, von deren Ausbildung man in Europa so viel sprach! — Sie sind in vier Regimenter verteilt, deren Vollzahl eigentlich 4000 Mann für jedes ausmachen soll. Der Mann hat rote Pantoffeln, eine Art Gamasche aus Tuch, die aber mit den Beinkleidern zusammengenäht ist; diese sind aus Wollenstoff und bauschicht; um die Mitte läuft ein Ledergürtel; darauf folgt ein fest anliegendes Leibchen, vorne offen und ohne Kragen; auf dem Kopf endlich ein rotes Mützchen, Fes genannt. Hosen und Leibrock sind bei dem einen Regimente schwarz, bei dem andern rot, bei dem dritten blaurot und bei dem vierten hellblau. Zur Bewaffnung hat jeder Mann eine Muskete mit

Bajonett und eine Patronentasche. Mohren, Araber und Ägypter haben ohne Unterschied in diesen Regimentern Platz. . . .

Wir wurden von dem Obersten des blauroten Regimentes mit Artigkeit aufgenommen. In seinem grünen und goldverbrämten Zelte herrschte Luxus in Waffenausstellung, in Teppichen, Kissen und Pelzwerk. Er ließ uns eine Abteilung Soldaten kommen, Handgriffe machen, nach der Trommel im einfachen und Doppelschritte marschieren, Sturm ausführen usw. Ein Hauptmann, den Säbel an der Seite, aber beide Hände mit dem gewöhnlichen Spielwerk, einer Schnur Ambrakugeln, beschäftigt, kommandierte. Die Befehlsworte lauteten kurz und abgestoßen; die Handgriffe sowohl als Bewegungen, ganz nach französischer Weise, gingen so ziemlich, wenn man bedenkt, daß man diese Leute erst aus der Wilde hereinfing. Besonders war ein Mohr darunter, der viel Haltung hatte und die übrigen weit an Gelenkigkeit übertraf. Nichtsdestoweniger fehlte militärischer Ausdruck ganz. Die Leute glichen abgerichteten Hunden, die, nachdem sie alle ihre Künste auf zwei Beinen gezeigt, mit Freude sich auf die vier niederlassen. — Die Gewehre sind englisch. Sie waren sämtlich sehr schlecht gehalten, ebenso Riemenzeug und Patronentasche; jenes hatte keine Färbung, diese war bald ganz klein wie diejenige unserer Unteroffiziere, bald übergroß und überaus schmutzig.

Ich glaube nicht, daß die Eröffnung des Feldzuges gegen die Morea vor April statthabe. Eine traurige Epoche für die Halbinsel wird dann beginnen. Wo ist eine Kraft in Griechenland, welche den 16.000 Mann Ibrahims widerstünde? Ich sehe keine. Wenn die Ägypter wollen und wenn die türkische Flotte sie nicht geradezu sitzen läßt, oder wenn den Griechen nicht Hilfe von außen kommt, so sind sie, bevor dies Jahr vergeht, überwunden und können Gott mit aufgehobenen Händen danken, wenn ihr Land nicht mit Blut von einem Ende bis zum andern bedeckt ist. Was heute noch gesagt wird von den Mitteln, die Überfahrt und Landung zu verhindern, das ist eitel Geschwätz. Die Ägypter werden ohne Hindernis sich einschiffen, überfahren, landen. Navarin wird wahrscheinlich der Punkt sein, den sie zuerst angreifen. Fällt es, wie kaum zu bezweifeln, so haben die Ägypter festen Fuß im Lande, und die Griechen für sich sind nie und nimmermehr im Stande, sie hinauszuwerfen. Von den 16.000 Mann, worunter 2000 Pferde, stehen dermalen noch mehrere Tausend in Marmarizza. Die Flotte wird sie nach Suda oder gerade nach der Halbinsel bringen; sie ist 13 Fregatten, 13 Korvetten und 30 Briggs stark, eine Kraft, deren Bewegung die Griechen nicht zu hindern imstande sind. In Kandia stehen überdies an 6000 Arnauten, und in Alexandrien sammelt sich eine Reserve von 10.000 bis 12.000 Mann.

Nur der völlige Mangel an Leitung bei den Griechen erklärt, wie es den Ägyptern möglich wurde, in Suda den Angriff auf die Halbinsel so wie in einer unangreifbaren Stellung zu bereiten. Wenige Schiffe würden jetzt noch hinreichen, denn nur ein paar Fregatten stehen in Suda, die Magazine von Kanea, Retimno und Kandia zu zerstören, das Anlangen der Transporte zu hindern, die Truppen auszuhungern auf dem Gestade von Suda. Aber es ist, als besäßen die Griechen keine Barke mehr. Das englische Anleihen, statt den Widerstand zu heben, hat ihn völlig entnervt.

Ibrahim Pascha befindet sich mit einem Teil der Flotte in Marmarizza. Die Kriegsschiffe, die dermalen hier sind, passen zum Bilde des Heeres. Aussaat europäischer Flüchtlinge auf dem Boden der Wüste!

Heute morgen ging ich nach Kanea, der zweiten Stadt der Insel, die nur eine Stunde von hier entfernt ist. ... Der Raum zwischen Suda und Kanea ist mit Resten von Landhäusern und Kirchlein besät; an die südliche Bergwand lehnen sich drei bis vier Ortschaften, mit Olivenpflanzungen umgeben; man sieht, daß diese Strecke einst einem Garten glich und die Lobpreisungen verdiente, die ihr Reisende gaben; jetzt verklagen die Reste die Hand des Verwüsters! — Unmerklich hebt sich der mit Blumen aller Art, besonders mit einer Menge blau- und rotfärbiger Glocken, mit Myrten und Lorbeern bedeckte Boden; man kommt an einer verlassenen Moschee vorbei; an einem in seinen Trümmern noch den einstigen Wohlstand verratenden Landhause; endlich weisen sich die Spitzen von Minaretten, und bald wird Kanea, auf schwachem Hügel am Meere gelegen, sichtbar, und die Stadt, obwohl klein, gibt durch ansehnlichere Häuser, als man in der Levante zu sehen gewohnt wird, durch Bogengänge und hohe Fenster, durch sechs Minarette, wovon besonders der mittelste von ziemlicher Höhe ist, durch ihre Wälle und Mauern endlich, einen angenehmen Anblick. Was den Eindruck erhöht, ist die Umgebung. Rechts, links und über der Stadt spiegelt die See die sturmgetriebenen Wolken ab. An der einen Seite tritt Kap Maleka vor mit vielkuppliger Bergwand, die steil abstürzt und zwei ebene Landzungen weit ins Meer hinaussendet. Über der Stadt steigt die Klippe St. Theodor aus der See auf, und in der Entfernung von beinahe zwanzig Meilen hebt sich Kap Spada, das auf seinem Haupte einen Erdhügel, einem Tumulus ähnlich, trägt. Vom Kap Spada südlich geht ein breites Tal ein, voll herrlicher Gebirgsgruppen, in Kegeln und Zacken, in steilern und sanftern Rücken zum Gesichtskreise aufsteigend; im Süden der Stadt endlich ragen über die erste Gebirgswand die Weißen Berge mit ihren hellglänzenden mannigfachen Kuppen, die, Haupt an Haupt gestellt, auf einer Linie von 25 Meilen sichtbar sind. Die Stadt ist zur Rechten und Linken von Erdwerken gedeckt, und ein Zypressenwäldchen schmiegt sich lieblich an die letztere Seite, den Übergang zur üppig bewachsenen Flur bildend. Da mehren sich die Trümmer der Landhäuser, meist von Aloen umwachsen. Ihr Stil erinnert an Venedig! Ich meinte dessen Luft zu atmen, und die Morgen, da ich durch die wundervollen Straßen von Tizian zu Tintoretto, von Bellini zu Paul Veronese zog — die Abende, da ich aus den Giardini die Alpen betrachtete oder auf dem einsamen Lido irrte, lebten in mir auf.

Die Straße war mit ägyptischen Kriegsleuten bedeckt, wovon sich die meisten mit Mandelblüten geschmückt hatten. Wir fanden deren eine Abteilung am äußeren Tore als Wache; am innern standen die Leute des Pascha von Kanea. Die Herrschaft der Türken schien sich alsogleich durch den Schmutz zu bewähren, der die engen Straßen füllte. Es fiel mir auf, keine einzige Frau in diesen menschenbelebten Straßen zu sehen. Wir suchten unsern Konsul, der an der Marine wohnt. Diese, die schönste Stelle der Stadt, umfängt den runden Hafen an der südlichen und westlichen Seite, an der östlichen stehen die Reste des venezianischen Arsenals; von diesen läuft eine Mauer in die See, an deren Ende ein Leuchtturm ist und die nur eine schmale Einfahrt läßt. . . .

Auch hier betrittst du kein Haus, ohne die Schrecken und Folgen des unglücklichen Krieges in allen Gesichtern zu lesen. Ob Ort und Menschen wechseln, der Stoff der Gespräche bleibt derselbe. Greuel befallen das Ohr und zehren an dem Herzen. Die Griechen dieser Insel waren nach Ausbruch des Aufstandes in der Walachei und in Morea ruhig geblieben und hatten sogar zugegeben, daß man sie entwaffnete. Die Hinrichtung des Patriarchen von Konstantinopel öffnete ihre Gemüter den Einflüsterungen der griechischen und fremden Verkünder der Freiheit. Es kam zu Unordnungen und bald zu offenen Kämpfen, wobei in Kanea über 200 Griechen blieben. Die Türken griffen darauf die nächsten von Griechen bewohnten Ortschaften an. Diesen eilten die Sfakioten, welche auch diesmal unentwaffnet geblieben waren, von den Weißen Bergen herab zu Hilfe. Drei Jahre dauerte der Kampf. Die Türken und die Pest im vergangenen Jahre, welche an 30.000 Griechen hinraffte, siegten ob. Jetzt ist die Insel verheert und unterworfen; an 10.000 Griechen flüchteten nach der Morea; an 6000 bevölkerten das nahe Cerigote, wo sie die englische Flagge aufpflanzten und mit einigen Fahrzeugen, durch diese Flagge gedeckt, ihre Bedürfnisse sichern. Man rechnete vor vier Jahren an 200.000 Seelen auf der Insel; jetzt mögen kaum mehr an 80.000 da sein. Die Sfakioten, die rüstigste Mannschaft der Insel, abgehärtet, gewandt und unerschrocken, sind über die Hälfte herabgesunken; sie zogen sich in ihre Wohnplätze um das Dorf Sfakia zurück, von dem Tournefort voraussetzt, ich weiß nicht, warum, daß es die Stelle einer der ältesten Städte Kretas, Phästus (Strabo 10, 4, 14 p. 479), Epimenides' Geburtsort, einnehme.

Du kannst die Mühe nicht glauben, die ich aufwenden mußte, um einen Führer nach den Ruinen von Gortyn und nach dem so berühmten Labyrinth zu finden, das ein paar Tagreisen entfernt, an dem südlichen Abhange des Ida liegt. Die Regenzeit, in deren Mitte wir uns befinden, die Kürze des Tages, der Mangel der Wege, die Zerstörung der Brücken, der Krieg endlich, der im Innern des Landes, wie ein Vulkan nach kaum geschehenem Ausbruche, noch dampft, schienen den Leuten genügende Gegengründe. Endlich wurde ich doch mit einem Manne darüber einig. Ich habe nunmehr eingeleitet, daß ich Briefe an die Paschas von Retimno und Kandia bekomme, ein Janitschar mich bis an die Hauptstadt geleite, und daß ich dort eine Sicherheitswache bis nach Zehnheiligen, einer Ortschaft drei Meilen vom Labyrinthe, nehme. Morgen mit Tagesanbruche bin ich zu Pferde.

Trauriges Wiedersehen auf Sira mit der schönen, armen Theophania aus Ipsara.

SIRA, am 7. Februar 1825

... Ich bin wieder in Sira! Der erste Blick überzeugte mich, daß die Marine um einige hundert Häuser zugenommen hatte. Du siehst, wie eine Stadt in wenigen Wochen geboren wird und groß wächst; die Höhen rings um die Marine, dieselben Höhen, welche die alte Syros trugen, sind mit Hütten von Stein und Erde stufenweise überbaut. Da haben die Flüchtigen, deren Zahl man um einige Tausende gewachsen angibt, ihre winterliche Heimat aufgeschlagen. ...

SIRA, Sonnabend, am 12. Februar 1825

Zu welchen Trauerszenen bin ich noch aufbewahrt? — Gleich am ersten Tage erkundigte ich mich nach dem Schicksale jener ipsariotischen Familie, von der ich Dir in einem früheren Briefe gesprochen habe. Mein Beauftragter, Giulianich, ein Triestiner, sagte mir, was ich erriet; Theophania hatte sich fest geweigert, ihre Erdhütte zu verlassen, und der Greis in diese Weigerung eingestimmt. ... Diese Hütte gebühre ihr, antwortete sie; Gott habe sie ohnedies vor allen ihren Landsleuten begnadigt...

Der Typhus hat sich unter diesen Flüchtigen eingenistet; er rafft besonders die Kinder mit vollen Händen dahin. ...

Ich eilte hinunter längs der Marine durch Schmutz, Bazar und Gedränge, erreichte auf dem nächsten Hügel die Stelle, wo die trajanische Säule liegt, und über ihr das Mauerstück, das aus römischen Zeiten herüberlebt. Daran war das Häuschen gebaut. Es fiel mir angenehm in die Augen, denn es war vergrößert und sorgfältiger ausgeführt als die Hütten daneben. Die Türe war geschlossen, zwei Blumentöpfe standen im Fenster, einige Kräuterkästchen auf dem ebenen Dache. Niemand zeigte sich außen. Ich pochte, die kleine Marie öffnete, und früher, als sie mich erkannt hatte oder ein Zeichen gab, hörte ich einen Ausruf; dieser leitete mein Auge, aber ich fand Theophanien nicht. Es war dunkel in der Stube, und die kleine Flamme des Wärmefeuers verwirrte die Gestalten. Nach und nach sah ich den Greis in seiner gewohnten

Ecke, die Kinder auf ihren Schlafstellen und um die Glut gereiht; dann entdeckte ich eine niedere Türe; sie führte in ein Kämmerchen, das früher nicht bestanden hatte — ach! die ganze Ausbreitung dieses Besitzes! Wie ich mein Auge schärfer dahin richte, regt es sich darin, ich erkenne, nicht Theophanien, nur eine weibliche Gestalt, und dennoch ist sie es. „Nicht über diese Schwelle!" ruft sie, da ich einen Schritt auf sie zu mache, „diese Krankheit ist Pest!" Ich trete hinein; welch eine Verwandlung! Das holde Mädchen glich einer Sterbenden. Hingehockert auf eine niedere Holzbrücke, die mit Teppichstückchen nur dürftig bedeckt war, saß sie gegen die Wand gelehnt, das Haupt mit Mühe tragend. Die Haare, nicht aufgebunden, rollten den Rücken hinab, und Totenblässe saß bis tief in den Mund hinein im starren Antlitz. Ich fuhr zurück, da der Schimmer des im Außenzimmer jetzt angezündeten Lichtes auf sie fiel und mit dem geisterhaften Glanz von Auge, Stirne und Wange sich vermählte. Und dennoch war sie mir nie schöner als eben jetzt vorgekommen. Es schien, als habe der Tod, bevor er die Blume brach, sie noch zur vollen Entwicklung bringen wollen, und die Zeit, die ihr bis dahin ausstand, in diese letzten Augenblicke zusammengedrängt. Das Kindische in ihren Zügen, was mir bei meinem ersten Aufenthalte hier die Stellung zu ihr erleichtert hatte, war daraus gewichen, und die Würde der Jungfrau in ihrer unvergleichbaren Reinheit an dessen Stelle getreten. Jedes Schmukkes, der Farbe selbst entledigt, traten die einfach edlen Züge ohne Beeinträchtigung hervor. Ergebung schien allvermählend darüber ausgegossen, und dieser einzige Ausdruck ward nur eben jetzt durch schon unmächtige Zeichen von Schmerz, Freude und Angst auf flüchtige Augenblicke unterbrochen. Sie glich einer Hingeschiedenen, über deren Antlitz der letzte Kampf keinen Sieg erfochten hatte. Traurige Erinnerungen, die ich Dir nicht näher bezeichnen will, wachten in mir auf; diesen gehörte mein erster Gedanke — und nur der zweite der Gegenwart. Ich faßte die kalte Hand, die sie den Willen, aber nicht die Kraft hatte, mir zu entziehen, und neigte mich über sie, nicht sowohl ihr als mir durch einige Worte Trost einsprechend. „Wenn Du den Tod willst, so nimm ihn!" rief sie jetzt plötzlich und hielt mich an sich mit dem Aufwande ihrer letzten Kräfte. „Besorge das nicht", sagt' ich ihr, „an mich greift die Krankheit nicht, und meine Zeit ist nicht gekommen. Aber auch Du wirst genesen — glaub es nur recht fest." „Nein!"

antwortete sie, „ich wollt' es glauben, aber seit gestern morgens kann ich es nicht mehr. Ich danke Gott für die Freude, die er mir noch heute bereitet! Er weiß es, warum er mich zu sich nimmt." Dabei traten Tränen in ihre Augen, die den scheuen Glanz derselben bis in meine tiefste Seele trugen. Jetzt regte es sich neben uns, ich sah ein Weib da, das ich früher nicht bemerkt hatte; es war eine der Geflüchteten, die ihr Wärterdienste tat; sie ging hinaus, um etwas zu bereiten. Wiederkehr des Lebens zog in die blassen Züge des kranken Mädchens, die Lippen zitterten, und ich fühlte die feuchte Hand, die in der meinen lag, dies Zittern wiederholen. Sie neigte das kleine Haupt an meine Brust, der ich neben ihr saß, und kaum verständlich lispelte sie: „Sag es niemandem, niemandem — hörst Du —, und versprich mir, nicht darüber nachzudenken." — Damit schwieg sie eine Weile und wandte sich sichtbarlich ab. Dann frug sie, wie die Sachen in Morea ständen, und ob der versprochene König bald zur Rettung Griechenlands kommen würde. Ich hatte nicht den Mut, diese Hoffnung Wahn zu nennen, aber ich tadelte mit sanften Worten ihre Landsleute. „Ach! es sind zu viele Piloten auf diesem Schiffe", sagte sie, „aber die Rose wächst aus den Dornen und Dornen aus der Rose. Wenn Gott will, geschieht es doch!" Ich bestärkte sie in diesem wohltätigen Glauben und sprach lange und beschwichtigend zu ihr. Fest haftete ihr Blick in meinem Auge; jetzt begann er zu scheuen, ein heftiges Beben ergriff ihre Lippen, sie klemmte krampfhaft meine Hand. „O meine Mutter!" stammelte sie und sank bewußtlos zurück. Ich glaubte sie tot; vor Schreck und Mitleid rief ich laut, da liefen das Weib und zwei der Kinder herein — die andern aber, die ebenfalls krank auf ihrer Schlafstelle lagen, weinten laut, nicht wissend, was geschehen; der Greis, dessen Ecke der Türe gegenüberlag, wollte sich heben und konnte nicht — ich vergaß alles um mich, der Augenblick überwand mich. Spät erst fiel mir bei, daß ich ihr ja einige Hilfe leisten konnte. Es hatte während dieser Ohnmacht an Essig, an andern Kleinigkeiten gemangelt, wir hatten einen Arzt an Bord, wir hatten alles. Ich wollte gehen, sobald sie bei sich war, um zu besorgen, was ich besorgen konnte; da ich mich erhob und Hut und Stock nahm, bat sie mich noch einmal zu sich und sprach mir von ihrer jüngst gestorbenen Schwester, von ihren kranken Geschwistern. „Es geht nach der Reihe", sagte sie, „und der Vater hat Recht, wenn er es eine Gnade Gottes nennt." Ich gebot ihr, dem

Arzte zu gehorchen, den ich senden würde, und versprach, am nächsten Morgen wiederzukommen.

Ich kann Dir die Empfindung nicht schildern, mit der ich den Felshügel herunter nach dem Lazarette stieg, wohin ich das Boot bestellt hatte. Die Trostlosigkeit der Zukunft für ein Mädchen wie dieses, dem das Verhängnis jede Blume des Lebens gebrochen und, was das Schrecklichste ist, jede teure Erinnerung mit einer entsetzlichen unzertrennbar verbunden hatte, trat so lebendig vor meine Seele, daß ich keinen Wunsch mehr für sie hegte als den Tod, und zu bedauern begann, daß sie wieder aufgewacht war aus ihrem Schlafe. Ich ahnte nicht, wie nahe diesem Gedanken die Erfüllung stand. ...

Wir lichteten wirklich die Anker; der Wind war entgegen; wir rangen demselben bis zum Morgen die Strecke von hier bis Delos ab. Da wir eben in der Straße zwischen dieser Insel und Tino uns befanden, brach heftiger Nord los und warf uns pfeilschnell nach Sira zurück. Als ich an das Lager des armen Mädchens trat, überraschte mich ihr gebessertes Aussehen; sie war fast blühend, sah hell vor sich hin, aber in ihrem großen Auge war fremder Glanz, und sie kannte mich nicht. Man sagte mir, daß sie um neun Uhr nach mir sich erkundigt und gebeten hatte, ihr das beste Kleid anzuziehen. Darauf habe sie, wie gewöhnlich, die Kinder an die Türe kommen heißen, aber gar keine Unruhe gezeigt, als man ihr vorgab, das eine sei zur Nachbarin getragen worden. Mittwochs, da ich um dieselbe Stunde hinaufgehe, sehe ich die Türe offen, es ist ein Gehen und Kommen da, ich frage niemanden, denn ich errate alles und trete gefaßt hinein; da liegt sie vor mir auf erhöhter Bahre! Ich hatte sie in der Nebenkammer erwartet, gerade so erwartet, aber daß ich sie um einen Schritt früher fand, als ich mir eingebildet hatte, das warf mich aus meiner Fassung. ...

Das Zimmerchen war ausgeräumt, die Kinder hatte die Wärterin in ihre Hütte gebracht; nur der Greis wich nicht aus seiner Ecke. Einige Weiber heulten um die Leiche und andere empfahlen sich ihr wie einer Botin, die zum Himmel geht. Sie war so schön, so engelrein; wer hätte sie um den Frieden nicht beneiden sollen, der in ihren Zügen leuchtete! Ich warf den Schleier zurück, der das Antlitz deckte, ohne es zu verhüllen. ...

Blumen waren in das Haar geflochten, und Blumen hatte man ihr in die kalten Hände gebunden.

Lebensgefährliche Kletterpartie auf Milo. (Nächtliches Briefschreiben nach überwundener Ermattung.)

MILO, am 25. April 1825

...Ich wollte versuchen, längs dem Gestade nach unserer Lende zurückzukehren, die eine Stunde tiefer im Hafen liegt. Es war wenig Wahrscheinlichkeit, dies ins Werk zu setzen, denn ich hatte vom Schiffe aus gesehen, daß das Gestade steil in die See abstürzt, doch wollt' ich es versuchen. Ich kam an den Höhlen vorüber, wo Fischer ihre Nachen einstellen und wohl ihre Wohnung aufgeschlagen haben. Ganz nahe daran endete das gangbare Ufer, und ich mußte mein Vorhaben aufgeben. Bei dieser Gelegenheit machte ich abermals die Erfahrung, welchen augenblicklich schlagartigen Einfluß Furcht auf die Körperkräfte übe. Ich hatte einen Felsenvorsprung vor mir, und da ich hoffte, wenn ich nur einmal um diesen gekommen wäre, so würde das Schwerste überwunden sein, so entkleidete ich die Füße, um besser klettern zu können, kam glücklich über den Vorsprung — sah aber die Wand sich da auf ein paar hundert Schritte zu einem neuen Vorsprung verlängern. Noch kletterte ich weiter, bis ich endlich abstehen mußte. Da ich zurück wollte, wurde ich mit Schrecken gewahr, daß ich wohl längs der Wand aufwärts hätte klettern können, aber es abwärts kaum vermögen würde. Da hing ich an der Wand, unter mir das Meer — über mir der glatte Fels — ich selbst mit Händen und Füßen mich anleimend an die rauhe Oberfläche —, denn nicht etwa Brüche und Sprünge, auf denen der Fuß die Breite findet, die er braucht, hatten mich verlockt, sondern nur der rauhe Grund eines durch Anschwemmung geschaffenen Gesteines. Meine Anhaltspunkte waren also ein paar elende Steinchen, die im natürlichen Mörtel klebten. Jetzt war mir, als brächen diese aus; auch überkam mich die Besorgnis, daß mein einer Fuß nicht halten würde, denn ich war beim Herabsteigen vom Theater gefallen und hatte mich schmerzlich aufgeschlagen; — dabei sah ich kein Fleckchen, wo ich ihn ansetzen konnte; dies alles befiel mich plötzlich so, daß mir Schwindel und das Versagen aller Kräfte nahe stand; ich wäre hinuntergestürzt, wenn ich meiner Lage länger als einen Augenblick nachgedacht und mich nicht mit dem Gedanken emporgerissen hätte, daß der Weg der Rettung nur durch Besinnung und Mut ginge. Ich ließ jetzt Kappe und was mir sonst unbequem war, ins Meer fallen — kletterte an der Wand fort und kam glücklich wieder hinüber und hinab. . . .

Ich sollte billig mein Schreiben mit dem 26. bezeichnen, denn es ist Mitternacht vorüber. Ich hatte mich gegen vier Uhr, da ich wieder an Bord gelangte, aufs Bette geworfen und schlief vier Stunden so fest, als ich seit Jahren nicht geschlafen habe. Dann setzte ich mich zum Schreibtische, um das schon während der Fahrt angefangene Schreiben zu beenden, da wir eben morgen eine Gelegenheit nach Smyrna haben. Tausend Lebewohl! —

Ein Seegefecht vor Kap Maleka auf Kreta zwischen der ägyptischen und der griechischen Flotte.

REEDE VON ST. THEODOR IN KANDIA, am 30. April 1825

. . . Bald darauf begann das Feuer von neuem; es nahm zu, sowie die Nacht über dem wolkendüstern Himmel sich breitete, und wir hatten nun durch mehrere Stunden das Schauspiel eines nächtlichen Seetreffens. Das Zucken der Blitze, der schwere Donner — die leisbewegte unendliche See, das Dunkel der Nacht und der ohnmächtige Schein des Mondes machten zusammen ein schauerliches Ganzes. Aller Augen waren nach der Feuerlinie gerichtet, die sich immer mehr und mehr nach Westen zog. Hieraus ging hervor, daß die ägyptische Flotte ihren Weg nach der Morea fortsetzte. Es war neun und ein halb Uhr vorüber, als plötzlich eine breite Flammenmasse aufschlug und fast in einem und demselben Augenblicke ein Schiff von der Spitze der Masten bis an seinen Körper am Wasserspiegel im hellen Brande sich zeigte. Unsere Überraschung war so völlig — daß alles aufschrie: ein Brander! — Und ein solcher war es; aber er hatte nicht gefaßt und brannte nutzlos, denn es erfolgte kein Schlag. Bei dieser furchtbaren Leuchte gewahrten wir bis zur Linken eine Linie von Schiffen; es mußte die griechische Flotte sein, denn die schweren Schüsse kamen aus der gegenüberstehenden. Die Griechen waren also im Vorteile des Windes und suchten ihre Gegner zwischen Kap Maleka und Kap Spada einzuengen, während diese bestrebt waren, dies Vorgebirge zu übersegeln.

Um 10 Uhr abends waren wir dem Schauplatze ganz nahe. Um 11¹/₄ brannte — jetzt schon in der Richtung des letztgenannten Vorgebirges — der zweite Brander auf — und wahrlich das Malerische und Schauerliche dieses Anblicks übertrifft jede Schilderung. Die Brigg mit vollen Segeln, flammend, wie aus Kunstfeuer gebildet, war an das Hinterdeck einer großen Fregatte geklebt, die gleichfalls alle Segel aufgespannt zu entkommen strebte. Das beteerte Tauwerk des Branders, dessen mit Branntwein und Kampfer (kurz vor der Entzündung) genetzte Segel flogen in sprühenden Stücken auf das Deck der Fregatte, während aus den geöffneten Stückpforten Feuerströme bliesen. Die Helle war so kräftig, daß die Fregatte auf einem Flammengrunde zu schweben schien und aus ihren Segelflächen furchtbarer Glanz widerstrahlte. Wir gaben sie für verloren; sie tat seit dem ersten Augenblicke keinen Schuß mehr, jede Abwehr schien durch Schrecken gelähmt — auf der ganzen Linie wurde es stille, als wäre für aller Augen kein anderes Ziel mehr. Zu unserem Erstaunen sahen wir plötzlich die Fregatte vom Brander sich lösen und durch die glühenden und dunklen Rauchwirbel entweichen. Also auch dieser Brander verloren! — er flammte einsam und hoch auf — die Schiffe zogen wie Geister in Nebel gehüllt daran vorüber — dies alles war das Werk von einigen Minuten — und noch ehe wir unseren Augen trauen wollten, platzte schon eine dritte Feuermasse auf — sie galt derselben Fregatte (wahrscheinlich das Admiralsschiff), die sich kaum einige hundert Faden entfernt hatte. Sie schien, ohne sich dessen zu versehen, auf diesen Brander gestoßen zu sein, denn in den beiden früheren Fällen ging immer ein äußerst heftiges Kanonenfeuer dem Aufblitzen des Branders voraus, offenbar das Bestreben des angegriffenen Schiffes, sich dessen zu erwehren. Diesmal aber war von Seite der Fregatte kein Schuß gefallen; Rauch, Nacht und vielleicht die Erschöpfung des ersten Augenblickes nach vollbrachter Rettung schienen sie gelähmt zu haben — da legte sich der Brander an ihr Vorderteil. Die auflodernden Bramsegel der Brigg warfen Flammen in die Segel des Bugspriets der Fregatte; — diese fingen alsogleich — das frühere Schauspiel wiederholte sich mit veränderter Szene, aber mit demselben Ausgange. Die Fregatte machte sich los — wandte im hellen Glanze der Flamme mit großer Geschicklichkeit um und entzog sich. Wir glaubten ein Wunder zu schauen. . . .

Schwere und viele Schiffe, eng gedrängt, strebten nach dem Kap Spada und der hohen See zu. Dies war die ägyptische Flotte. Die griechische schien bemüht, sich in Linie zu ordnen und ostwärts zu halten. ...

Die Brander rauchten noch während des ganzen Tages, der eine etwa 8 Meilen von Kap Maleka im Nord — die anderen etwa 12 vom Kap Spada im NO. Wir fuhren ganz nahe an dem ersten vorbei — er war bis auf den Wasserspiegel ausgebrannt und glich noch einem dampfenden Kohlenofen. Einige Trümmer von Masten und Segelstangen trieben herum. ...

Kythera und Kap Malea: antike Zeugnisse, Topographisches und Kulturgeschichtliches.

HÖHE VOM KAP ST. ANGELO, am 6. Mai 1825

Ich habe Kythera vor Augen und das Maleische Kap mit seinen wilden steilen Brüchen, mit seinen nackten Wänden — einfach und schmuckverschont, ein Leichenmal Lazedämons. Hier fühl' ich die Seele erleichtert.

Homer und Herodot, die ältesten Stimmen der gebildeten Vorzeit, erwähnen des Maleischen Kaps nur bei Gelegenheit von Sturm und Irrfahrt. Bei den Römern wurde zum Sprichwort: „Wer über Malea segelt, vergesse die Seinen!" — Jason mit seiner Argo ward hier vom Nordwind erfaßt und nach Libyen geschleudert. Äneas, auf seiner Flucht nach Italien, scheiterte hier und baute die Städte Etis und Aphrodisias. Pausanias spricht noch von einer dritten Stadt, Sida, nach einer Tochter des Danaus so benannt, deren Bewohner, mit denen der beiden anderen, einer Weisung Dianens folgend, Böa bevölkerten (3,22,11).

An dem Abhange, den ich zunächst vor mir habe, dem östlichen nämlich, muß Epidelium gestanden haben, denn Pausanias sagt ausdrücklich: „Nachdem man das Maleische Kap umsegelt hat, auf hundert Stadien Entfernung etwa (von Nymphäum, das noch auf der Südseite lag) ist ein Ort am Böatischen Gestade und in demselben ein Tempel Apollos, den sie Epidelium nennen" (3,23,2). Die Statue Apollos, die dort aufgestellt war, wurde der Sage nach dahin durch die Wellen getragen, nachdem Menophanes, des Mithridates Feldherr, Delos zerstört hatte. Weiterhin ist das Gestade so wüste, so steil und abstoßend, daß es wahrlich zur Anlage einer Stadt nicht einlud, bis endlich im Innern von der epidaurischen Bucht an eine Flachhöhe sich vorstreckt, welche einst diese Tochterstadt der argolischen Namensgefährtin trug. An diese Stelle wies ein Traum die Männer, die als Gesandte von Epidaurus nach Kos zu Äskulap zogen: Hier entfloh die Schlange aus den Schiffen und barg sich in eine Grotte nahe an der See; Altäre wurden auf dem Wege, den das Tier genommen hatte, errichtet, und wilde Oliven umwuchsen dieselben: So entstand Epidaurus Limera. — Bevor man zur Stadt kam, am Wege von Böa, stand ein Tempel der Diana Limnatis. In der Stadt aber hatten Venus und Äskulap, im Schlosse Minerva, am Hafen Jupiter, der Retter in der Not, ihren Tempel. Das weissagende Wasser der Ino floß in der Nähe.

Abends

Die Sonne sinkt über Sparta hinab. Gleich schwarzen Inseln schauen aus glühenden Wogen die Berge von Zarax und Prasiä, und Flammen stürmen über sie weg. Noch stehen wir an der Einfahrt des Argolischen Golfes; Spezzia und Hydra zeigen sich flach, und hinter dem trözenischen Gebiete ragt zwischen beiden hoch der Arachnä empor. ...

Landung am Argolischen Golf gegenüber von Nauplia, dem damaligen Sitz der griechischen Regierung, und Ankunft dort. (Die Regierung und die allgemeine Lage.) Entschluß zum Aufbruch nach Athen.

GOLF VON ARGOS, am 8. Mai 1825

... Schroff und trotzig steigt ... der Felsen empor, der Nauplia trägt, der dermaligen griechischen Regierung Sitz. An seinen Stufen hinauf baut sich die Stadt und über dieselbe das feste Schloß, Palamidi. Die Werke scheinen stark und genügend, Bollwerke und Türme schützen die Mauern, die von Efeu und indischen Feigen, so wie die Felswand selbst, dicht überkleidet sind. Die Berge von Mykenä steigen hinter denselben auf — das Gestade scheint verlassen; einige Inseln, die demselben vorliegen, scheidet das Auge kaum von demselben.

Nachmittag warfen wir Anker, und zwar am Gestade von Argos, Nauplia gegenüber, an der Lende, die man heutzutage ‚die Mühlen' nennt. ... Hoch ragt die Burg auf dem einsamen Spitzberge, die Stadt ruht, ein armes Hüttengedränge, an dessen Fuße, viele Dörfer stehen in der baumlosen Ebene — hoch aufsteigen die Gebirge im weiten, mächtigen Halbkreise, stumme Zeugen, stumme Dulder.

Eine Menge Schiffe lagen auf der Reede. Ein Abgesandter der Regierung kam uns zu begrüßen — war in Konstantinopel geboren — trug albanesische Kleidung — sah durch Brillen und sprach französisch.

REEDE VON ARGOS, am 9. Mai 1825

Ich habe den Sitz der Regierung des neuen Griechenland betreten. Von Menschen wimmelnd, gleicht es einer Zufluchtsstätte kaum Angekommener; mit Waren, auf allen Straßen wie verzettelt ausgelegt, überladen, hat es den Anschein eines großen Raubnestes; halb in Trümmern und halb im Entstehen, mit Bewaffneten erfüllt, die auf ihren Posten noch nicht einheimisch zu sein scheinen, die Wälle und Bollwerke da in Trümmern, von Waffen entblößt und dort damit überhäuft, gleicht es einer gestern eroberten Stadt.

Man führte uns nach dem Regierungshause. Es ist nicht besser denn das in Missolungi. Am Tor und im Erdgeschoß standen die Wachen — aus diesem führte eine Holzstiege nach ein paar Zimmern ohne weitere Einrichtung als ein paar Bänke und einen Tisch. In dem einen dieser Zimmer fanden wir die Regierung versammelt. Botassi, aus Spezzia, ein Greis, der seine Jahre mit Anstand trug und dessen Züge sein Herz, aber nicht den Kopf verrieten, saß als Vizepräsident vor. Ihm zur Seite waren Konstantin Mauromichali, Koletti und Spiliotaki, als Glieder der provisorischen Regierung. Diese zusammen mit Kondurioti, der sich dermalen bei dem Heere befindet, bilden die höchste Behörde, durch die eigentlich die souveräne Gewalt vertreten und vorgestellt wird. Außerdem waren die Minister des Innern, der Polizei, des Kriegswesens und der Justiz zugegen.

Alle diese Leute schienen, wenn ich Koletti ausnehme, wenig

oder gar nicht für die Geschäfte geeignet, an deren Spitze sie gestellt waren. Sie unterschieden sich in nichts von dem Haufen der Griechen. Am meisten gefiel mir noch Mauromichali, der Bruder Pietro Beys, des Fürsten von der Maina; seine Züge sprechen Mut — in seinem Auge glänzte Zuversicht —, seine Gestalt war edel, leicht und gewandt.

Koletti sprach mit Verstand und Haltung. Er übersieht die übrigen Glieder der Regierung weit, so daß dieselben auch diesmal neben ihm kein eigenes Urteil hatten, obwohl er klug genug war, seine Meinung ihnen als die ihrige aufzureden. Wenn Koletti aus der Morea wäre und da Anhang hätte, so wäre er vielleicht der Mann, um sich auf die eine oder die andere Weise an die Spitze von Griechenland zu stellen.

Die Nachrichten vom Kriegsschauplatze sind betrübend. Navarin ist in diesem Augenblicke schon gefallen oder wird ehestens fallen. Das Treffen bei Forgi ist der erste und einzige ernste Versuch der Griechen auf die Ägypter gewesen — und seit diesem Tage gibt es keine gesammelte Kraft mehr. Der Haß der Parteien, die Armut an Mitteln, der Mangel an Leitung und Ordnung und das englische Anleihen verhindern den Widerstand. Aber es gibt eine Kraft in Griechenland, welche allein hinreicht, den Aufstand aufrechtzuhalten, die Überzeugung der Unmöglichkeit jedes Verträgnisses mit den Türken. Die Regierung und die Philhellenen fürchten nichts so sehr, als daß die Griechen Ägypter und Türken zu unterscheiden begännen in dieser Beziehung. ...

Ich gehe nach Athen. — Zu Lande gehe ich dahin — über Argos — Mykenä — Korinth — Megara. — Ich fühle diese Namen — wie einen Kranz um meine Stirne. — Der Augenblick, wo Morea im Innern kocht — wo der Isthmus bedroht ist, wo alle Leidenschaften losgelassen sind und Not mit jedem Tage neue Gewalttaten erzeugt — wo Haß gegen die Regierung, unter der ich stehe, auf jedem Gesichte in Griechenland geschrieben steht: Der Augenblick ist vielleicht nicht günstig, dies Land zu durchreisen. Aber kann ich anders? Verdient Athen nicht, daß man für dasselbe etwas wage? Und endlich — wenn mir etwas Menschliches begegnete — sprich, auf welchem Boden würdest Du lieber dies arme Leben beschließen?

Sage den Meinigen nichts von diesem Unternehmen, bis Du mein erstes Schreiben aus Athen erhältst.

Von der Reede von Argos aus erneuter Besuch in Nauplia und Vorbereitungen zum Aufbruch. (Besichtigung eines Teils der Festungswerke mit dem Kriegsminister.) Von der Regierung gegebene Begleitung und Aufbruch.

KORINTH, am 12. Mai 1825

Ich habe den Boden der Atriden mit derselben Ehrfurcht betreten, mit der ich als Kind in den Dom meiner Vaterstadt trat. Schwänge die Gegenwart nicht unablässig ihre Geißel hinter mir, welche Dichtung hätte je erhebender auf meine Seele gewirkt als die kurze Wanderung über Tiryns und Argos, über Mykenä und Akrokorinth?

Ich will die Krücke der Zeitfolge ergreifen, da ich mich ohne diese nicht zu halten vermag. Am 10. mit dem Frühesten war ich in Nauplia und suchte Koletti auf, der sich mit Güte mir angetragen hatte, die Voranstalten für meine kleine Reise zu treffen. Er versah mich mit Briefen an die Eparchen zu Korinth und Athen und wies mich um des Übrigen wegen an den Kriegsminister, der im zweiten Stockwerke eines ganz verfallenen Gebäudes seinen Sitz aufgeschlagen hatte. Schon war ein offener Befehl an die Befehlshaber der Truppen zurechtgemacht. Man wollte durchaus, daß ich auf Kosten der Regierung überall mit Pferden und Sicherheitswache versehen würde, was ich nicht ohne Mühe dahin zu regeln vermochte, daß ich das Recht der Bezahlung dafür mir ausbedang. Ich besuchte mit dem Kriegsminister, Adam Dukas, einen Teil der Festungswerke, die, obwohl an sich von hinreichender Stärke, meist verfallen oder doch vernachlässigt und schlecht besetzt sind. Nicht sowohl der Mangel, als vielmehr die unzweckmäßige Verwendung der Mittel hat die Regierung des im Aufstande begriffenen Griechenland noch nicht in den Stand gesetzt, irgend etwas für die Zukunft zu tun; man lebt von jedem Tage zum nächsten.

Man muß sich unter den Benennungen Minister, Generale usw. keineswegs Verhältnisse vorstellen, denen ähnlich, in welchen sich so betitelte Männer in unseren Staaten befinden. Diese Namen wurden von den Griechen erborgt, wie Kleider, um sich bei uns mittels dieser Masken den Eintritt zu verschaffen. Sie urteilten richtig, daß wir bald den Rock für den Mann nehmen und so uns für eine Menge Eigenschaften entschädigen lassen würden, die ihnen mangeln.

Ich fand auf dem Tische des Kriegsministers mehrere Broschüren, neugriechisch und französisch — Geschenke der französischen Griechenfreunde. Sie betreffen meist Gegenstände, welche durch ihre Wahl und Behandlung auf grelle Weise die völlige Unkenntnis der Verfasser mit den hiesigen Kriegs- und Landesverhältnissen belegen. Der Minister, der sich mit einer solchen abmühte, gestand mir, aus dem Geschwätze nicht klug werden zu können. Und er hatte recht. Die Broschüre gab den Griechen Ratschläge, wie sie eine gute Reiterei entbehren und mit einer mittelmäßigen ausreichen können; wie sie es also anzufangen haben, um eine solche in Eile zu schaffen. Es wurde dabei vorausgesetzt, daß es nicht an Pferden mangle, und daß der Mann geübt sei, im Sattel zu fechten. Viele Beispiele aus den französischen Kriegen wurden angeführt, und der vielen Worte kurzer Sinn war eigentlich, daß im Notfalle ein Strick die Dienste des Steigbügels und des Gebisses und Zügels tun könne. Den Griechen, die weder Pferde haben noch reiten können, noch sich eines anderen Zügels bedienen, wenn sie je manchmal auf einen Gaul oder auf ein Maultier sich setzen, als eines Strickchens, klingen derlei Ratschläge wie Spott. ...

Die heutige Nauplia ist das Bild des ungeregelten Kampfes, den Griechenland besteht. Ein wüstes Gedränge von bewaffneten Männern, fremd auf diesem Boden, treibt sich durch die Straßen. Flüchtige Bettler, aus dem Kampfe zurückkehrende Reiche stellen ihre Not und ihren Schmuck aus — niemand wagt mit seinem Weibe, seinen Kindern sich da festzusetzen. ... Alles trägt den Charakter einer Geburt des Augenblicks, die nur für einen Augenblick geschehen ist.

Der Felsen, welcher Nauplia die Stärke gibt, wodurch es als der festeste Ort des heutigen Griechenland angesehen werden kann, trägt den Namen Palamidi, vielleicht von Nauplios' Sohn Palamedes. Strabo und Pausanias erwähnen hierüber nichts und führen nicht einmal diesen Namen an, der doch gewiß aus den ältesten Zeiten sich herschreibt. Die Festung ist von den Venezianern erbaut — wenigstens deutet hierauf der Markuslöwe, der sich noch über dem Eingange befindet. Die Griechen betrachten dieses Schloß wie ihr Palladium. Es ist schon durch seine Lage fest, und die Werke sind von großer Stärke.

Die Stadt ist von der Festung in ihrer ganzen Ausdehnung beherrscht; der Hafen gut, geräumig — durch die Werke der Festung und Stadt und insbesondere durch ein kleines Schloß gedeckt, das auf einer Klippe im Hafen liegt. Dermalen ist es verfallen. Neben dem Vorteil der Lage und Befestigung hat Nauplia den Nachteil einer ungesunden Luft, daß die Fieber nie aufhören. Im dermaligen Augenblicke war wirklich wieder die Rede davon, daß die Regierung sich nach Argos ziehen würde, ein Entschluß, den wichtigere Rücksichten hindern dürften.

Die Regierung wies mir einen Offizier aus ihren geregelten Truppen zur Begleitung zu, einen der wenigen Deutschen, welchen Scham und Mangel an Mitteln nicht in das Vaterland zurückkehren ließen. Aus einem adeligen Hause entsprossen, hatte er die Hoffnung seines Standes aufgegeben, die Lockungen glücklicher Verhältnisse überwunden und den Unannehmlichkeiten, denen sein Entschluß begegnen mußte, gerne sich bloßgestellt; so wirkte das Zauberwort: Griechenland! Er zeigte sich, kaum 18 Jahre alt, Lord Byron, der ihm eine Stelle in seinem Korps gab. Dieser Jüngling und drei Palikari (so nennen sich die Griechen selbst) machten meinen Schutz und meine Wache aus.

So zog ich aus Nauplia, durch eine Schar neugieriger Griechen noch bis zu einem großen Baume begleitet, der vor dem Landtore steht. — — —

Mykenä: seine Umgebung, das Grab Agamemnons (‚Schatzhaus des Atreus' — Grab, Kultort und Schatzhaus), die Akropolis; erquickendes Mahl im Kreise einer Hirtenfamilie nahe der Quelle Persea — „bis in die Seele ruhig".

MYKENÄ

Noch da ich zu Argos lag — ringsum Nacht war und Stille —, schwebten Atreus und Thyest, Agamemnon und Klytämnestra, Orestes und Elektra vor meiner Seele. Ich verlor mich darin, ihre Gestalt mir vorzubilden — sie auszuschmücken mit allem, was ich mir ihrer Geschichte und ihrem Verhängnisse entsprechend dachte —, und selbst der Traum spann das Gewebe der Einbildung fort. So besuchte ich schon mehrere Stunden früher, als der Tat nach, Perseus' hochummauerte Stadt. . . .

Trefflich bebautes Feld ist ringsum und mit Dörfern besät die Ebene, durch der Gebirge weit ausgedehnte Umarmung beschirmt. Es mag Wahn sein, aber mir schienen diese Gebirge in ihren Umrissen ausgezeichneter denn andere — ich möchte sagen klassisch. Bald reißen sich Felsentore auf und lassen in schroffe Täler schauen — bald schwellen die Hügel, zur Ruhe ladend, empor und übertürmen sich bis zu Gebirgen, die nach dem Himmel greifen. — Bald treten sie vor, als forderten sie zu irgendeinem Denkmale — bald ziehen sie sich zurück, als versagten sie die geforderte Ansiedlung. So ist Mannigfaltigkeit, wohin das Auge blickt, und gedankennährender Reichtum.

Drei Berghäupter in stolzer Regelmäßigkeit auf ein paar Stunden Entfernung nach vorne und zur Rechten ziehen vor allem deine Blicke auf sich. Dort liegt Mykenä; du suchst und findest sie nicht. Ihre Mauern, den Felsen ähnlich, die sie umgeben, täuschen dein Auge. Das Tal verengt sich — du wendest dich nach jenen drei Bergen, kommst an deren Vorhügeln durch ein zerfallenes Dorf, Karbate genannt — und steigst nun den Abfall hinauf und über ein paar Hügel weg. Jetzt hast du plötzlich ein schroffes Tal unter dir — Felsgebirge vor Augen, Felsenwälle zur Seite. Du stehst auf der alten Mykenä. Da ist die Burg des Perseus; dort der Berg Euböa. Du hast nur wenige Schritte zu dem Grabe Agamemnons.

Diese Ruine, welche man auch das Schatzgewölbe des Atreus und das Heroon des Perseus zu nennen pflegt, ist unter allen Resten der vergangenen Jahrtausende diejenige, welche mir am meisten den Charakter, das Wesen, die Farbe, möcht' ich sagen, der Vorzeit, aus der es stammt, zu tragen schien. Es ist unmöglich, daß sie den Reisenden nicht auf unwiderstehliche Weise überrascht und mit Staunen und Ehrfurcht erfüllt. Ein Gang tut sich auf, der in das Innere des Hügels führt, und ein riesiges Tor steht am Ende des Ganges dir entgegen; es verengt sich nach oben zu, und über ihm zeigt sich ein Dreieck — wohlgefügt sind die mächtigen Steine in der Wand zu beiden Seiten, sie verraten neben der Kraft die Weisheit des Meisters. Tief eingeht das Tor und senkt sich etwas — so kommst du in eine runde Halle, in herrlicher Ordnung mit rechtwinklig behauenen Werkstücken in immer sich verengenden Kreisen aufgeführt, bis zuoberst ein einziger Block sie deckt. Von dieser Halle führt ein kleines Tor zur Rechten in eine andere aus dem Felsen gehauene Halle, wie ein Königsgrab an diesen unterirdischen Tempel gefügt. Durch das Tor, durch einige gelöste Steine über demselben und durch den Einsturz zuoberst an der Spitze der Halle fällt der Strahl des Tages, den wundervollen Bau mit zweifelhaftem Lichte erfüllend. . . .

Was aber war dies seltsame, Ehrfurcht gebietende Gebäude? Richtig bemerkt Dodwell, daß es das Äußere und den Anschein ägyptischen Ursprungs trage; — er schließt hieraus, es sei von der Kolonie der Beliden, nach Vertreibung der Inachiden aus dem argolischen Gebiete, erbaut worden. Diejenigen, welche es das Heroon des Perseus nennen, irren, da Pausanias dasselbe offenbar außerhalb der Stadt setzt — der Hügel aber, worauf dieses Gebäude sich findet, in den Umfang der Stadt fällt, wie ich später darzutun Gelegenheit haben werde. — Die anderen, welche die Bezeichnung des Schatzgewölbes des Atreus vorziehen, stützen sich auf Pausanias, der mit ein paar Worten sagt: „Unter den Ruinen von Mykenä finden sich die unterirdischen Behausungen des Atreus und seiner Söhne, worin sie ihre Schätze niederlegten." — Diejenigen endlich, welche es das Grab Agamemnons nennen, haben eben dieses Schriftstellers allgemeinhin gemachte Erwähnung, daß sich dieses Königs Grab in Mykenä finde, für sich und beide letztere Meinungen werden durch die Art des Baues unterstützt, so daß sich ebensogut im ganzen schließen läßt, daß Schatzgewölbe, Grab und Weihorte oder Tempel in demselben Gebäude vereinigt waren. Mir schien, als müßte das zweite oder innere Gemach die Grabstätte irgendeines Heroen einer Herrscherfamilie von Mykenä gewesen — das äußere runde Gemach aber als die Stelle verwendet worden sein, wo man deren Manen opferte oder überhaupt ihre Erinnerung feierte. . . .

Ich stieg hinunter in das schroffe Tal, das aus Felsenabstürzen im Osten der Burg von Mykenä kommt und nach der Burg von Argos sieht. Ein Hügel liegt ihm da vor und zwingt es, sich westlich zu öffnen. Ein Bächlein rauscht darin voll lebendigen, trefflichen Wassers. — Jetzt bemerkte ich am Abhang des Hügels mehrere Mauerreste zyklopischen Baues und konnte nimmer zweifeln, daß eine doppelte Ummauerung der Stadt hier nach der Burg aufstieg, der Hügel also, worauf das Schatzgewölbe liegt, von derselben Ummauerung eingeschlossen war.

Die Akropolis hat gegen Ost bis Süd Felsenabsturz, mehr als hinlänglich zur Verteidigung, weshalb auch an dieser Strecke keine

Ummauerung Platz fand und diese erst im Nordost wieder beginnt. Diesem Felsensturz gegenüber steigt die Wand des mittleren der drei euböischen Häupter senkrecht auf und hat auf ihrer halben Höhe eine viereckige Einkammerung, die man für Werk von Menschenhand halten müßte, wenn sich begreifen ließe, wie Menschen dahin gekommen wären und wozu ihnen eine solche Arbeit getaugt haben könnte. Efeu, Waldgebüsch und Nadelbäume schmücken die wilde Schlucht, in deren Tiefe selbst ein gewohntes Auge nur mit Zagen hinabblicken kann. ...

Der Boden der Akropolis oder Doma, wie sie Sophokles nennt, ist mit Backsteinen und mit Vasentrümmern übersät, wovon ich Dir einige sende, die zu den urältesten gehören. Waldgebüsch bewächst ihn. Ich stieg die höchste Spitze hinauf. Von ihr aus blieb mir Argos Südwest, das Schatzgewölbe West ¹/₄ Südwest — das dritte Berghaupt des Euböa aber Nordost. Ich wußte, daß mich an der Nordwestseite das Löwentor der Atriden erwartete, aber ich wandte mich nach der Ostseite, fand die Reste einer Mauer, welche den Hügel seiner Breite nach quer durchschnitt — eine Breite, die zwischen 25 und 40 Schritte wechselt, während die Länge desselben von Ost nach West auf 1000 Fuß beträgt, von der Innenseite der Ummauerung bis zur entgegengesetzten Innenseite gemessen, und machte 188 Schritte, bis ich an den östlichen Felsabsturz kam und zur Rechten unter mir, da wo ein abgesondertes Stück der Ummauerung den Felsbruch sperrt, einen Vorsprung fand, aus mächtigen Blöcken gebildet, wahrscheinlich um die Verbindung an der Felswand zu durchschneiden.

Da ich noch auf diesen Trümmern herumstieg, von Felsblock zu Felsblock springend, fielen mich Hunde an, und ich entdeckte in der hohen Einbucht zwischen dem zweiten und dritten Haupte des euböischen Gebirges, derselben, wo die Quelle herabbraust, einen einsamen Olivenbaum, unter dessen Schatten eine Hirtenfamilie ihre Wirtschaft aufgeschlagen hatte. Ich sah sie Butter in länglichen Gefäßen stoßen, Käse bereiten — Milch überschöpfen. Ein Greis war mit dem ersteren beschäftigt — einige Weiber mit den anderen; ein paar Kinder lagen im Grase; ein Jüngling aber stand trotzig an ihrer Seite und rief den Hunden, erstaunt über das Erscheinen des Franken und seines blondköpfigen Begleiters in weißer griechischer Kleidung mit der hellblauen hellenischen Binde. Die Sonne brannte heiß. Wir riefen ihnen zu, ob sie uns gegorne Milch geben könnten,

1 Pfligersdorffer

was sie bejahten, und alsogleich sprang ein Mädchen herbei, das uns den Felssteig von der Burg hinabführte, den wir nicht gleich zu finden wußten. Unter dem Schatten jener Olive breiteten sie einen verbleichten Teppich, legten ihre Schätze vor uns aus, ich sandte nach meinen übrigen Begleitern, die mit den Maultieren am Schatzgewölbe harrten, und so hielten wir dann an dieser einsamen Stelle, zwischen Felsen eingeklemmt, nur die hohe Mykenä vor Augen und die Quelle Persea zur Seite, ein erquickendes Mahl, bis in die Seele ruhig, allen Stürmen und Leiden des Jahrhunderts entwandt und einer lange, lange entschwundenen Vergangenheit anheimgegeben. Ich werde mich mit Dankbarkeit derselben erinnern, denn der stillen Stunden im Leben sind wenige. . . .

Auf Akrokorinth. Stärke und Ausdehnung der Festung, überwältigende Aussicht, die berühmte Burgquelle, historische und strategische Bedeutung dieses Bollwerks.

KORINTH

. . . Sobald das erste Grau des Tages kam, sprang ich auf — zahlte der Sicherheitswache, was sie verlangte, . . . erhielt mit vieler Mühe die paar Zeilen, welche notwendig waren, um in die Festung gelassen zu werden, und bestieg endlich die erhabene Akrokorinth.

Der Weg hinauf ist nicht über eine Stunde und weniger beschwerlich als der auf die Feste von Argos. Auf kahlem, aber mit Wieskräutern bedecktem Berge erhebt sich eine große Felsenmasse, steil und hoch; darauf sitzt die Burg. Ich kam an das äußerste Tor; es war verschlossen, und die Wache erschien erst nach langem Rufen. Ich schob ihr den Zettel durch die spaltige Türe hinein, worauf mir erwidert ward, zu warten, bis der Kommandant die Erlaubnis anerkenne. Der Wind wehte kühl — ich hatte mich erhitzt im Hinaufsteigen: Da saß ich jetzt gedrängt in die Ecke des Tores und sah hinunter auf die Ebene von Sikyon und Korinth — auf die Dörfer, welche sich an den Stellen dieser berühmten Städte annisteten — auf den dunklen, bewegten Golf, einst des Lebens, jetzt des Todes Bild — und hinüber auf die glänzenden Häupter des Parnassos! —

Auch ein paar Hirten kamen — die Milch nach der Feste trugen. Dieser einfachen Leute Gesellschaft störte mich nicht, während die eines vielwissenden Schönen der Hauptstadt es sicherlich getan haben würde. Endlich sprang der Riegel. Durch drei Tore ward ich geführt, ebenso viele Ummauerungen nach dieser Seite (Nordwest) durchschneidend — dann kam ich vor das Haus des Befehlshabers, der mich auf dem Teppich mit verschränkten Beinen wie ein türkischer Bey, doch freundlich empfing — auf türkische Weise bewirtete — und dann mir einen seiner Offiziere zum Begleiter gab. Weder Chandler noch Dodwell noch Fauvel konnten in das Innere der Akrokorinth dringen, denn die Türken bewachten diese wichtige Burg mit größter Eifersucht. Strabo setzt die senkrechte Höhe des Berges auf $3^1/_2$ Stadien (fast $^1/_2$ Meile) und gibt dem Aufgange 30 Stadien ($3^3/_4$ Meilen) Länge. Wheler schätzt den Umfang der Mauern von Akrokorinth auf 3 Meilen und dürfte hierin nicht irren. Die Werke, gewiß auf alten Unterlagen ruhend, obwohl ich außer ein paar Stücken Mauern aus rautenförmig behauenen Rechtecken nur wenige Spuren derselben sah, ein Bau des Mittelalters mit Bollwerken und Türmen, steigen von Westen nach Osten zu dem Gipfel des Berges auf. Alle Werkstätten, Moscheen, Gebäude, die zu Zeiten der Türken in dem unteren Raume standen, wurden von denselben vor ihrem Abzuge in Trümmer geschlagen, und die Griechen haben den Schutt nur da, wo er ihnen unbequem war, aus dem Wege geräumt. Außer diesen abgesonderten Werken der oberen Burg, die über der hohen unteren steht, hat man zur Rechten und im Süden auf freier Felsspitze ein drittes abgesondertes Werk, fast von gleicher Höhe mit der oberen Burg. Die Werke sind durchaus im schlechtesten Zustande. Kaum 24 Kanonen sah ich in die Batterien eingeführt — mehrere andere lagen ohne Lafetten und verrosteten im Grase.

Akrokorinth ist von großer natürlicher Stärke, da es an Wasser nicht mangelt und der Zugang wirklich auf allen Seiten fast unmöglich wird. Um es gut zu besetzen, würde es nach unseren militärischen Ansichten 4000 Mann bedürfen, aber es kann sich im Notfalle mit weit wenigeren halten, so wie es auch weit mehr in sich aufnehmen kann. Es kann Herden im Innern halten, denn die obere Burg hat Weide genug für einige hundert Schafe.

Das Merkwürdigste und Herrlichste, was den Reisenden in Akrokorinthos erwartet und was allein schon eine Reise nach dieser mächtigen Burg aus dem Herzen unserer Länder verdient, ist der erhebende Ausblick über den Isthmus, über beide Meere, über alle Hauptteile des gebildeten Griechenland. Dies ist die Stelle, wo man Griechenlands Geschichte lesen und schreiben sollte. — Strabo und in neuerer Zeit Wheler haben diese in jeder Rücksicht so herrliche Aussicht gepriesen. Livius, da er von Akrokorinth spricht, kann seiner Bewunderung nur durch eine Redefigur Luft geben, indem er spricht: „Diese Burg erhebt sich zu einer unermeßlichen Höhe" (45,28,2) — und Statius sagt, daß sie ihren Schatten wechselweise über beide Meere werfe (Theb. 7,106f). Willst du der Aussicht völlig und auf einmal genießen, so mußt du nach der oberen Burg über Schutt und Fels bis zu der Stelle steigen, wo eine kleine Moschee über den Trümmern einer griechischen Kirche in Trümmer fiel, die ihrerseits über den Resten eines Tempels erbaut sein dürfte, da keine Stelle mehr als diese die Alten zu einem solchen Denkmale einladen konnte.

Tief und nahe unter dir erblickst du zur Linken die Stadt, die sanft hingestreckte Ebene und den Hafen Lechaion — zur Rechten die tiefeingreifende Felsbucht des Hafens Kenchreä; hier legte das Morgenland, dort das Abendland seine Schätze aus. ... Denke, daß du deine Blicke in sechs der berühmtesten Staaten Griechenlands sendest: Achäa, Lokris, Phokis, Böotien, Attika und Argolis, und daß du Sikyon und Korinth zu deinen Füßen hast.

Aus den Schilderungen des Strabo und Pausanias geht hervor, daß nur der oberste Teil des Berges die mächtige Akrokorinthos trug. ...

Darunter befindet sich die berühmte Quelle Pirene, wo die Mythe den Bellerophon den Pegasus ergreifen läßt, der da eben trank. Das Wasser dieser Quelle war so berühmt ob seiner Güte, daß die Sage ging, Sisyphus habe, um es zu erhalten, dem Asopus den Raub verraten, den Jupiter an der Tochter des letztern, Ägina, verübt, und um dieses Verrats willen wälzt Sisyphus im Hades den niederrollenden Stein (Paus. 2,5,1). — Athenäus nennt das Wasser aus dem Quell Pirene das gesündeste in ganz Griechenland und vergleicht es in Hinsicht auf seine Trefflichkeit mit dem von Lerna (Deipnos. 4,45 p. 156e). — Und noch heutzutage hörst du weit und breit diesen Brunnen preisen — der Grieche bereitet dich mit einer Art von Weihe zum Genusse desselben vor und spricht dir schon lange davon, bevor du hinkommst. Meine Palikaris, unwissend über die Geschichte ihres Landes, als hätte man sie aus dem Kaffernlande plötzlich hieher versetzt, sprachen mir schon während des Weges von Argos von dieser Quelle.... Die Quelle Pirene ist dermalen ganz einfach ummauert. Auf viereckigem Fußgestelle steht, einem Altar ähnlich, aus weißem Stein der Schöpfkranz. Da wird mit Gefäßen, die man mittels eines Strickes hinabläßt, das Wasser heraufgezogen. Ein Mann der Wache tat uns diesen Dienst und reichte uns in irdenem Geschirre den Trunk. Das Wasser war klar, leicht und frisch.

Akrokorinth ist wahrlich die Marke zwischen dem Peloponnes und dem jenseitigen Griechenland. Man kann diesen Gedanken nicht versäumen, wenn man herunterschaut von seiner Spitze. Wie ein Pfahl aufgerichtet, steht es mitten zwischen beiden Meeren, und wer ein- oder ausgeht, muß dessen Herrschaft anerkennen. Darum nahmen es die Alten auch für einen der Riegel Griechenlands, und als Philipp, der Nachfolger Antigonus' II., sich des Peloponnes bemeistern wollte, so riet man ihm, den Stier an den beiden Hörnern zu fassen, und verstand darunter Akrokorinth und den Ithome. Der ältere Philipp schon nannte Korinth die Fessel Griechenlands (Plut. Arat. 16,5). Antigonus I. hatte sich ihrer durch Trug und List, Aratus zum Teile durch Verrat bemächtigt. Die Tat des letzteren gehört durch das Zusammentreffen unvorhergesehener, hindernder Umstände und durch die reißende und kühne Überwindung derselben, durch den vollendeten Erfolg und die Benützung des Sieges zu den schönsten Taten Griechenlands. Lies sie im Plutarch nach; dieser nennt sie die letzte griechische Tat (Arat. 24,2). — Aratus hatte 400 Mann und 50 Hunde als Besatzung auf Akrokorinth gelegt; und diese verteidigten es gegen den Spartaner Kleomenes, der den Achäischen Bund auf das äußerste gebracht und Aratus genötigt hatte, zuletzt Akrokorinth an Antigonus II., als Preis für die Hilfe, zu übergeben (Plut. Arat. 41,4).

Durch die Einführung des Geschützes verlor Akrokorinth etwas von seiner natürlichen Stärke, weil ihm gegen Südwest ein Spitzfelsen steht, der Teil seines Berges aber unbefestigt ist, und einen Teil der Werke bestreicht. Von diesem Spitzfelsen aus beschoß Mohamed II. die Festung und nahm sie. Von demselben Punkte erneuerten in unseren Tagen die Griechen den Versuch; ihnen ergab sich Akrokorinth erst, nachdem es ausgehungert war. Ein Kirchlein steht auf diesem Spitzfelsen, und es würde sehr wenige Mühe kosten, um den schon an sich höchst schwierigen

Aufgang für die paar Geschütze, die darauf Platz finden, unzugänglich zu machen.

In Athen. Ausblick vom Musenhügel. Auf der Stätte der Volksversammlungen des alten Athen, der Pnyx. Über die Umgebung Athens. Ein Nachmittagsausflug nach der Heimat des Sophokles und zur Akademie Platons. Weihestimmung dieses Abends.

ATHEN

... Ich folgte dem Gestade des Ilissus und bestieg dann den Museischen Hügel. Dort besuchte ich zuerst die Höhlenwohnung, die man das Gefängnis des Sokrates zu nennen pflegt; eine Grotte, außen geglättet, innen in mehrere kleine Gemächer zerfallend, mit drei Eingängen und einer Menge Löcher in der Wand, welche teils Opferstellen gewesen, teils Verkleidung und angefügtes Bauwerk getragen haben mögen.

Das Denkmal auf der Spitze des Museischen Hügels prangt auf höchst glücklich gewählter Stelle. — Wer ist der Mann, der sich so stolz dahin stellen darf — der auf einem Boden die herrschende Stelle anspricht, wo jedem die demütigste schon ein Ehrenmal ist? — Ist es Miltiades, der eine Mann, der eine Million Perser aufwog? — ist es Themistokles, der Athen noch rettete, da es nur noch auf den Brettern schwamm? — ist es Aristides, unter allen der Gerechte genannt? — ist es das verwöhnte Schoßkind des Glücks und des Genies, der Typus seines Volkes, Alkibiades? — Es ist Philopappus von Bisa, einem Dorfe in Attika, den niemand kennt.

Dieses Mal ist weder in der Nähe noch in der Ferne von großem Eindrucke. Es ist zu schmal, um mit seiner Stelle in würdiger Zusammenstimmung zu stehen — aber es ist auch zum großen Teile zertrümmert. Es ist nicht edel genug, und dennoch hat es edle Teile. Als es noch ganz war, soll es 80′ Höhe gehabt haben, so hoch wenigstens gibt es eine alte Handschrift an, die in der Barberinischen Bibliothek zu Rom sich befindet. — Die Bildhauerarbeit wird für geringer als jene am Bogen des Titus angesehen, und dennoch, wie lebendig, wie ausdrucksvoll ist sie! Wie die Rosse sich bäumen! Wie der Knecht sie bändigt — wie der Sieger in Würde und Ruhe vor sich schaut — wie das Gefolge prunkt! — — Vandalenhände haben den meisten Figuren die Köpfe — und den Rossen überdies die Füße abgeschlagen.

Aber laß dies Marmormal und genieße des Ausblicks, den die Stelle gewährt, die erste, die der Reisende besuchen soll. Die Krone Attikas, die hohe Akropolis nahe gegenüber — den Theseustempel mit seinen Säulengängen in der Tiefe unter sich — die von abgerissenen Felshügeln umschirmte Stadt — die Olivenwälder — die bebaute Ebene, welche die Wälder umkreist — die mächtigen Massen des Hymettus, des Parnes und Pentelikon, als die großen Dämme, welche die Natur der ruhmvollen kephissischen Ebene gesetzt — peloponnesische Berge endlich — Inseln und hohe See!

Von dem Museischen Hügel, den Demetrius zu einer Festung verwendet hatte, steigt man zu einem der großartigsten Reste, dem Pnyx, nieder, dessen Hügel von dem vorgenannten nur durch die Theseische Straße geschieden ist. Dieses kolossale Bauwerk, das Wheler für ein Theater und Spon für den Areopagus gehalten (und das eigentlich die für Volksversammlungen eingerichtete Stelle war), ist der Erbauer von Tiryns und Mykenä würdig und besteht aus großen viereckigen, gut verbundenen Felsenblöcken. Der vollkommenste Teil der großen kreisförmigen Mauer enthält drei Blocklagen oder Schichten; von diesen Blöcken mißt der größte 12′ Länge 7′ 4″ Breite. . . .

Welch eine Stelle! Ich habe sie mehrmals besucht — ich saß auf ihr, da die Sonne hinter dem Gebirge des Peloponnes versank, so wie ich auf den Fliesen des Parthenon saß, da sie heraufstieg über den herdenreichen Hymettus. Die kolossale Einfachheit dieser Stätte ist mächtiger denn jede Zierde. Plutarch im Themistokles sagt, daß dieser Feldherr befohlen habe, daß die Rednerbühne nach der See hin gerichtet sei; die dreißig Tyrannen aber versetzten sie später nach der Landseite hin, als hätten sie den Eindruck gescheut, den die See und die fernen Berge auf die Redner machen konnten.

Gewiß ist der Pnyx eines der erhabensten Denkmale, die aus alter Zeit herüberleben. Er wird noch stehen, wenn das Parthenon, in Staub gesunken, nur noch in der Erinnerung und in den Bildern lebt. Aus Felsen gehauen, kann die Bema mit ihren mächtigen Wänden nur mit dem Felsen vergehen. Die Einfachheit selbst wird ihr Schutz — denn sie fordert weder Raub noch Vernichtungspläne heraus. . . .

Die Umgebungen von Athen nach dem Hymettus und über den

Anchesmus hin sind einfach, aber von edlen Umrissen; besonders ist der Auslauf des Anchesmus, von welcher Seite man ihn betrachte, überaus fein und leicht. Den Ilissus, so hochberühmt in den Dichtern der Alten, bezeichnet heute ein wasserloses Bett durch den steinigen Hügelgrund. Der Kephissus wallt durch die herrliche Ebene der platonischen Gärten, und aller Schmuck der Baumwelt ist in mannigfaltigen Reizen an seinen Ufern hingebreitet. Ich ging eines Nachmittags von dem Tempel des Olympischen Jupiter längs der Nordseite des Anchesmus nach der Meierei von Kypseli und folgte weiter dem Wege nach Padischah, einem Dorfe, das sich weithin durch eine große Zypresse verkündigt und wo die schönsten Lustgärten und Pflanzungen der Athenienser auch jetzt noch aneinandergereiht sind. Der Weg führt an einer neuen Zisterne und an einer Quelle trefflichen Wassers vorüber, dann kommt man über einen Wassergraben und an das Haus eines Herrn Gaspari, wo alles Wasser aus den nahen Zweigen des Pentelikon sorgsam in zwei Becken gesammelt und in zahlreichen Kanälen in die Gärten und Olivenpflanzungen verteilt wird. Nach Westen gewendet folgte ich weiter den Windungen der Laubgänge, das eleusische Gebirge in seinen mächtigen Umrissen vor Augen. Über die Straßen, die nach Acharnä und Theben führten, zog ich pfadlos nach den beiden Hügeln, wovon der eine den Tempel der Eumeniden trug und von ihrem heiligen Bezirke umgeben war, der andere aber den größten Tragiker der Alten, Sophokles, geboren werden sah, die Ruhestätte Platos wurde und der Schauplatz des Ödipus des erstgenannten Dichters war.

Neben dem Kirchlein, das dermalen von dem größeren getragen wird, überblickte ich den erhabenen Schauplatz so vieler Erinnerungen. Immer näher dem Herzen, immer wichtiger dem Verstande, stiegen sie aus dem Dunkel des Abends, aus dem Schatten des Hains empor und umkreisten im feierlichen Festzuge die verlangende Seele. Die Stadt und Akropolis in jener milden Ferne, die alles Harte bricht, schien mir jetzt näher ihrer Geschichte gerückt und die Gegenwart mit der Vergangenheit versöhnt; der Hymettus, vom Rot des Abends überglommen, hatte ein dichterisches Kleid über seine arme Nacktheit genommen; Ägina stand, ein schweigendes Mal seiner selbst, in Stille und Nebel gehüllt, Salamis aber, wie die Ruine seines großen Namens, ragte mit schroffen Massen schwarz über den sanft hingebreiteten Piräus in den reinen Äther.

Die eleusinischen Berge, der Parnes und Pentelikon, Altäre der Gottheit, welcher die Jugend der Welt einst auf diesem Boden diente, waren voll düstern Ernstes rings um die weite kephissische Flur gesetzt. Ich hatte die Akademie, die platonischen Haine und Gärten gerade vor mir, und ich konnte nicht umhin, eben weil es schon spät war, mich in ihrem heiligen Schatten zu ergehen. Welche Fülle der mannigfaltigen Bäume! Welcher Reiz der Frische unter Granaten und Feigen! Welche süße Vermählung der Düfte unter Orangen, Zitronen und Oliven! Welche Verlassenheit und Stille, die Mutter der Gedanken, unter hangenden Weiden und hochaufstrebenden Pappeln!

Über eine Brücke des Kephissus ging ich und wandelte noch weit hin, bis es ganz dunkel wurde. Der Zauber der Frische und der Bedeutung nahm mit der Einsamkeit zu. Wie wohl tat diese Stille. Ich habe seit langem die Einfalt des Herzens verlernt; selig der Augenblick, wo sie, wenn auch nur zu kurzem Wiedersehen, wie ein Freund in der Jugend mir wieder begegnet!

Und solltest Du glauben, daß gerade in so geweihtem Augenblicke Begeisterung nicht mehr meine Seele besucht: Stilles Wohlgefallen ist die Stufe, auf der ich mich finde. Aber reine Luft umweht mich, und Wärme des Frühlings nimmt Besitz, sie, die alle Keime des Wachstums weckt und allen Sinnen zuruft: Empfanget mich!

Wahrlich, Athen hat eine der schönsten Lagen der Welt, weit schöner als die von Korinth; aber man muß sie von allen Seiten sehen, muß den Punkt finden, wo sie mit dem Lichte und der Färbung des Himmels, mit der Farbe des eigenen Innern übereinstimmt; — man muß sie von dem Wege sehen, der von der Akademie dahin führt.

Diesen Weg, einst mit den edelsten Malen geschmückt, wählte ich, da ich zurückging. Ich war allein, und niemand begegnete mir. Der Wind besprach sich leise im Olivenhaine; die Natur, in sich selbst verhüllt, schien in Betrachtung des Vergangenen versunken. Nach einer Stunde unterschied ich die Säulen des Parthenon, sie glichen einer Krone auf dem gebeugten Haupte der Herrscherin. ... Auf den Stufen des Theseustempels ruhte ich von meiner Wanderung. —

Nach einer Küstenfahrt am Gestade der Insel Ägina Zusammenbruch des Übermüdeten in der Stadt. Beschwerliche Überfahrt nach der Insel Kalauria, der letzten Zufluchtstätte des Demosthenes.

ABSCHIED VON ATHEN, PIRÄUS, ÄGINA, HYDRA

...Der Küste folgend umschiffte ich die Insel bis nach der neuen Stadt, wozu ich fast drei Stunden bedurfte. Überall ist Gebirge, aber gegen die Küste sanft ablaufend und trefflich bebaut. Mit Sorgfalt sind die Steine zu Haltmauern des tragbaren Grundes geschichtet; — wo die Lage es erlaubt, sind Ölbäume angebracht — manches Häuschen weist sich. Die Stadt selbst nimmt sich recht freundlich und heiter aus. An das Gestade hingelehnt, füllt sie das Innere einer seichten Bucht, des eigentlichen alten Hafens. Ich wollte die Ruinen in der Nähe dieses Hafens besuchen, die Dodwell, Chandler u. a. m. angegeben haben, aber jetzt, zum erstenmal nach jahrelanger Anstrengung, überfiel mich plötzliches Übelbefinden. Ich blieb in einer Kaffeestube am Gestade liegen. Ich konnte nicht von der Stelle. Du kennst mich und weißt, welchen Beschwerden mein Körper zu trotzen vermag, den Gram oder Seelenleiden bis zur Ohnmacht und zu den fürchterlichsten Krämpfen in wenigen Augenblicken zu erschüttern vermögen, den aber Monate, ohne Herberge unter freiem Himmel in Schnee und Nässe zugebracht — tagelange Entbehrung jeder Speise, die schneidendste Abwechslung der Lebensweisen kaum zu berühren vermögen. Rüstige Taten der Jugend, euch dank' ich das! Euch Gefährten derselben, die mich lehrten die Winterstürme durchziehen, auf der Eisbahn mich schwingen, Alpen besteigen und Gebirgswälder ohne Führer durchwandern! — Euch Irrungen meiner Phantasie, traurige Kämpfe der Wünsche und Wirklichkeit, geb' ich jene erhöhte krankhafte Reizbarkeit Schuld, die mir dennoch trotz Leiden und Schwermut teuer geworden. Diesmal aber war mein Körper gebrochen. Keine Hilfe rings, keine Teilnahme. Das Volk umraste mich; denn die Nachricht eines Sieges der hydriotischen Flotte, der nichts weniger als die Vernichtung der Ägypter und die Verbrennung Modons zur Folge gehabt haben sollte, machte seit einigen Tagen Stadt und Hafen wüten aus Jubel. Schon im Piräus hatte ich diese Nachricht vernommen und war Zeuge davon, wie eine äginetische Barke sie brachte. Es war ein Schauspiel, das Mitleid erregte! — Armes Volk, das sich mit Worten zahlt und mit müßigem Jubel die Unabhängigkeit zu erringen meint, die nur mit dem Schwerte in der festgeschlossenen Faust und mit dem besonnenen Ernste des Entschlusses errungen wird! Man sah, daß das Bild der Fama auf diesem Boden erfunden worden war, denn noch übt es mehr, als es irgend in einem Volke der Fall sein kann, da Gewalt. . . .

Bis ich wieder imstande war weiterzugehen, war auch die Zeit verschwunden, in welcher ich mit einem Kriegsschiffe übereingekommen war, mich in Hydra zu finden. Ich mußte die Reise nach Epidaurus mir vorderhand aus dem Sinne schlagen — auch ließ sie der heftige Nord nicht zu, der eben damals wehte. Ich hatte meine hermionische Barke noch im Solde. Mit ihr ging ich an einem trüben Abend bei heftigem Winde und zeitweisem Regen nach Hydra unter Segel.

Ich bin gewohnt an Beschwerden, aber ich werde der Nacht, die darauf folgte, lange gedenken. Von Fieberfrost geschüttelt — auf die spitzigen Steine hingestreckt, welche die Barke als Ballast im Piräus eingenommen hatte — von den Wellen durchnäßt — von ihrem Tosen und Schlagen verwundet — Aug' und Mund voll eklem Salze und nach jeder Anstrengung, sich davon zu reinigen, aufs neue gefüllt, schlaflos und der Kopf völlig dumm geschüttelt — hundertmal in Gefahr umzuschlagen und nur mit Mühe mich fangend an den splittervollen Wänden, so trieb ich von 5 Uhr nachmittags bis nach Mitternacht herum. Ich vermochte kaum mich aufzuheben, denn ich war überdies durch zweitägige Enthaltung von Nahrung erschöpft. Nach 6 Uhr versuchte ich es, da eben der Regen für einen Augenblick aufgehört hatte. Ich sah mich der Felseninsel Pityussa auf Steinwurf nahe. — Nach 9 Uhr riß mich ein Wellenschlag empor; da fand ich mich nahe an dem schwarzen, schroffen Vorgebirge Methane, das wie die nächtliche Wohnung eines bösen Geistes in schauerlicher Schwärze vor mir stand. Es hatte sich aufgeklärt im Westen. Des Mondes Sichel zitterte in jenem brennenden Rot, das nur auf der See zu bemerken ist, durch die sturmerfüllten Lüfte gerade über dem hohen Gebiete von Epidaurus. Alle Küsten auf dieser Seite sind klippig, hoch, zerrissen, wild. Ich wünschte irgendwo anzulegen. Meine Fahrleute widerrieten es und meinten, wir würden erschlagen werden, wenn wir dies Raubgestade beträten. Mühsam rangen wir uns bis

Mitternacht an die Insel Kalauria hin. Da widerstrebte der Wind so gewaltig, daß an kein Weiterkommen zu denken war. Wir bargen uns in einer Felsschlucht, vom Winde gerettet, aber dem Spiele der Brandung bloßgegeben, und ob der Unbekanntschaft mit der Stelle selbst zu höchst mühsamem Wachen gezwungen. Ich erlag dem Schlafe. Als ich aufwachte, fielen die ersten Strahlen des Tages — alles Volk lag schlafend um mich. Die Barke, mit einem einzigen Stricke an die Klippe gebunden, schwankte nach Willkür. Genug, daß die einfache Schlinge des Seiles sich löste oder von dem Steine abglitschte, um uns ohne Rettung zu verderben! — Vorsehung, dein Auge wachte, da die unseren im Schlafe geblendet waren — deine Hand hat uns bewahrt, da die unseren werklos gefesselt lagen! Und an welcher Klippe hatte ich geruht? Tempel Neptuns, wo stehst du? Hier erlosch am Fuße des Altars der Blitz, der gegen drei Könige Mazedoniens, gegen den siegreichen Philipp, gegen den unbesiegten Alexander, gegen den starken Antipater die Freiheit der Griechen allein noch verfochten hatte. — „In dem Tempel Neptuns auf der Insel Kalauria hab' ich meine Wohnstätte aufgeschlagen", schrieb der verbannte Demosthenes an die undankbaren Mitbürger — „die Ehrfurcht für den Gott wird mir Schützer sein, das hoff' ich — aber ich wag' es nicht gewiß zu nennen, denn wer jedermanns Willkür bloßgegeben ist, hat nur eine geringe und zweifelhafte Sicherheit. Aber zum wenigsten aus diesem Tempel seh' ich an jedem Tage das Land, wo ich geboren bin und wonach meine Liebe so gewaltig mich zieht, daß ich zu den Göttern flehe, sie mögen euch Gnade für mich einflößen! —" (2. Brief). — Die fünf Briefe des Demosthenes, die er aus dem Tempel Neptuns auf Kalauria schrieb, sind vielleicht die ergreifendsten geschichtlichen Aktenstücke, welche das Altertum uns überlassen hat. . . .

Bestürzung auf Sira über das vermeintliche Nahen der türkischen Flotte. Das Schicksal einer nach Sira verschlagenen türkischen Korvette und ihrer Besatzung. Betrachtung über Schuld und Verantwortung der allzu fernen Freiheitsrufer. Der ehemalige Oberbefehlshaber Ostgriechenlands, der Lokrer Odysseus, im Gefängnis auf der Akropolis; sein ehemaliger Waffengefährte Gura befehligt über die Festung Athens, und ihm zur Seite steht, eindrucksstark und anziehend, seine Gattin.

HÖHE VON SIRA, am 13. Juni 1825

...In Sira ist der Schrecken eingekehrt. Die kaum geborne Stadt fand ich wie verlassen; das Erscheinen der Flotte des Kapudan Pascha in der Straße von Andros und Negropont hat alles Volk der Inseln in die Flucht gejagt — wer Schiffe oder Barken flottmachen konnte, warf sich in diese — wer nicht Mittel hatte, sich der See zu vertrauen, suchte die verborgenste Stelle des Innern auf. So flüchteten die Sirioten nach Tino und Mykone, während das Volk aus diesen Inseln Rettung in Sira erwartete. Aus dieser Verwirrung, welche die See mit Barken bedeckte, zogen die Seeräuber Nutzen — diese legten sich mit zehn Schiffen mitten zwischen die Inseln und plünderten die Bettler aus, die sie habhaft werden konnten. Die Brander der Hydrioten entfernten die Feindesgefahr; — von Windstille begünstigt, welche die türkische Flotte in den Gewässern von Zea gefesselt hielt, verbrannten sie ihr mehrere Kriegsschiffe und zerstreuten die andern. Eine Korvette fiel auf Sira und strandete da. Das Volk warf sich auf die Besatzung und metzelte zum öffentlichen Schauspiele die einigen zwanzig Franken nieder, die es als Matrosen auf dem türkischen Schiffe fand. Eine französische und eine englische Korvette blieben ruhige Zeugen dieser Wutszenen.

Blut und Mord, Barbarei, Elend und Jammer, Leichtsinn und Unwissenheit überall und überall! — Glaube mir (Du weißt, ob ich dies mit Schmerz sage), dies Volk ist nicht dazu bestimmt, sein eigener Herr zu werden. Laß sie schwätzen auf den Polstern unserer Hauptstädte von Heldentaten des Tages und von Altgriechenland und uns verdammen, die wir wagen, ein abweichendes Urteil zu äußern. Wir haben nicht die Hände in den Schoß gelegt wie sie — wir sind hieher gegangen und haben geprüft an Ort und Stelle. Das

Wort der Freiheit ist bald ausgesprochen, und sie ist in Europa ein Modeartikel wie ein anderer. Wer die Gewalt reizt, ohne sie besiegen zu können — wer namenloses Elend über Millionen herabruft, ohne Entschädigung dafür zu bieten, ist ein Verbrecher! — Sein Gemüt mag ihn lossprechen; sein Verstand verdammt ihn. Solche leichtsinnige Schreier haben von jeher die Ketten fester gezogen; sie sind die tätigsten Helfershelfer der Tyrannei, die eigentlichen Hochverräter an der Sache der Menschheit. . . .

Ich habe Odysseus gesehen. Die Seinigen verließen, die Türken bedrohten ihn; er entfloh und warf sich seinem ehemaligen Freunde und Schüler, Gura, in die Arme. Dieser legte ihm Ketten an und sandte ihn nach Athen. Da sitzt er im großen viereckigen Turme, den Propyläen gegenüber, zu dessen Eingange man nur durch eine Strickleiter gelangt. Man brachte ihm eben das Essen, als ich an dem Turm vorüberging; er zeigt sich an der Tür, ein starker Mann, das Gesicht mit schwarzem Barte fast bedeckt — dunkelleuchtende Augen — ein Barbar. — Das Volk wollte ihn erschlagen, da er durch die Straßen von Athen geschleppt ward, um die Grausamkeiten zu rächen, die er an ihm verübt hatte. Ein Weib spie ihn an und schlug ihn mit Steinen ins Gesicht. Die Erzählung seiner Gefangennehmung machte mir Guras Gemahlin, die wie die Fürstin Athens auf der Akropolis Hof hält. Diese Frau, deren Bekanntschaft ich bei dem dermaligen Befehlshaber, Janaki, machte, ist jung und artig. Ihr Auge glänzte in Zuversicht, aber ihr Benehmen war mädchenhaft, verschämt und still. Ich fand sie immer sehr reich gekleidet auf albanesische Weise — von der Gemahlin eines Verwandten (Ruschi) wie von einer Ehrendame begleitet. Ihre Hauswirtschaft hatte sie mitten in einer Waffenstube aufgeschlagen. Alle Dienerinnen waren schön und von züchtigem Benehmen. Unter ihren Verwandten lernte ich ein paar alte Papas kennen, die sich ganz sonderbar im geistlichen Anzuge und langen Barte mit großen und reichen Waffen ausnahmen. — Die Sitte, den Fremden, die man ehren will, mit Zucker versottene Früchte oder Mastix, nebst einem Glas Wasser, dann Kaffee und Pfeife zu reichen, besorgte die Gattin Guras immer selbst. Sie schien ihrem Gemahle sehr ergeben und auf ihn stolz, denn flammendes Erröten überflog ihr Antlitz und Freude glänzte in ihrem gesenkten Auge, wenn ich ihr ein paar Worte zum Lobe desselben sagte. — Die Akropolis von Athen ist dermalen ein schwaches Kastell, das kaum 10 brauchbare Kanonen und nicht die

Lage für sich hat, die Akrokorinths große Schutzwehr bildet. Überdies mangelt es an Wasser. ...

In Kanea auf Kreta scheinen die Bemühungen um Wiedergutmachung für einen durch die Türken beraubten sardinischen Kapitän endlich erfolgreich zu verlaufen. Die Unzufriedenheit des Kapudan Pascha mit den meisten seiner Schiffskommandanten. Auf der Überfahrt nach der Peloponnes trifft Post aus der Heimat ein. Sparta ist in Gedanken nahe.

KANEA, am 20. Juni 1825

... Ich habe in diesen Tagen wirklich gelitten. Kein schändlicheres Gepack als die kandiotischen Türken! Vor ein paar Jahren griffen sie in bewaffneten Barken ein englisches und ein sardinisches Schiff an, die an der Insel Theodoro Öl luden. Sie nahmen dieselben weg, verkauften die Ladung, jagten die Mannschaft fort und versenkten das sardinische Schiff. Dem unglücklichen Kapitän, der all seine Habe durch diesen Raub verlor, Entschädigung zu verschaffen, beschäftigt seit dieser Zeit Kriegsschiffe von Frankreich und Österreich. Die ersten ließen sich mit Worten abspeisen — die letztern forderten mit mehr Nachdruck, aber immer den Weg des Rechtes vor Augen, wollten sie nie die Gewalt brauchen, mit welcher ein englisches Kriegsschiff, das die Sache seines Landsmannes zu verteidigen kam, sich augenblicklich Bezahlung verschaffte. Commodore Hamilton gab den Kaneoten eine Stunde Bedenkzeit, die Bezahlung aufzutreiben, und drohte im Weigerungsfalle die Stadt in Brand zu schießen. Die Kaneoten zweifelten an der Ausführung der Drohung und weigerten sich. Hamilton begann das Feuer, und der erste Schuß warf den Kiosk des Pascha zusammen. Alsogleich steckten die Kaneoten die weiße Flagge auf — unterhandelten — bezahlten.

Die Rücksicht für die Festung einer fremden Regierung, und jene andere, die Unschuldigen nicht mit den Schuldigen zu vermischen, machte den österreichischen Commodore ein solches Mittel verwerfen. Die Kaneoten, statt hiefür dankbar zu sein, betrugen sich auf Weise dummstolzer Räuber — lachten der Forderung — behaupteten die frechsten Lügen, die, durch hundert Widersprüche, kaum ausgesprochen, schon widerlegt waren. Die Verwendung bei dem Kapudan Pascha und Hussein Bey, als Stellvertreter Ibrahims, schien eben deshalb, weil sie an beide geschah, nichts zu bewirken. Die Kaneoten waren frecher als je — und der Kapitän, an seinem Leben bedroht, mit Weib und Kind hungernd, in Verzweiflung und auf dem Punkt, sich das Leben zu nehmen. So fand ich ihn gestern. Die heute erwirkte Entscheidung hat die Straße der Hoffnung weit geöffnet — ja es ist kein Zweifel, daß der Unglückliche ehestens zu seinem rechtmäßigen Besitze kommen werde; ich bin froh wie ein Kind!

Heute besuchte ich auch mehrere Schiffe der Flotte, die Fregatte des Patrona Bey, die Korvette des Reala Bey und andere; alle höchst überladen mit Menschen und Artillerie; für einen tätigen Feind eine sichere Beute. Die Führer dieser Schiffe klagten einstimmig über die unbesiegbare Mutlosigkeit ihrer Leute zur See — über die Unfähigkeit der meisten Schiffskommandanten. „Brächten wir es nur einmal dahin", sagte der Kapudan Pascha selbst, „ihnen begreiflich zu machen, was über und was unter dem Winde heißt." Der Abstand dieser Admirale vom Kapudan Pascha ist sehr groß. Heute, da ich eben mit dem letzteren im Gespräche war, kamen die beiden; sie nahten sich unbeschuht, unter hundert Verbeugungen, und nahmen in weiter Entfernung Platz — sie erhielten keine Pfeife, keinen Kaffee, sprachen mit allen Zeichen der Ehrfurcht, und als sie gingen, warfen sie sich auf das Antlitz und küßten den Saum seines Mantels.

In Kanea habe ich ein paar allerliebste Kinder gefunden, Mädchen von sechs bis acht Jahren, dem französischen Dolmetsch, Herrn Gaspari, gehörig. Je älter ich werde, desto lieber wird mir die Gesellschaft von Kindern. ...

ZWISCHEN KANDIA UND MOREA, 21. bis 23. Juni 1825

...Am 23. befanden wir uns auf der Höhe von Cerigo. Da begegneten wir einem Kauffahrer aus Triest, und siehe — er hatte Briefe für mich. Man muß ferne sein von den Seinen und sie lieben wie ich — und so dazu berechtigt sein, um zu fühlen, welch Entzücken der Anblick ihrer Handschrift, der Genuß ihrer süßen Worte in die Seele wirft.

Ich danke Dir für Deinen Rat; aber dabei kommt nichts heraus.

Ich kann die Zeit nicht anders machen, als sie ist; ich muß sie nehmen, wie ich sie finde. Freilich wäre das Reisen zu einem andern Zeitpunkte weniger gefährlich als dermalen, wo alle Leidenschaften losgelassen sind und die Not mit jedem Tage Gewalttaten erzeugt. Wer ein Volk studieren will, muß es gerade in solchem Zeitpunkte sehen. Ich will aber nicht, daß mein Auge nur auf dem Bestandenen verweile; ich heiße den Blick dem Bestehenden folgen, so traurig dieses Geschäft auch sei, so niederschlagend die Ausbeute. Der dermalige Zeitpunkt ist daher zum Reisen eher vorteilhaft denn nachteilig. Mit dem bißchen Gefahr mehr oder weniger find' ich mich ab.

Sieh, da breitet der Lakonische Busen sich aus — da türmen die Taygetischen Gebirge sich zum Himmel, und das Tänarische Vorgebirge, das den Sänger schützend aufnahm, streckt sich dort in die See. Bald werd' ich auch deinen Boden betreten, Sparta! — Aber noch ist der Augenblick nicht gekommen. . . .

Einfahrt in die Bucht von Navarino. Besuch von Alt-Navarino und das Schicksal seiner Festung im Vormonat. Erinnerung an die Rolle von Sphakteria im Peloponnesischen Krieg.

NAVARIN, am 24. Juni 1825

. . . Die Felseninsel Sphakteria zieht sich auf drei Meilen Länge und wenige hundert Schritt Breite schroff und nackt bis auf eine Meile Entfernung von Neu-Navarin; da ist die Einfahrt in den Hafen. In der Linie der Insel, an der Einfahrt, liegen ihr drei Klippentrümmer vor, wie von der Wut des Meeres ihr abgezwungene Stücke. Das äußerste und größte hat ein natürliches Felsentor, durch welches die weite See eingerahmt sieht; nebenan ist das Grab eines türkischen Beys, der im Gefechte von Forgi blieb. Zwei rote Fahnen wehen über der Stelle. Nur wenige Stellen der Insel sind zugänglich. An der zunächst an der Einfahrt liegenden hatte ein ägyptischer Wachposten von etwa 50 Mann seine Zelte aufgeschlagen, und sechs Geschütze, in zwei Batterien verteilt, bestrichen den Hafen. Man rief uns zu, anzuhalten, und wies uns neben drei türkischen Kriegsschiffen, die in der Einbucht im Nordost der Stadt lagen, den Ankerplatz. Da wir aber keine Lust hatten, uns mit diesen verbrennen zu lassen, so begaben wir uns weiter in den Hafen und ankerten in zwölf Faden Tiefe zwischen der niederen Klippe, die im Hafen liegt, und dem Festlande. Auf dieser Klippe ließen die Griechen, da sie Navarin nahmen, gegen den Vertrag die türkische Besatzung des Hungertodes sterben.

Ich begab mich ans Land, wo die verlassenen Trümmer eines Dorfes stehen, und wandelte längs dem Sandgestade nach Alt-Navarin. Ein breites, viele Stunden tiefes Tal tut sich nach Nord auf und erinnert an die gesegneten Fluren von Messenien, an die Weizengefilde, durch welche Nestors Sohn die geflügelten Pferde trieb. Welche Stille! Welcher Tod ringsum! — Ganz in Nord, nur durch den schmalen Bergriff von der See und durch das Sandgestade von dem Hafen getrennt, dehnt sich ein Teich auf eine Stunde Durchmesser hin. Dies ist die Stelle, wo viele Griechen, die aus Alt-Navarin in der Nacht nach dem Falle der Insel zu retten sich meinten, den Tod fanden. Eine schroffe Felswand, in Nord am höchsten aufgeworfen, dort steil abstürzend — nach Süd hin sanfter gegen den Meeresarm sich neigend, aber überall klippig, mit Blumen und wohlriechendem Strauchwerk bedeckt, pflanzt sich der Berg von Alt-Navarin im Westen des Teiches hin.

Mich kam die Lust an, ihn zu besteigen, obwohl es schon spät war. Über eine zertrümmerte Steinbrücke und einige kleine Arme, mittels welcher Teich und Hafen Verbindung haben — an verlassenen Fischerhürden vorüber, kam ich an die Straße zwischen Alt-Navarin und der Insel. Das Gestade des Hafens war mit Leichen bedeckt. Der Freund hatte den Gefallenen kein Grab geben können; der Feind hatte es ihnen versagt, da lagen sie, nur teilweise und zufällig vom Sande überdeckt, den Wind und Meer ihnen gaben. Die Sonne hatte die Leichen ausgedörrt und dennoch den Ausdruck der Todesqualen, den Krampf der letzten Stunden bewahrt. Sie lagen alle mit krampfhaft ausgestreckten Armen und Füßen, die gekrümmten Finger in die Erde gegraben. Die Gesichter bewahrten die Verzerrung des Schmerzes und der Wut. An solche Stellen sollte man die Eroberer führen; sollte ihr Auge nötigen zu sehen, denn sie haben das Mittel gefunden, über die schauerlichen Folgen ihres Spieles blickversagend zu wandeln.

Eine lange Strecke des Gestades und des Bergfußes war mit diesen Leichen bedeckt. Der Haarschmuck und die Formen der Glieder bewiesen ebensowohl als der Ort, daß es griechische waren.

Den Berg hinaufsteigend an der Westseite, wogte vor meinen Augen im Brande des Sonnenuntergangs das unendliche Meer...

Die Feste selbst ist ein Bau aus dem Mittelalter, ohne Spur einer älteren Grundlage. Sie liegt ganz in Trümmern, und es ist schwer begreiflich, wie die Griechen, an 2000 Mann, ohne eine einzige Kanone, sich diesem erbärmlichen Schutze anvertrauen konnten. Sie wälzten große Steine und Trümmer des Gemäuers vor das Tor und die sonstigen Löcher — häuften auf den Mauern andere Steine zur Brustwehr auf und hofften wohl am meisten auf die natürliche Festigkeit der Stelle und die Unbekanntschaft des Feindes mit dem eigentlichen Zustande der Feste.

Von dieser Höhe weithin Land, See und Küsten überblickend, kam mir Thucydides' Erzählung des Kampfes auf der Insel Sphakteria in die Erinnerung. Diese Insel kann keine andere als die vor dem Hafen von Navarin liegende sein und die Feste der Athenienser nur an der Stelle von Alt-Navarin gestanden haben. Die Schilderung der Örtlichkeit ist auf keine andere Stelle an der ganzen Westküste des Peloponnes passend. ...

Wieder in Athen. Quartier bei Gropius. Spaziergang mit ihm und Gespräche über Griechenlands Lage, insbesondere über die geplante Schutzakte Griechenlands an Englands Adresse. Eifersucht der Franzosen wegen der Schutzakte.

ATHEN, am 16. August 1825

Ich bin bei Gropius abgestiegen. Unter den Fremden, die ich hier traf, ist Graf Gamba, der Gefährte L. Byron's, der Bruder jener reizenden Italienerin, die in Ravenna und Pisa des Dichters ganze Seele gewann. Wir machten soeben einen Spaziergang nach dem Pnyx und später zur Brücke des Ilissus und kehrten über den Peribolos des Tempels des Olympischen Jupiter nach Hause zurück. ...

Viel sprachen wir über Griechenlands Gegenwart und Zukunft und blieben heute gleichsam der Vergangenheit abgezogen. Das große Geschäft des Tages ist das Ansuchen um englischen Schutz oder die Unterwerfungsakte, wie die Gegner sie nennen. Ganz Griechenland scheint nur damit beschäftigt. Daß der Feind im

Herzen der Morea steht, daß Missolungi seinem Falle nahe ist, das kümmert niemanden. Im Grunde ist diese Abgezogenheit von Verhältnissen, die zu ändern die Mittel fehlen, dem Aufstand zuträglich; denn sie bringt den Feind um die Folgen seines Sieges, um die Entmutigung nämlich bis zu dem Grade, der das griechische Volk zur Unterwerfung stimme. Übrigens kocht es im Innern wie Lavaglut, und die Franzosen insbesondere arbeiten sich wund, um den Umtrieben, welche sie die englischen nennen, ihrerseits andere entgegenzusetzen. Die Abgeordneten Maurokordatos durchziehen soeben das Festland, um Unterschriften für die Akte zu sammeln. Jannulli Nako aus Livadien und Danieli aus Talanti brachten sie nach Salamine, welches dermalen die Zufluchtsstätte der Bewohner von Athen, Theben, Salona, Livadia, Galaxidi und anderer Orte ist und wo eine Menge Kapitäne, von Geld und Truppen verlassen, sich aufhalten. Fast jedermann unterschrieb. Zu Anfang des Monats kamen sie hieher, um die Partei Guras zu bearbeiten, hinter welcher die Franzosen stecken. Diese schreien über Hochverrat, wollen ein ähnliches Schutzansuchen an Frankreich dem an England entgegenstellen und machen Anerbieten von Seite der Familie Orleans, die gerne geglaubt werden. Athen ist heute der Sammelplatz des Widerstandes gegen die Regierung von Nauplia und die Leidenschaftlichkeit der Anhänger Guras hochgesteigert. Im Verdachte, ein Anhänger Maurokordatos zu sein, hab' ich selbst heute einen Verdruß gehabt. Der Eparch der Stadt ließ nämlich meinen Sekretär, den guten Grotke, anhalten, den ich mit Briefen an die nach Smyrna absegelnde Goelette Ariana nach dem Piräus geschickt hatte. Ich forderte die Briefe auf der Stelle von dem Eparchen heraus und empfing sie auch. Die schöne Gura, bei der ich mich über die Gewalttat beklagte, nahm sich meiner mit Wärme an, und nun bin ich unter ihrem besonderen Schutze. Das ist kein kleiner Gewinn.

Unterwegs mit Gropius, wieder zur Akademie Platons, und Abendstimmung auf dem Heimweg.

ATHEN, am 18. August 1825

Die Morgen und Nachmittage sind so heiß, daß man nicht aus dem Zimmer kann. Ich besuchte dennoch bald nach Tische den Eparchen, der mich höflich empfing. Wir erwähnten der vorgestrigen Geschichte mit keinem Worte und sprachen uns ganz leicht. — Dann ging ich mit Gropius nach dem Dipylon und längs der ‚via sacra' nach der Akademie, deren Stelle heutzutage noch ebendiesen Namen führt. . . . Reiche Gärten decken die Akademie und Platons Besitztum. Wir gingen in manche und fanden bereits wieder Volk, da die Flüchtigen von Salamis zurückzukehren beginnen. Viele alte Brunnen mit ihren antiken Kränzen befinden sich da; — Fußgestelle für Statuen — bearbeitete Steinstücke usw. liegen herum. An einem Kirchlein, von üppigen Reben umschattet, ist ein Bacchusrumpf eingemauert; so überall Spuren aus schöner Zeit! Wir kamen weiter an den Kephissus und gingen nach dem Hügel zurück, wo Plato einen Tempel erbaut hatte, dessen Stelle ein Kirchlein einnimmt, mit ein paar Säulen am Tore und einem Löwenkopf in der Wand. Da eben die Sonne hinter Daphne niedersank, so setzten wir uns auf den behauenen Felsgrund zuoberst, wo des Weisen Haus gestanden haben mag. Der Korydallus, der Ägaleus, der Ikarus, der Parnes, der Spitzberg des Apoll schwammen in Golddunst. — Die Gebirge des Peloponnes erblaßten — Ägina und Salamis prangten in warmen Halbtinten — um uns lagen Gärten und Feld — weit vor uns die See, der Hymettus, die Hügel und die unvergängliche Stadt, deren Name immer die reichste Blume im Gebinde der Geschichte bleiben wird.

Wir gingen an Resten, vielleicht des Eumenidentempels, vorüber und erreichten im Dunkel die Stadt. Pausanias lese ich nun mit vielem Vergnügen. Man lebt hier ja nur in dem, was war. Wie er Athen schildert, so läßt man es gerne vor den Blicken aufleben. . . .

Guras Schwierigkeiten mit der Regierung und die bessere politische Einsicht seiner Gattin. Ein Besuch bei ihr und Begleitung auf ihrem Weg in die Stadt. Die Rückkehr ihres Gatten.

ATHEN, am 21. August 1825

...Gura... verlor in diesem Sommer wieder nach und nach allen seinen Einfluß. Sein Geiz war hievon die Hauptursache. Für 7000 Mann Sold ziehend, hat er kaum über 300. Mehrere seiner Kapitäne gingen vor kurzem nach Nauplia, um Sold zu fordern, und wurden von der Regierung an Gura zurückverwiesen. Dies verbreitete böses Blut. Auch unterschrieb er die Bittschrift um englischen Schutz nicht und erhielt jüngst eine Schlappe von den Türken. Seine Frau ist ein anziehendes Weib. Ich sehe sie oft. Die geborne Erbin eines Thrones könnte sich nicht fürstlicher benehmen als sie. Dabei ist sie warm, wie der Hauch des Frühlings in diesem schönen Lande. Alles behandelt sie mit der größten Achtung, und sie weiß den unbändigsten Kriegsleuten Ehrfurcht abzudringen. In ihrer politischen Ansicht hat sie sich neulich von ihrem Manne getrennt, hält noch immer und in jeder Beziehung fest an der Regierung, verachtet die Umtriebe der Franzosen und hofft auf England als Mittel, möchte aber am liebsten jeden fremden Einfluß ausgeschlossen. Wenn sie ihren Mann, der sie ungemein liebt, habhaft werden kann, so zweifle ich kaum, daß sie ihn für ihre Meinung gewinne. ...

ATHEN, am 25. August 1825

...Ein Besuch bei dem Schloßvogt war unerläßlich. Ich fand ihn mit mehreren Kapitänen am Spiel. Die schöne Gura, deren Augen heute glänzender als je und deren Wangen Blütenschnee schienen, brachte uns Süßigkeiten, Kaffee und Pfeife. Ich unterhielt mich lange mit ihr über die schlimme Nachricht, die heute ganz Athen in Bewegung hält. Die Türken sind nämlich aus Negropont in Attika eingefallen und streifen bis Kephissia. Sie werden keinen Angriff auf die Stadt wagen, aber das Landvolk strömt herein, bringt Not mit und erhöht sie. Mehrere Herden und Leute fielen in die Hände der Feinde und wurden weggeschleppt. Eine zweite Nachricht ist nicht minder schlimm; Gura ist von den am Parnaß stehenden Türken mit Verlust aus Delphi geworfen worden. Seine Frau erwartet ihn morgen hier und bereitet sich heute schon, ihm mit einiger Mannschaft entgegenzurücken. Ich begleitete sie zu einem Besuche in der Stadt. Sie schritt wie eine Fürstin einher, ein Dutzend Frauen als Gefolge in ehrerbietiger Ferne hinter sich. . . .

ATHEN, am 27. August 1825

Ich wußte, daß unsere Herrin der Akropolis heute ihrem Gemahl entgegenritt, und begleitete sie. Es ist eine mutige Frau, gewandt und keck zu Pferde. Wir waren kaum halbwegs bis Eleusis, so donnerten die Kanonen der Akropolis. Er war es. Daß er vor wenigen Tagen eine Schlappe bei Delphi erhalten, hinderte ihn nicht, nach Athen zu eilen; bei der Weise, wie man den Krieg führt, ist auch nichts von seiner Entfernung zu besorgen. Er bemäntelte seine Rückkehr mit dem Vorwande, sich waschen und wechseln zu müssen; eigentlich kam er, um seine Maßregeln bei den dermaligen Anträgen der griechischen Regierung an England zu nehmen. Jener Vorwand gehört zum hiesigen Kriegsgebrauche. Der Feldherr wie der gemeinste Soldat zieht nur mit einem Gewande, das er am Leibe hat, aus. Dieses wird gewöhnlich während des ganzen Feldzuges nicht gewechselt. Recht schmutzig zurückzukommen, gehört unter die Auszeichnungen, wornach der Stolz der Krieger strebt.

Gura hatte nur ein Dutzend Leute im Gefolge. Er ritt ein schönes, türkisches Pferd; — sein Anzug aber war in nichts von dem der Soldaten unterschieden. Sein Gesicht ist männlich und gefällig, und ich möchte sagen, eher mild denn streng. Er ist ein Barbar, aber es fehlt ihm gewiß an Urteil und Herz nicht.

Vieles Volk war ihm zu Fuß und zu Pferde entgegengekommen. Die Kanonen des Schlosses donnerten ununterbrochen, bis er in die Stadt eingezogen war.

ATHEN, am 28. August 1825

. . . Welche Hitze heute, dennoch duftender Hymettus, du, wo die Einbildung derer, die deines Honigs genossen, die Biene selbst entstehen ließ, dennoch will ich einen Flug auf deinen Gipfel machen! —

Besuch von Käsariani und Besteigung des Hymettus.
Nachts

Er ist getan! — Die Milde der Luft — der Zauber des Vollmonds — der langsame Ritt haben die Ermüdung ausgetrieben; — warum soll ich kostbare Stunden des Tages zu meinen Noten verwenden?
Der Weg nach dem Kloster Sirgiani, das am Fuße des Hymettus und unter dessen höchstem Gipfel liegt, verläßt, noch bevor man Asomatos erreicht, die marathonische Straße und folgt dem tiefeingerissenen Bette eines Gießbaches, den einige für den Eridanus halten, den Dodwell aber für den Hauptarm des Ilissus nimmt, worin er irrt. Es ist weit natürlicher, dasjenige Bette für das seinige anzunehmen, welches die Hauptrichtung länger beibehält, in jeder Jahreszeit Wasser hat und nicht minder tief und eingerissen ist. Hat man die vorderen Hügel erreicht, so kommt man an einem Meiergebäude des Klosters vorüber. Da stehen ordnungslos viele behauene Steine in den Feldern, und am südlichen Hügel zieht nicht über 1′ hoch eine alte Mauer hinauf — auch an andern Stellen zeigen sich ähnliche uralte Reste. Dodwell meint, da habe eine Stadt gestanden, vielleicht die Elika des Strabo; oder da dürfe der Wohnplatz der pelasgischen Kolonie zu suchen sein, die nach Herodot (6,137) am Fuße des Hymettus sich niederließ. Ich halte diese Mauern für Feldscheidungen, für Raine aus sehr alter Zeit. Da an Steinen Überfluß zur Hand lag, so machte man die Raine aus solchen; so bestanden sie länger, konnten auch zur Verteidigung dienlich werden und reinigten das Feld.
Das Kloster Sirgiani, hoch ummauert, von Hügeln und dem steilen nördlichen Abfall des Berges umschirmt — von alten Bäumen überhangen und geborgen, hat eine stille, einsame Lage, glücklich gewählt für diejenigen, welche, der Welt ferne, am Busen der Natur ruhen, in ländlichen Bestrebungen ihr bißchen Brot gewinnen wollen. Bienen, Herden, Bäume und Feld geben dort so ziemlich, was man braucht; auch an gutem Wasser mangelt es nicht.
Das Kloster war verlassen; es ist weniger zerstört als die meisten derlei Gebäude. Innerhalb des Umfanges der Mauern ist ein Gärtchen, da stehen in Reihen auf der Erde die Bienenkörbe, jeder mit einem Strohdache versehen; nebenan ist die Kirche. Sechs Säulen in dieser — Fußplatten aus hymettischem Marmor — hie

und da behauene Steine — das Fußgestelle einer Statue oder einer Vase — eine Grabsäule mit ihrem Ringe; das sind die Spuren bildender Menschenhand aus der alten Zeit. Außen in der südlichen Mauer des Klosters quillt reichliches frisches Wasser; das ist die Quelle, wohin Dodwell irrig den Ursprung des Ilissus setzt und in deren Nähe wahrscheinlich sein Übersetzer den Marmorkopf eines Schafes stellt, während eben durch den antiken Widderkopf selbst die Quelle fließt.

Sollte nicht diese Quelle dieselbe sein, wo nach des Dichters Schilderung Prokris von Kephalus getötet ward? Ovid sagt:

Est prope purpureos collis florentis Hymetti
   Fons sacer et viridi caespite mollis humus:
Silva nemus non alta facit; tegit arbutus herbam;
   Ros maris et lauri nigraque myrtus olent;
Nec densum foliis buxum fragilesque myricae
   Nec tenues cytisi cultaque pinus abest.

(Ovid. ars 3,687–692)

Wenige Schritte vom Kloster nach dem Berge zu ist eine Zisterne und ein überwölbter christlicher Wunderort. Darin nämlich füllt sich ein Wasserbehälter nur an einem einzigen Tage des Jahres; eine weiße Taube kommt, trinkt, fliegt davon, und alsogleich verliert sich das Wasser wieder. Dieses Ereignis zog ehemals zahlloses Volk herbei; seit einigen Jahren soll die Kunst verlorengegangen sein. — Wir ließen da die Pferde.

Der Aufgang ist mühsam. Da man gerade vor sich nur steilen Absturz hat, so muß man sich rechts halten und einen mit Gebüsch bewachsenen Fuß ersteigen. Dieser leitet zu steilem, wüstem Felsgrunde, voll Spalten und Risse. Da hält man sich möglichst links und steigt fast eine Stunde nach dem vermeintlichen Gipfel, hinter dem sich, sobald man ihn erreicht, ein neuer zeigt. Von dieser Höhe geht eine tiefe Schlucht südwestlich aus, in welcher abermals ein Kloster liegt. Man hält sich immer links und kommt in der zweiten Stunde nach dem eigentlichen Gipfel des Berges, wo Fauvel u. a. zwei Steinhaufen als Denkzeichen aufrichteten. . . .

Mit Gropius auf der Akropolis bei Gura. Gemeinsame Gespräche über die Schutzakte an England. Die Gegenmaßnahmen der Franzosen und Gefahr einer Spaltung. Gura, das Haupt des Widerstandes gegen die Regierung. Politisches Gespräch mit seiner Gattin und ihre Einwirkung auf ihn. Die verspätete Einladung bei Admiral de Rigny, dem französischen Flottenkommandanten, für Gura und seine Frau.

ATHEN, am 29. August 1825

Heute nachmittag ging ich mit Gropius aufs Schloß, um Gura einen Besuch zu machen. Wir fanden ihn mit einigen seiner Kapitäne. Seine Frau saß ihm zur Seite, umstanden von ihren Dienerinnen. Er war gewaschen und in leichter Kleidung; sie höchst geputzt, und man sah ihr die Freude an, sich im glänzenden Staate zeigen zu können. Ihr Kleid war von Seide, gestreift und lang, mit weiten Hängeärmeln, aus denen das Seidenhemd vorsah; — das Tuch, was die Athenienserinnen um die Hüften als Gürtel zu binden pflegen, war voll heller Farben, im Rande mit eingemalten Schiffen ausgeziert; den Busen umgab das vorstehende rosenfarbne Seidenhemde; auf dem Haupte trug sie eine Art Diadem aus guten Steinen, aber geschmacklos gefaßt und schwer; ein an Stoff und Arbeit ähnliches Geschmeide zierte den weißen Hals; ebenso lief ein reich mit Steinen besetztes Band um die Mitte; die Finger waren mit Ringen überfüllt; außerdem trug sie kostbare und schöne Armbänder aus mehreren Schnüren großer, edler Perlen, durch Schließen von Diamanten gehalten. Die dunklen Haare, zuoberst in einer Art von Krone um das Diadem gewunden, hingen in vielen, vielen Zöpfen den Rücken hinab. Da waren Goldfäden in Menge eingeflochten, die mit Seide von der Farbe der Haare endigten und diese dem Schein nach verlängerten. An den Füßen trug sie durchbrochene Strümpfe, über diese türkische Schuhe und Pantoffeln.

Das Gespräch rollte über die Landesbeschaffenheit der Morea und den Feldzug der Araber. Gura kennt das Land gut... Endlich kamen wir auf die Schritte der Regierung, um den englischen Schutz zu erhalten. Diese Maßregel mißbilligte er in entschiedenem Tone und erklärte sich offen dagegen. Seine Worte, hart und trotzig im Ausdruck, soweit ich mich derselben entsinnen kann, waren folgende: „Ein paar schlechte Leute, um sich Fürst oder

Graf nennen zu hören und sich die obersten Ämter vorzubehalten, wollen uns an England verhandeln. Alles war verabredete Sache; es zeigt sich. Die Engländer selbst schickten uns den Ibrahim Pascha über den Hals; die Moreoten drangen darauf, daß die von Rumelien aus ihrem Lande gingen: Sie würden es schon selbst verteidigen, sagten sie, und brauchten uns nicht. Man hat gesehen, was sie getan haben; wo sich eine Trommel hören ließ, liefen zehntausend davon. Nun, als die Not am höchsten und alles reif war, kamen die mit ihrer Adresse an England heraus, die zu Korfu durch Lord Adams geschmiedet worden war. ...

Wir haben die Waffen für die Unabhängigkeit Griechenlands ergriffen, und nun, weil die Moreoten erbärmliches Gesindel sind, will man uns als Sklaven an die Engländer verkaufen. Da hätten wir ja besser getan, unter den Türken zu bleiben. Was fehlte mir da? Ich war auf meinen Bergen — tat, wozu mir die Lust ankam, und zuletzt, wenn die Türken mit mir in Ruhe leben wollten, mußten sie mir noch ein gutes Amt geben. Wenn wirklich keine Rettung gewesen wäre als in der Zuflucht nach außen, hätte man sich an die Heilige Allianz wenden sollen, nicht an eine einzelne Macht, die überdies gegen die Heilige Allianz nichts tun kann. Aber so haben sich die Engländer auf den Jonischen Inseln eingeschlichen, und so wollen sie es auch in Griechenland machen. Hieher aber, mein' ich, wird keiner den Fuß setzen."

Ich kann einige Ausdrücke vergessen haben, und anderer erwähne ich nicht, weil sie zu derb und ungeschliffen sind; diese aber hat er Wort für Wort gesagt.

Der Ausdruck im Artikel I des Gesetzes, „in den unbeschränkten Schutz von England", war vor allen übrigen der Stein des Anstoßes. ...

Ein Schreiben Guras ... vom 17. d. ließ über seine Gesinnung bereits keinen Zweifel. Darin heißt es: „In unserer vorgestern gehaltenen Sitzung, bei der alle Kapitäne gegenwärtig waren, wurde ausgemacht, daß, ob gewisse Leute ihrer eigenen Interessen willen uns auch tausendmal verkauften, wir dennoch, solange wir leben, unseren Nacken nicht unter eine fremde Nation beugen werden. Wenn Griechenland zur Erfahrung gekommen ist, daß es so nun einmal nicht mehr weitergeht, so hat es ja Zeit, von den philhellenischen Nationen, die unseren Sitten und Gebräuchen am nächsten stehen, einen konstitutionellen König zu begehren; so hat es ja Zeit, von den philanthropischen Nationen Hilfe zu verlangen, um seine Existenz zu bewahren — warum aber so über Hals und Kopf sich in das Joch einer fremden Nation werfen?! — Es scheint, daß unsere Verderber die Verzweiflung der Moreoten für sich benützt haben, um solchen Kauf und Verkauf unseres Volkes einzuleiten und der Freiheit, für welche Ströme hellenischen Blutes vergossen wurden und täglich sich vergießen. Aber wir sind unter uns und mit allen denen von Missolungi einig. In wenigen Tagen werden wir wissen, was zu tun ist. Wir werden schon nach der Morea gehen, die Rechte des verkauften Vaterlandes zu fordern und den stolzen Araber zu schlagen...."

Die französischen Umtriebe sind leider in der Sache tätig. Das größte Unglück für Griechenland wäre Spaltung, und der Weg, welcher diese verhindern kann, ist der beste. Eben deshalb scheint mir die Stimmung Guras als eine sehr zu beklagende. Wenn die Franzosen sich schmeicheln, daß er für sie sich erkläre, und in ihm den Kern einer französischen Partei zu haben glauben, so irren sie sich; alle Schreiben des General Roche, die Büsten und Bilder des Duc de Chartres und selbst die Geschenke werden Gura nicht in eine so hoffnungslose Bahn werfen. Aber der Kern des Widerstandes gegen die Regierung ist er, und zwar eines tätigen Widerstandes. Schon haben die Kapitäne von Missolungi die Ausscheidung Maurokordatos verlangt, Nikitas ist von ihnen nach der Morea gegangen, um Kolokotroni dafür zu gewinnen, und Koletti, obwohl er im Ausschußrate wegen der Schutzakte mit saß, arbeitet gegen Maurokordato und gibt sich für einen, der Schlimmeres verhütet habe und dessen Meinung im Grunde nach einem anderen Ziele als England gegangen sei. Im Volke nimmt übrigens die Neigung für die Akte zu; es sieht darin nichts als einen Beweis, daß England ihm helfen und die Greuel enden wolle. — Da ich nach der Stadt zurückkam, fand ich den Eparchen am Markte und setzte mich zu ihm. Auch er teilte die Meinung des Volkes, insofern es den Schritt billigt. England würde das Ansuchen Griechenlands, so glaubte er, annehmen, um es den übrigen Höfen mitzuteilen und bei denselben zu unterstützen; und so würde alles werden, wie man es wünschte.

Gura hat übrigens keine Partei außer den Soldaten. Diese predigen seine Meinung auf den Straßen, drohen, lärmen und begehen auf Rechnung des Unrechtes, das man ihnen künftig antun wolle, allerlei Unfug. Sie folgen übrigens, mit geringer Ausnahme, dem Besserzahlenden. Obwohl Gura etwa 60.000 Taler besitzen mag, so ist diese Summe doch zu gering, um der Regierung den Krieg zu machen; aber dies könnte geschehen, wenn er durch eine fremde Macht mit Geld unterstützt würde. Gura ist übrigens jung, persönlich kühn und unternehmend, ein nackter Barbar, aber voll gesunden Menschenverstandes.

ATHEN, am 12. September 1825

... Gura war am 3. d. nach Salamis gegangen ... Einstweilen gelang es uns, seine schöne Frau... zu überzeugen..., wie kindisch und verderblich die Behauptung wäre, man wollte aus Griechenland eine englische Kolonie machen, und wie wichtig, dem Volke die Hoffnung auf englischen Schutz zu lassen, damit es bis zum Winter ausdauerte im Widerstande gegen die Türken.

Bald nach seiner Zurückkunft fing Gura zu schwanken an. ... Viele wollen an die Sinnesänderung Guras nicht glauben und meinen, er beabsichtige nichts anderes mit seiner Bereitwilligkeit, als der Regierung einige Monate Sold herauszunötigen; er hat aber einen starken Beweis seiner Aufrichtigkeit dadurch gegeben, daß er Stauro ermächtigte, sich der Papiere des entschiedenen und lautesten Anhängers der Franzosen, Sophianopulo, zu versichern, der im Juli zu Megara die Versammlung berufen und geleitet hatte, welche der Regierung vorschlug, sich von dem Herzoge von Orleans einen Sohn zum Könige zu erbitten und diesen unter die Vormundschaft Kolettis, Lambro Nakis und Änians zu setzen. ... Tief war der Abgeordnete des Pariser Philhellenenkomitees, General Roche, in der öffentlichen Meinung gefallen, da ihm die Regierung das Bekenntnis abnötigte, daß er ohne Auftrag die Umtriebe für das Haus Orleans angezettelt hatte. Den Justizminister Theotoki rettete seine Stelle nicht; er hatte sich eingelassen in die von Roche gestiftete Maurerloge und ward nun in den Kerker gesetzt; Adam Dukas und Poniropulo, der eine Minister des Krieges, der andere der Finanzen, Koletti selbst wären bald vom Arme Maurokordatos erreicht worden und retteten sich nur durch kluge Wendung ihres Benehmens.

So war in derselben Zeit, als de Rigny bei Salamis stand und die Früchte der Umtriebe, die er verachtete, aber nützen wollte, zu ernten glaubte, plötzlich alles verändert. Er hatte Gura und dessen Frau zu einem Frühstück an Bord seines Schiffes gebeten. Zwischen der Einladung und Ausführung war ihm der Stand der Dinge bekannt geworden. Es gab ein kaltes Frühstück. Ich saß neben der blauäugigen Pallas Athene. Gura wird in ein paar Tagen wieder zur Armee abgehen. —

Abschied von Athen. Begleitung durch Gropius nach Korinth und Sikyon. Verbrachte Nacht an der unteren Pirene (in Alt-Korinth) und Beobachtung eines Kometen. Auf der Weiterreise Nachtquartier oberhalb von Hagios Georgios in einem verängstigten Dorf; Mutlosigkeit der Bevölkerung und eigene Bangigkeit ob der furchtbaren Schicksale der Menschen.

NAUPLIA, am 24. September 1825

Ich habe sie verlassen, die herrliche Attika, und wie der Jüngling nach der Heimat der Geliebten, denk' ich nach ihr zurück. Aber mich umrauscht der Lärm des Krieges...

Vor zehn Tagen verließ ich Athen. Einige Bürger hatte ich liebgewonnen; es freute mich, auch von ihnen wohl gesehen zu sein; wissenschaftliches, menschliches Interesse verband uns. Ich habe so viele Abschiede in meinem Leben gemacht, wie sollte mich dieser ergreifen. Aber ich ward doch stille, als ich hinunterritt zur Säule des Abschieds — meine Blicke über die olivenbedeckte Flur vom Parnes zum Pentelikon, vom Hymettus zum Anchesmus wandeln und verweilen ließ auf den herrlichen Resten des Parthenon!

Gropius wollte mir die Freude machen, mich nach Korinth und Sikyon zu führen. . . .

Es war schon dunkel, da wir... ins Feld nahe an der Quelle Pirene niederstiegen; da vernahmen wir Stimmen und sahen um eine offene Hürde im Kreise Männer gelagert. Wir näherten uns; es war eine Streifwache, von Akrokorinth ausgesendet, um in den Dorfschaften Pferde und Tragtiere zum Frondienste für das Schloß aufzutreiben. Man begrüßte uns freundlich, wir nahmen Platz, und da wir hörten, daß eine Familie in einer nahen Hütte lebe, die sich einen kleinen Garten angepflanzt hatte, so war ja die Stelle für unser Nachtlager gefunden. Man bewirtete uns mit geröstetem

Kukuruz. Der Zug und Untergang Dramalis, der Widerstand Perachoras, das dieser Pascha mit seinen 30.000 Mann nicht zu nehmen imstande war — die wackere Verteidigung Missolungis — die Gefahr und das Elend der Morea — die Hoffnung auf den Richterspruch der christlichen Mächte wurden bis tief in die Nacht besprochen, dann zogen die Kriegsleute ab, wir aber legten uns die Teppiche im Freien zurechte. Schlaflos, wie Du weißt, daß ich bin, war ich schon vor Tagesanbruch wieder wach, und den gestirnten Himmel betrachtend bemerkte ich im Stier einen Kometen. Er stand unter den Plejaden; kaum war der Kern den freien Augen sichtbar, der Schweif streckte sich weit nach Süd hin. — Bald darauf, eben da es zu tagen begann, zog eine Feuermasse in der Richtung gegen Böotien hin, funkensprühend und sich allmählich verzehrend. Natur, Mutter der Gedanken, wie beschwichtigend wirken deine Erscheinungen auf den Umgetriebenen! —

Der erste Morgenbesuch ward der Quelle Pirene, unter deren Schirm und Schutz wir die Nacht zugebracht hatten. ...

Noch immer hatten wir den lepantischen Golf nicht aus den Augen verloren und zu den majestätischen Bergkronen des Parnaß, des Kirphis, des Helikon und Kithäron reihten sich noch in größerer Ferne der böotische Sphinx und der Ptoon.

Den Absturz nach Nemea fanden wir so steil, und die Stunde war so spät, daß wir vergeblich uns bemühten, in das Tal hinunterzusteigen. Hoch zur Rechten ragte ein Berggipfel und zuoberst ein Kirchlein, von einigen Bäumen umstellt. Wir wandten uns also dahin und dachten den Ort noch vor der Nacht zu erreichen. Unter diesem Gipfel an einer Quelle fanden wir einen Hirten gelagert, die Herde zur Seite; er sagte uns, daß dies Kirchlein zur hl. Jungfrau Verkündigung geheißen werde, und erzählte uns gar manche seltsame Sache davon, die zur einsamen und weitherrschenden Lage des Gotteshauses stimmte.

Der Hirte versprach, uns in ein Dorf zu führen, das am Abhange der Berge gegen die Ebene von St. Georg liege. Schon brach die Nacht ein, aber wir hatten Mondschein und einen Fußsteig. Nach zwei Stunden mühsamen Hinabsteigens verkündigten uns endlich Hunde das nahe Dorf. Wir sahen die Ebene in unbestimmten Grenzen vor uns; hoch überragt in Süd und West von den Kuppen und Spitzen des finstern Kyllene. Einige Feuer brannten auf den nahen Bergen.

Da wir die ersten Häuser erreichten, floh das Volk, das vor denselben geschlafen hatte, und wir hatten Mühe, ihm begreiflich zu machen, daß wir keine Soldaten seien und nichts Böses im Sinne führten. Die Klagen über das Elend des Krieges waren erschütternd. „Wann wird der Herr kommen", sagte eine Frau, „den man uns seit fünf Jahren verspricht? — Wer hat unsere Behausungen, wer alle Dörfer in unserer Nachbarschaft zerstört? — Die Türken etwa? Nein, sondern die Rumelioten taten es. Welchen Gewinn haben wir davon, uns den Sommer über gegen die Türken zu schlagen, wenn im Winter die Rumelioten unsere Ernte verwüsten und unsere Häuser niederbrennen?" —

Es waren viele Flüchtlinge in der Stube — nur Weiber und Kinder; — die Mutlosigkeit war auf das äußerste gestiegen; die Erzählungen von ausgestandenen Leiden und Verlusten nahmen kein Ende; die Belege der Wahrheit standen leider im Gesichte geschrieben, sprachen sich in tausend Tränen, in Elend und Krankheit, in Armut und Abspannung aus. Die Geschichte eines fünfzehnjährigen Mädchens, von der unglücklichen Mutter gemacht und von der Tochter selbst mit bebenden Lippen bejaht, überbot alles übrige an schmerzlichem, empörendem Inhalt. Ich kann sie Dir nicht wiederholen; meine Seele sträubt sich dagegen. —

Im Hofe des Hauses — unter freiem Himmel nachteten wir. Ich betete wirklich: „Herr, befreie mich von der Geißel der Gedanken!"

Als der Morgen kam, sahen wir entschleiert die mäßig große, reiche Ebene von Phlius unter uns, von Südost nach Nordwest hingestreckt. . . .

Wiederum in Nauplia. Schwierigkeiten der Regierung und einiger ihrer Mitglieder. Aufstellung geregelter Truppen durch den redlichen und tapferen französischen Oberst Fabvier. Für die Flotte hofft man auf die Ankunft des gefeierten Seehelden Lord Cochrane. Nüchterne Beurteilung der Lage durch Trikupi. Die Nationalversammlung ist für den Jahresanfang anberaumt. Abwehr der frankophilen Tätigkeit. Persönliche Erschöpfung und Überdruß an dem ungesunden und seuchengefährdeten Nauplia. (Das Fieber erzwingt den Aufbruch von Nauplia am 18. Oktober nach Mytilene und weiter nach Smyrna.)

NAUPLIA, am 27. September 1825

... Akrokorinth und Nauplia haben zusammen etwa 1800 Palikaren. Besser sieht es auf dem Festlande aus. Man kann in Westgriechenland immer an 6000 Mann annehmen, wovon ein Dritteil mit Karaiskaki im Gebirge und der Rest in Missolungi liegt; in Ostgriechenland mögen im ganzen an 3000 Mann stehen. Zählt man alle Kräfte des heutigen Griechenland zusammen, so kommen nicht 15.000 Mann heraus, und die Regierung bezahlt 35.000 Mann und 186 Generale! —

Wenn man Mittel und Betrieb der Geschäfte sieht, so erklärt sich freilich dieser Zustand. Die Regierung ohne Gewicht und Ansehen, — die Leute am Ruder meist ohne Kenntnisse, Fähigkeiten und Erfahrung, — das Volk im höchsten Elend, ohne Mut und Vertrauen in sich selbst, — der Widerstand auf den Einfluß einiger Primaten und Kapitäne gebaut und das Trachten dieser Menschen nur nach Geld und Macht; nichts organisiert und nirgends die Kraft, um einer Organisierung Eingang zu verschaffen; keine Armee, keine nationale Schiffskraft, keine Verwaltung, kein geregeltes Einkommen; jeder Kapitän Herr in seinem Bezirke; mehrere hundert kleine Tyrannen, unter sich voll Haß, Neid und Mißtrauen, über die Halbinsel, das Festland, die Inseln verteilt, bald einzeln, bald in Verbindung den Raubkrieg führend — aber in allen vom Obersten bis zum Untersten im Volke, in Mann, Weib und Kind die Überzeugung der Unmöglichkeit, sich mit den Türken zu vertragen, und die dumpfe Hoffnung auf Hilfe von außen und oben! —

Demetrius Ypsilanti dauert mich. Er ist an Körper und Gemüt

völlig gebrochen und fast hoffnungslos in bezug auf Griechenlands Zukunft. Er besucht niemanden und wird von niemand besucht. Vor ein paar Jahren empfing ihn ganz Griechenland wie einen Heiland. Dieser Wechsel muß ihm schmerzlich sein, aber er ist billig, denn offenbar war Demetrius nicht der Mann für die Aufgabe, der er sich unterzog, und Völker haben ebensowenig als Regierungen Zeit zu unfruchtbarer Dankbarkeit. Zacharizza, den Abgeordneten Athens, hab' ich hier aufgesucht; auch Stauro Johannes fand ich wieder und lernte durch ihn Kondurioti kennen, den Präsidenten der Regierung, einen einfachen Mann, der inmitten der Ehren die Tracht und Lebensweise seines Ursprunges beibehält. Von den fünf ist nur Koletti bedeutend: Die Rumelioten halten ihn, und er hält sie. Panuzo Notara, der Präsident des gesetzgebenden Körpers, ist ein Ehrenmann, nicht ohne Kenntnisse und gefällige Formen, aber altersschwach. Maurokordato und Trikupi sind die Leute, die heute das Heft in Händen halten, der erste durch seine Fähigkeit, der andere durch seinen Charakter.

Mit Roche wohne ich fast Tür an Tür. Er hat sich durch seine Prahlereien und Umtriebe und durch die Sünden eines Zantioten, in dessen Händen er liegt, um jede günstige Meinung gebracht. Nur wenige halten noch bei ihm aus, Poro z. B., der zweideutig genug ist, um dafür einen Grund zu finden; Adam Dukas, Kriegsminister, ein junger, eitler Mann mit einigen Anfängen von Wissen; Kanaris, der bekannte Branderführer, ein armer, ganz unwissender Mann, der gar nicht dem Bilde gleicht, das Ihr in Europa Euch von ihm macht u. a. m.

Roche bemächtigte sich Kanaris' gewiß nur, weil dieser Name in Paris hoch gepriesen und mit einer Glorie lügenhafter Bewunderung und hochmütiger Empfindelei umgeben ist. Mich ekelte bis in die tiefste Seele, als ich sah, wie Roche die Unerfahrenheit dieses Naturmenschen mißbrauchte. Briefe, angeblich aus Paris, las er ihm vor, worin Kanaris für den ersten Helden aller Zeiten erklärt wurde; die ganze Welt beschäftige sich mit ihm, sagte er, und legte ihm seine eben zu Paris erschienene Biographie samt seinem Porträte in Steinstich vor, was den armen Mann, der keinen Maßstab dafür hat, was das bei uns gilt, in völlige Verwirrung brachte. . . .

NAUPLIA, am 30. September 1825

Fabvier betreibt die Bildung geregelter Truppen mit Kenntnis, Eifer und Erfolg. Sein Fußvolk, 1240 Mann stark, sieht gut aus; Reiterei und Artillerie zählen jede nicht viel über 100 Mann. In der Kleidung ist vom Griechischen so viel beibehalten, als mit europäischer Waffenübung sich vereinbaren läßt; das schmeichelt den Leuten, denn sie lieben sich zu zieren und zu schmücken. Uniformen, wie wir sie tragen, würden ihnen ärmlich und unbequem vorkommen. Maurokordato, der darauf hinarbeitet, die Regierung unabhängig von den Kapitänen und Hydrioten zu machen und auf eigene Mittel zu stellen, unterstützt die Ausbildung des taktischen Korps nach seinen besten Kräften und würde auch zum Ankaufe von Schiffen gerne schreiten, wenn die Staatskasse Geld dazu hätte. Man spricht nun viel von Lord Cochrane. Da ihm Maurokordato keine Schiffe zu geben hat, so lud er wenigstens die Hydrioten und Spezzioten zur schriftlichen Verpflichtung ein, diesem Freibeuter zwanzig der ihrigen anzuvertrauen. Ich zweifle nicht, daß dies gehen wird, denn Cochrane's Ruf ist groß in diesem Meere.

Ich sehe oft Spiridon Trikupi, den Abgeordneten Missolungis, einen Mann von etwa dreißig Jahren und Freund Maurokordatos. Bei ihm versammelt sich jeden Abend, was zur Regierung hält, Maurokordato selbst, Liberius von Anatoliko, Kontumas von Mykoni, Pangalos von Zea, Januli Nako von Livadia, Antoniades von Kreta, der Priester Theoklitos Pharmakides usw., auch mehrere Philhellenen kommen dahin, wie Rheinegg, ein Preuße, Maurokordatos Sekretär, Roccaville, ein Piemonteser u. a. m. Trikupi hat den Ruf eines geschickten Dichters und Redners und, was in Geschäften wichtiger ist, den eines ehrlichen Mannes. „Die Regierung ist in einer traurigen Untätigkeit", sagte er mir gestern; „aber sie hat nicht so viele Schuld daran, als man glaubt. Sie hat keine Leute. Warum kommen die Kapo d'Istrias, die Mustoxidi, die Ignatios, die Korai nicht, die so viel Anteil an unserer Sache zu nehmen vorgeben? — Weil die Revolution zu frühzeitig geschah, sagen sie. Das sagen auch wir. Aber da der Wurf nun einmal geschehen ist, sollen wir das Vaterland, ohne Versuch, es zu retten, zugrunde gehen lassen? — Eben weil Narren angefangen haben, sollen gescheite Leute das Werk zu Ende führen. Da wir ohne Männer für die Umstände waren, ist seit fünf Jahren nichts für die

Begründung des neuen Staates geschehen. Wir haben keine Flotte und sind daher in den Händen der Hydrioten. Wir haben keine Armee und hängen daher von dem Willen der Kapitäne ab. Wir sind keines Unternehmens sicher, zahlen das Unmögliche und werden ausgeplündert. Ein Diktator geht uns ab. Kolokotroni, im Frühjahr als Retter des Vaterlandes empfangen, konnte das damals werden, heute nicht mehr. Maurokordato ist der Fähigste aus uns allen. — Können die christlichen Mächte ungerührt uns zugrunde gehen sehen? — Wir haben uns nicht an sie gewendet, weil Ausspruch zu Verona uns keine Hoffnung ließ. Die Schutzakte wurde zur Rettung des Augenblickes und um den französischen Umtrieben entgegenzuwirken verfaßt. Man mag schreien gegen sie, wie man will; sie ist von allem, was Namen und Wert in Griechenland hat, unterzeichnet. Wir konnten nicht die Regierung selbst den Schritt tun lassen, denn was gilt die Regierung bei den Höfen? — Also ließen wir das Volk als Volk reden, und die Regierungsglieder unterzeichneten mit, um darzutun, daß der Volkswille der ihrige sei." ...

NAUPLIA, am 10. Oktober 1825

...Die Nationalversammlung ist also wirklich für den nächsten Jänner berufen; ein gefährlicher Schritt! Aber die Regierung, deren Jahr heute zu Ende ist, mußte dem Gesetze nachkommen und den Gegnern der Schutzakte ihr Versprechen halten. Stark durch diesen Schritt, greift sie nun unumwunden die französischen Umtriebe an. Jedermann, der einen französischen Prinzen predigt, wird festgenommen. Nikolaides, der gestern aus Athen hier eintraf und sieht, wie die Sachen stehen, erschöpft sich in Dank für mich. Gura ist wirklich ganz bekehrt. ...

Vorgestern wurde auch Suzzo, im vorigen Jahre Eparch von Kalavrita, eingesperrt; man fand bei ihm das Bild des Herzogs von Nemours, einen Konstitutionsentwurf und Briefe von Sophianopulo. Gestern endlich mußte auch Änian, der im Vertrauen auf seinen Einfluß in Westgriechenland nach Nauplia gekommen war, nach dem Wasserschlosse wandern, um dort Theotoki Gesellschaft zu leisten. Ich sah ihn am Nachmittage vor seiner Einkerkerung. Er hatte keine Ahnung davon und sprach mir lebendig von der Unmöglichkeit, daß sich Griechenland anders als durch einen europäischen Prinzen rette. Auf der Versammlung von Astros sollen ein paar Philhellenen Jerome Bonaparte dazu vorgeschlagen haben. Diesen verwarf man aber und kam bei dieser Gelegenheit auf Eugen Beauharnais zu denken. Änian versicherte mir, Abgeordnete wären schon auf dem Wege zu ihm gewesen, als sie seinen Tod erfuhren. ...

NAUPLIA, am 13. Oktober 1825

... Ich bin unwohl. Es ist unmöglich, in dieser Hauptstadt des Schmutzes zu bleiben. Was ist der schmutzigste Winkel Venedigs gegen die Hauptstraße von Nauplia? — Jedes Haus ist bis in die innersten Gemächer ohne Rücksicht besudelt und scheint jedem, der da will, für alle Bedürfnisse freigegeben. Mitten in Fäulnis und Gestank — mitten im Aushauch der nahen Sümpfe — in feuchtem Zimmer ohne Fenster, ohne Türe, die schließen, ohne Wände, Decke und Boden, welche gegen den Wind zu schirmen vermögen, mit fünf, sechs Personen zusammengepfropft, ohne gesunde und reine Lebensmittel, ohne genießbaren Wein, ohne Wasser endlich, indem die Haufen der Flüchtigen, welche außerhalb der Stadt an der Wasserleitung wohnen, dieselbe erbrochen haben, allen Schmutz hineinwerfen und ihre Wäsche darin reinigen: so leb' ich — so leben alle Fremden — so jedermann; was Wunder, daß ansteckende Krankheiten herrschen, die durch die Überfüllung der Stadt um so gefährlicher werden; was Wunder, daß so viele Fremde Opfer des hiesigen Aufenthaltes werden, Fieber durch viele Monate mit sich herumschleppen oder ihren Tod finden!

Fünf- bis sechstausend Menschen wohnen hier ohne anderes Dach als etwa ein zerlumptes Zelt oder eine Laub- und Strohhütte. Wovon sie den Winter hindurch leben werden, weiß Gott. Jetzt schon erliegen sie dem Hunger und den Seuchen. Ein Gang in die Schlucht zwischen dem Palamidi und der Albanitika nach dem Meere zu ist eine furchtbare Schule. —

Die Albanitika, türkisch Itschkalessi, ist ein befestigter Felsen, der, fast unter einem rechten Winkel auf dem Felsen Palamidi, in den Golf hinausläuft und viel niederer als jener ist. Eine einfache Mauer, fast durchgehends auf polygonischen Unterlagen, umgibt die Kanten dieses Felsens, der besonders nach dem Golfe zu senkrecht und unersteiglich ist. Nach dem Palamidi und dem Glacis der Stadt, wo der Fall am geringsten, ist er ganz mit Mauern abgeschieden und bildet das andere Bollwerk der Angriffsfronte der Stadt. ...

Überblick über die militärische und politische Lage. Begegnungen mit Mehmed Ali, Vizekönig von Ägypten, dem Adoptivvater Ibrahim Paschas. Abschied von Kairo.

SMYRNA, am 22. Juli 1826

... Seit ein paar Tagen liegt die Flotte des Kapudan Pascha, 2 Linienschiffe, 7 Fregatten und 17 kleine Schiffe stark, auf der Reede von Scio. Große Haufen ziehen durch unsere Stadt nach Scalanuova. Ein Angriff auf Samos ist im Plane. Die Insel hat etwa 2000 Mann und 20 Mistiken zur Verteidigung. Auch kreuzt Sachturi dort mit 30 Briggs.

Während der Kapudan Pascha seine Zeit versplittert, tut Ibrahim dasselbe. Seine Hauptkraft lagert bei Kalamata. Die Flotte liegt in Navarin und Suda.

Auf der Seite der Griechen schläft auch alles. Gura liegt im Schlosse von Athen, während die Türken ganz Attika besitzen. Fabvier steht mit nicht 800 Mann in Methana. Kolokotroni in Nauplia und die Rumelioten auf dem Palamidi trotzen gegenseitig. Die Regierung hat sich ins Hafenschloß geflüchtet. Maurokordato lebt ohne sichtbaren Einfluß in Hydra. Dort baut Kanaris mit englischem Gelde zwei Brander. Ein Geschwader bereitet sich, um vor Suda zu kreuzen.

Die französische und die englische Partei führen in Griechenland ihren Kampf fort. Stratford Canning hat aber durch sein Kommen nach Griechenland und durch die Hoffnungen, die er weckte, den Einfluß der englischen verdreifacht.

Jedermann legt die Hände in den Schoß und wartet auf irgendeinen deus ex machina.

SMYRNA, am 2. September 1826

Bald wird es nur ein Wortspiel sein, zu sagen, der Krieg werde zwischen Türken und Griechen geführt. Die letzten haben schon dermalen fast nur insoferne daran Teil, als sie im Solde der Europäer stehen.

Wenn auch die Franzosen sagen, daß England die Griechen aufgebe: es glaubt niemand daran. Wenn dagegen Maurokordato sagt, England werde die Gelegenheit benützen, um Griechenland auf immer dem russischen Einflusse zu entziehen, so glauben selbst die Franzosen daran.

Cochrane wird täglich erwartet. Hat er nur das Dritteil der Kräfte, welche das Gerücht ihm zur Begleitung gibt, so hält die türkische Flotte nicht stand. Sie ist außer der Möglichkeit, sich gegen ein paar Fregatten zu schlagen, denn sie hat gar keine Seeleute. — Sie kreuzt noch immer vor Samos.

Die griechische Regierung ist Null. Alle Parteien blicken auf Hamilton. Er ist ihr Orakel von Delphi. Miaulis liegt zu Hydra, denn die Besorgnis des Angriffes von Seite der ägyptischen Flotte ist die größte. Dennoch wandern eine Menge Familien aus Ägina, Poros und Spezzia dahin, denn obwohl niemand zweifelt, daß der Angriff Hydra gelten werde, so hat man doch mehr Vertrauen auf diesen Felsen als auf irgendeinen andern Punkt. Der Seraskier Reschid Pascha hält Westgriechenland besetzt; die Negropontiner Türken und einige Haufen Albaneser verheeren Attika und halten die Akropolis eng umschlossen. Sie liegen auf dem Lykabettus und an den Säulen des Olympischen Jupiter; dennoch halten die Griechen den Museischen Hügel. Gura mag an 1000 Mann im Schlosse haben. — Eleusis ist auch noch von den Griechen besetzt unter Grisioti und Vasso, und im Gebirge halten sich einige Haufen. Ganz Megara ist nach Salamis gewandert; ganz Athen ist dort.

Der Schrecken ist in die Rumelioten gefahren, daß die Regierung sie im Vergleiche mit den Türken opfern wolle. Daher sind die meisten rumeliotischen Kapitäne in Nauplia. Nikitas sucht sie zu beschwichtigen. Zu der Meinung des Vergleiches führten die Unterhandlungen mit Stratford Canning. Kein Zweifel, daß heute ganz Griechenland sich unterwürfe, wenn von der Pforte die Bürgschaft für die Treue des Versprechens zu erhalten wäre, daß die Muselmänner den griechischen Boden räumten. Es gibt freilich noch Leute, welche schreien: nichts vom Vergleiche und Krieg! — aber die Waffen nehmen sie nicht zur Hand.

Die Flucht vom Festlande nach den Inseln ist schauerlich. Falsche

Schrecken fallen wie Schreckgespenster ein und treiben die Haufen rastlos von Ort zu Ort.

SMYRNA, am 23. September 1826

... Hamilton arbeitet zu Hydra an der Wahl einer neuen Regierungskommission. Die jetzige ist gar zu nichtig. Er sucht Maurokordato wieder ans Brett zu bringen. Der ist auch der brauchbarste Mann.

ALEXANDRIA, am 23. Oktober 1826

Während Griechenland vor Mehemed Ali zittert, genügen hier wenige Blicke, um sich zu überzeugen, daß er für die Sache der Pforte nicht viel mehr zu tun gesonnen ist und in diesem Jahre auf keinen Fall etwas Ernstliches tun wird. Er ist gekränkt durch den Umstand, daß der Sultan sein Begehren um Entfernung des Kapudan Pascha nicht beachtet, seine Wünsche auf das Paschalik von Damaskus, das er als Entschädigung für seine Leistungen anspricht, unerfüllt läßt und dafür Ibrahim Pascha mit dem Titel eines Seraskiers der Morea abfinden will; er mißtraut der Pforte und setzt voraus, daß sie nicht ungerne sähe, wenn er sich erschöpfte und in der Meinung der Muselmänner verlöre. Auch seine Geldmittel sind tief heruntergekommen. Man schätzt die Summe, die ihn der griechische Krieg kostet, bereits auf 25 Millionen spanische Taler.

Der Vizekönig hat mich am 10. nach seinem Hafenpalaste einladen lassen. Ich fand ihn äußerst freundlich und lebhaft, obwohl körperlich leidend. Eine seiner ersten Äußerungen verriet die Besorgnis, daß Rußland und England bereits unter sich einig wären über die Einmischung in die griechische Frage. Er ergoß sich in Klagen über die Untätigkeit der Pforte. „Ich trat als Diener des Sultans", sagte er, „in den Kampf; ich wollte meinen Teil davon tragen, nicht aber die ganze Last. Ich schob die zur Hebung Ägyptens gefaßten Pläne auf, verwendete die Lebenssäfte dieses Landes, und, sowie die Last auf meinen Schultern war, ließ mich der Sultan sitzen. Ich kannte die Wichtigkeit des Augenblicks nach der Eroberung von Missolungi; der Angriff auf Hydra war verabredet — aber der Kapudan Pascha hielt nicht Wort; er hat den

Feldzug scheitern gemacht." — Er pries mir Ägypten als die Perle der Länder. „Zehn Jahre Frieden", sagte er, „und Ägypten wird neben Rußland, England, Frankreich und Österreich durch sein Geld die fünfte Macht sein." ...

KAIRO, am 18. Dezember 1826

In Alexandria ist der Vizekönig auf einem Landhause. Hieher muß man kommen, um ihn im Pompe eines Souveräns, mit allen Zeichen seiner Macht umgeben zu sehen! — Er, für seine Person, ist einfach, freundlich und strenge zugleich; in seinen Adern, in seinen Blicken lebt ein vielfaches Leben; der Ausdruck seines ganzen Wesens ist Wißbegierde; er kann keine Idee anfassen, ohne sie zu erweitern und anzuwenden; hundert Pläne bewegen sich zu gleicher Zeit in seinem Kopfe. Marine und Landbau beschäftigen ihn jetzt am meisten. ...

In Hinsicht des griechischen Krieges wird der Vizekönig wohl das Ergebnis der europäischen Einmischung abwarten.

KAIRO, am 5. März 1827

Die Verhältnisse haben hier die entscheidende Farbe angenommen. Der Sultan hat also den Kapudan Pascha geopfert, verspricht seine Flotte dem Vizekönige unterzuordnen und hat diesem die oberste Leitung des Krieges gegen die Morea übertragen. Der Ton des hiesigen Hofes ist umwandelt. Alles atmet den tätigsten Krieg. Wenn die Pforte ihre Versprechungen hält und die europäischen Mächte nicht dazwischentreten, ist die Halbinsel verloren. „Schaden macht klug", sagte er mir bei dem ersten Besuche, den ich ihm seit meiner Zurückkunft gemacht hatte; „der vergangene Feldzug hat auf die Pforte gewirkt. ..." Dann entwickelte er den Plan des Feldzuges. Hydra wolle er angreifen, sagte er; das sei der Schlüssel zu Griechenland.

SAIS, am 14. März 1827

Am 12. abends verließ ich Kairo. Ich fand am Gestade ein missolungiotisches Mädchen, das man mir um 5 Börsen bot. Es flehte um Rettung. Ich hätte zurück nach der Stadt müssen, um das Geld aufzutreiben — ich hätte keinen Platz ihm anzubieten gehabt, als meine Barke. Was würde man in Alexandria dazu gesagt haben, hätte man mich anlangen sehen mit einer Sklavin? — Falsche Scham und Geiz befielen mich. Ich kaufte es nicht. Auf dem Markte zu Tantah wird ihm der Käufer geworden sein.

Ich wandte mich ab und besah einen aus Memphis herbeigeschleppten Sarg aus schwarzem Stein, voll trefflich gearbeiteter Hieroglyphen und Bilder. Auf dem Deckel war die Nephtys in Lebensgröße ausgehauen, das Bild der Nephtys mit gespreiteten Flügeln innen auf der Vorderseite, auf der unteren aber eine weibliche Gestalt. Mir schien dieser Sarg der einer Frau zu sein, die den ersten Geschlechtern des Landes angehört haben dürfte. Es stand ein Ring darauf, aber er war unleserlich. ...

Athen ist gefallen. Daraus resultierende Zwistigkeiten zwischen Griechen und Philhellenen. Wiedersehen mit Athen nach dem Fall der Akropolis. (Rückschau auf das Ende von Guras heldenhafter Frau und mittelbar auf den Tod von Gura im Dezember des Vorjahres.) Die Verödung der Stadt.

SMYRNA, am 3. Juli 1827

Athen ist gefallen; das ist die große, die gewaltige Neuigkeit. Dieser Schlag wiederholt den Eindruck, den der Fall von Missolungi gemacht hatte — aber damals schmiegten sich Philhellenen und Griechen aneinander; jetzt wüten sie gegeneinander. Gegen Fabvier haben die aus der Akropolis gekommenen Kapitäne eine Klage bei der Regierung eingereicht. Grisioti ist sogar mit der Behauptung aufgetreten, man habe ihn mit der Pistole zur Unterzeichnung der Übergabe gezwungen. Gegen Church ist das Geschrei allgemein. Die eine Partei sagt sogar, England habe diesen unfähigen General deshalb geschickt, um Athen und den Rumelioten den Gnadenstoß zu geben. Gegen Rigny stieg die Erbitterung so hoch, daß Offiziere der Fregatte Juno zu Nauplia mißhandelt wurden. Daß die Akropolis noch für vier Monate Lebensmittel hatte und daß Rigny und Fabvier vom Seraskier eine Million Piaster bekamen, das gilt bei diesen Schreiern für Glaubensartikel. ...

STRASSE VON SALAMIS, am 17. Juli 1827

... Am 10. Juli erhielten wir Nachricht, daß sich österreichische Kauffahrer, durch ein kleines Kriegsschiff begleitet, zu Naussa in der Klemme befänden. Wir gingen am Morgen darauf unter Segel — nahmen den Weg zwischen Scio und Ipsara, Naxia und Mykone; waren am 14. vor Naussa — fanden die Schiffe nicht mehr und die Sache ausgeglichen — gingen bis nahe an Sira und dann zwischen Thermia und Serpho durch in den Golf von Athen und auf die Reede von Salamis. —
Ich fuhr in den verlassenen Piräus, wo keine Barke zu sehen war. Ich sah den Molo, wo auch ich einst die Nacht hindurch mit Gropius gelegen hatte, auf- und umgewühlt — die paar Kneipen daran und das Mautgebäude zerstört. Ich ging nach dem Kloster St. Spiridion; Schutt und Trümmer, nichts weiter! — Zu Fuße eilten wir, ungeachtet der späten Stunde und des heißen Tages, nach der unglücklichen Athenä hinauf. Der ganze Raum zwischen dem Piräus und dem Olivenwalde war mit Kugeln und den Papierstreifen der Flintenpatronen besät — im Felde zur Linken lagen mehrere Leichen von Mann und Roß — hie und da war der Boden zu Tambouren aufgewühlt — ausgedehnte Verschanzungen krönten die Höhe von Munychia — und die gegenüberliegende. Verwüstung hatte das westliche Ende des Olivenwaldes getroffen — die Bäume waren zu Stumpfen gebrannt oder niedergehauen — mehr geschont war die Waldstrecke näher an Athen.
Vor dem Brunnen des Abschieds schlug ich den Weg rechts ein und stieg in die Schlucht zwischen dem Pnyx und Lykabettus hinauf. Beide Höhen waren mit Batterien gekrönt — ebenso der Museische Hügel. Mit Unrat war die Rednerbühne des Demosthenes bedeckt — von Feuer geschwärzt und verstümmelt das Mal des Philopappus — aufgewühlt der Boden überall und verlassen von den Händen, die nichts wegräumen. —
Da lag die Stadt unter uns — als säh' ich Abahuda oder Kisch! —

Da stieg die Akropolis vor uns auf — ihr Eingang mit einer Hülle von Schutt verdeckt, wie eine große Bresche.

Wir gingen nach dem Tempel des Theseus. Ich fand ihn geöffnet, denn er hatte zum Pferdestall gedient. Ich sah ihn zum erstenmal im Innern. Neuere Leichensteine als Pflaster; griechische Heilige an die Wände gemalt; in einer der Ecken ein Teil eines Säulenschaftes, wahrscheinlich als Aufsatz für kirchliche Geräte, und davor eine Opferurne mit drei oder vier griechischen Aufschriften, die wahrscheinlich als Weihkessel oder Taufbecken gedient hat.

Dieser Tempel hat durch die Belagerung wenig gelitten. Doch ist an der Nordseite im Säulengange das Pflaster aufgerissen — einiges Getäfel ist eingestürzt und von dem Gebälke an der Ostseite fielen zwei Platten herab — glänzend weiß an der nun enthüllten Stelle; an der anderen mit der klassischen Farbe der Zeit belegt.

Ein Posten aus Albanesen und Gegen stand im Theseustempel. Ihre Gewehre hingen an den glänzenden Mauern. Die Barbaren lagen gestreckt in den Säulengängen und zehrten ihr ärmliches Brot auf, während ihr Auge über der Flur von Athen, vom Pentelikon zum Parnes schweifte. Sie nahten sich zutraulich — schilderten ihr Elend — lobten Karaiskaki und Nikitas — schimpften über Vasso — priesen den Seraskier und dachten in Krieg und Ferne der Heimat.

Das Lager des Seraskiers Reschid Pascha war noch in den Gärten bei Padischah. Dorthin hatten wir einen Mann geschickt, um uns die Erlaubnis zum Eintritt in die Akropolis zu erwirken. Der Pascha gab uns dieselbe mit italienischer Zuschrift, unter die sein Siegel gedrückt war. Kamele zogen aus und ein durch das Tor der Akropolis — einige griechische Sklaven, aus Negropont hieher geschickt, schleppten Holz hinauf: man war daran, den Platz zu verpflegen. Zwischen der Vormauer und dem ersten Tore lagen zerbrochene Geschütze und saß ein Posten; im Tore selbst ein zweiter. Der Abschied vom Leben, die Isis-Minerva und ein drittes Stück waren unverletzt an ihrer Stelle; das herrliche Basrelief aber der Venus-Viktoria konnte ich nicht auffinden. — Das Wachgebäude am zweiten Tore war eingestürzt. Ich sah hinab in das Theater der Regilla. Albanesen hockerten in den gestreckten Bogen. — Der Raum zwischen dem zweiten und dritten Tore war gleichfalls voll zerschlagenen und umgeworfenen Geschützes — und ebenso der zwischen dem dritten und dem Piedestal des

Agrippa, neben welchem der Weg zu den Propyläen führt. Die Propyläen, durch die hohe Vordermauer gegen die Kugeln der Belagerer gedeckt, haben wenig gelitten; jenem Piedestal aber droht der Einsturz. Der Turm des Odysseus litt gleichfalls nicht. Wie geschändet aber ist das Parthenon! — Es ist kein Teil desselben weiter eingestürzt — aber alle Säulen der westlichen Fronte — dieser Fronte, deren Anblick der mächtigste und reinste war — sind von den schweren Kugeln der Belagerer ausgesprengt und auf alle Weise verletzt. Aller Schaden, der das Parthenon traf, kam vom Museischen Hügel. Es würde noch mehr gelitten haben, wenn nicht in der Richtung von dem Tempel nach der Batterie des Feindes, auf wenige Schritte vor dem ersteren, ein kleiner Aufwurf gemacht worden wäre, um eine Kanone zu stellen, mit welcher man sich die Mühe gab zu antworten. Vor diesem Aufwurfe, gleichlaufend mit der Hinterfronte des Parthenons, sind die Gewölbe, in welchen die Belagerten Schutz fanden. Darin waren alle Weiber und Kinder untergebracht gewesen. Seit meinem Abenteuer im Angelica-Kloster zu Murano bei Venedig hab' ich nicht so viel Ungeziefer aufgefaßt als in diesen unterirdischen Hallen!

Das Parthenon ist gleichfalls ein Wachposten; dasselbe sind die Propyläen. Da alle neuern Gebäude zerstört sind, muß die Besatzung in den Tempeln wohnen. — Guras Haus ist eingerissen. Da ist auch ein Loch in die Brustwehr der Ummauerung geschlagen und daran sind einige Tamboure von den Säulen des Parthenons aufgestellt. Sie waren bestimmt, in das Theater des Bacchus hinabgewälzt zu werden, wenn die Türken sich auf dieser Seite dem Brunnen oder der Mauer zu nähern versucht hätten. Es sind auch wirklich ein paar hinabgewälzt worden. — Der dermalige Befehlshaber, ein Bosniake, wohnt an der von den Griechen aufgeführten Pulvermühle, in eilig zusammengefügter Holzhütte. Über das Erechtheion schwieg' ich am liebsten ganz. Der östliche Portikus hat wenig gelitten. Die Decke des Portikus der Karyatiden ist eingeschlagen und sie selbst sind hie und da beschädigt. Die westliche Wand des Cekropiums ist fast ganz zerstört; endlich der nördliche so herrliche Portikus, die feinste Arbeit aus der schönsten griechischen Zeit, liegt eingestürzt in Trümmern. Er war im Jahre 1825 noch Pulvermagazin und während der Belagerung als Wohnung benützt. Die schöne, die mutige Kapitanessa Gura zog sich in diesen Portikus. — Erde ward daraufgeschüttet, um ihn bombenfrei zu machen — aber mitten in der Nacht brach die Decke ein und begrub dies heldenmütige Weib nebst ihren Gefährtinnen. Noch ruht sie unter dem Schutte, der da getürmt an die wenigen Säulen sich lehnt, von denen ein paar das Gebälke tragen. —

Bei dem Tode ihres Gemahls, der im Dezember auf der Batterie vor den Propyläen erschossen wurde, bewies diese Heldin große Seelenstärke. Sie tat ihren Tränen Gewalt und pries den um die Leiche versammelten Kapitänen den Tod fürs Vaterland. Sie sprach mit solcher Würde, und ihre Haltung stimmte so ganz zu ihrem Worte, daß sie auf die rohe Versammlung wie eine Übernatürliche wirkte. Alle trugen ihr einstimmig den Titel Kapitanessa an, und es ward beschlossen, daß sie Wort und Stimme in allen öffentlichen Angelegenheiten behalten und den Befehl über Guras Leute führen sollte. Die Kapitäne bewiesen ihr die größte Ehrfurcht. In dieser Gesinnung und in diesen Verhältnissen starb sie.

Die Akropolis ist noch wüster, als ich sie vor zwei Jahren gesehen hatte, und die Türken haben keine Hand gerührt, seit sie dieselbe wieder besitzen. Die Kanonen liegen in den Gruben herum; elendes Hausgeräte, sogar einen fränkischen Koffer, wahrscheinlich das Eigentum eines Philhellenen — fand ich mitten auf dem Wege. An was es den Griechen nicht gemangelt hat während der letzten Belagerung, das ist an französischen Spielkarten. Alles ist voll davon.

Die Akropolis hat dermalen nicht über 500 Mann Besatzung und nicht 3 Kanonen im Stande zu dienen.

Aus diesem Gehäufe von Schutt und Trümmern stieg ich in ein anderes nieder, in die Stadt. — Welch eine Zerstörung! — Von außen scheint sie noch etwas — darinnen ist die nackte Öde und Verheerung. Ich suchte mehrere der Gebäude auf, wo ich vormals gewesen war; ich fand manche derselben gar nicht mehr, oder zum wenigsten nur die eingestürzten und verbrannten Mauern davon. Nur Gropius' Haus hat Schutz gefunden, d. h. es ist nicht ganz und gar, sondern etwa zu zwei Dritteilen zerstört — von dem Reste haben türkische Reiter Besitz genommen. In seinem andern Hause, wo ich im Sommer 1825 gewohnt hatte, war die Zerstörung auch nur teilweise vollbracht. Mein Zimmer war ein Lagerplatz von Arnauten.

Die Ruinen aus Griechen- und Römerzeit in der Stadt haben

wenig gelitten; am wenigsten der Tempel des Olympischen Jupiter am Ilissus. Die Sonne brannte über uns und warf uns in Erschöpfung nieder — wir tranken des trefflichen Wassers der Quelle Kallirrhoe. Seit langer Zeit hat mich kein Trunk so gelabt! — Dann gingen wir durch die Stadt zurück. — Welche Schätze für den Altertumsforscher in dieser Verwüstung! — Sarkophage, Inschrifttafeln, Baustücke aller Art liegen, durch die Zerstörung hervorgerissen, zu Tage.

In ganz Athen wohnt dermalen auch nicht ein einziger Athenienser. — Soldaten des Seraskiers bevölkern und halten den Bazar; Volk, das heute kommt und morgen geht. So wie vor ein paar Jahren Korinth, so sehe ich also auch Athen! Ein großer Schutthaufen, von Tieren und Menschen geflohen! ...

Die Bellona ankerte vor der Einfahrt in den Piräus — dort auch der Veneto. In der Straße von Salamis lag die nordamerikanische Fregatte Constitution. Die Akropolis hatte uns mit einigen Kanonenschüssen begrüßt, die wir erwiderten.

In Nauplia verhindert die Anwesenheit des Admirals Lord Cochrane, des Vizeadmirals Codrington und des Commodore Hamilton den Ausbruch des drohenden Bürgerkriegs zwischen Griva, der den Palamidi besetzt hält, und den Rumelioten auf der Stadtburg, während die Regierung nach dem Hafenkastell Burzi geflohen ist.

NAUPLIA, am 22. Juli 1827

Gestern morgens verließen wir die Reede von Poros, segelten zwischen dem Festlande und Hydra und Spezzia durch und ankerten heute früh an den Mühlen von Nauplia. In der Nacht war das englische Linienschiff Asia (Vizeadmiral Sir Edward Codrington) an uns vorübergekommen. Es hieß, er ginge nach Smyrna. Wir fanden auf der Reede von Nauplia die Hellas (Lord Cochrane), ein schönes Schiff im Stile der Korvette Warren — dann die Cambrian, den Raleigh und Brisk; außerdem 3 griechische Fahrzeuge und die Goelette des Obersten von Heideck.

Die Anwesenheit des englischen Vizeadmirals, mehr aber noch diejenige Hamiltons, war endlich am 19. imstande, dem Bürgerkriege, der seit mehreren Tagen in vollen Flammen stand, Einhalt zu tun. Griva, von welchem die rumeliotische Ligue mit Zuversicht erwartete, daß er sich für sie aussprechen werde, hat sich für die Regierung erklärt. Die Liguisten, wozu sich alles arme Volk schlug, forderten von der Regierung 400.000 Piaster oder gewisse Gebäude in der Stadt als Entschädigung dafür. Die Grivioten hatten auf dieselben Gebäude ein Auge. Da von beiden in der Stadt wohnen und die Gemüter nun einmal erhitzt waren, so kam es am 10. d. zum Streit. Den Flintenschüssen folgte das Kanonenfeuer. Der Palamidi und das Itschkalessi, jenes von Griva, dieses von Photamara gehalten, feuerten gegeneinander und beide auf die Stadt, wo man es eben mit der Richtung auf die von den Gegnern oder Freunden bewohnten Viertel nicht so genau nahm, besonders zu Nachts. Darüber flüchtete die Regierung, mit Ausnahme des Präsidenten Renieri, des Januli Nakos der Kommission der Drei, und einiger Deputierter, welche die Liguisten nicht losließen, nach dem Hafenschlosse, und alles unbewaffnete Volk räumte die Stadt, unglücklich genug, die Kugeln ihrer Beschützer im letzten Bollwerk des versinkenden Griechenland fürchten zu müssen. Diese Armen suchten Schutz in den Felsklüften außerhalb der Batterie der fünf Brüder — und in Lagern an den Mühlen von Nauplia und an denen von Argos. Viele retteten sich an Bord der englischen Kriegsschiffe.

Der englische Admiral führte das Wort der Regierung; diese erklärte Griva zum Schloßhauptmann von Nauplia. . . .

Die Engländer schienen vor allem darauf hinzuwirken, daß die Regierung unter sich einig würde. Sie erzielten dies durch Ausspendung der einzigen Hoffnung, welche dermalen noch die Griechen belebt. „Machet", sagte der englische Vizeadmiral den versammelten Gliedern der Regierung, „daß man euch als eine Regierung behandeln könne; dann ist es vielleicht möglich, daß man Griechenlands Unabhängigkeit durchführe und hier einen Staat einrichte. Im Gegenteil müßten wir selbst darauf hinwirken, euch unter das Joch der Türken zurückzuschleudern. Es würde mir leid tun, auf brave Männer, wie z. B. Ihr seid (er wies auf Tzavella), zu feuern. Das Schicksal eures Vaterlandes liegt in euren Händen." Diese Äußerung teilte mir Oberst v. Heideck mit. Hamilton, mit dem Sekretär Stratford Canning's, Elliot, mit Maurokordato und Trikupi an Bord, kam am 17. Er sprach von der Gefahr, den die Anwendung eines von Frankreich, England und Rußland bereits unterzeichneten Vertrages erleide, wenn die inneren Zwistigkeiten nicht alsogleich beigelegt würden.

Diese Mitteilung ist der Balken, an den nun alles klammernd sich hängt! Die Reise des Grafen Kapo d'Istrias nach Petersburg, ein paar Winke aus London, Korfu und Konstantinopel berechtigen die Griechen, daran zu glauben, aber, mitten im Versinken, wagen sie kaum, auf dies Wunder zu hoffen.

Hamiltons Wort erwirkte den Frieden. Ein anderes Mittel war der von der Regierung ausgegangene Schreckruf: die ägyptische Flotte sei ausgelaufen! — L. Cochrane ging heute morgens unter Segel, angeblich um die feindliche Flotte zu beobachten.

Die Regierung machte an beide Teile heute die Aufforderung, Stadt und Schlösser zu räumen. Strati erklärte sich hiezu bereit, wenn Griva dasselbe tun würde. Man weiß noch nicht, was dieser sagen wird — und denkt, Fabvier den Befehl im Palamidi zu geben, im Falle Griva den Platz abtritt. . . .

Nach der Ankunft des Obersten Fabvier wird an Bord des österreichischen Schiffes ‚Bellona' mit ihm und dem Bayern Oberstleutnant Heideck ein Ausflug nach Mykenä verabredet, dem sich auch noch Philhellenen anderer Nationen anschließen.

NAUPLIA, am 26. Juli 1827

Church und Fabvier sind angelangt. Jener lagert mit einigen hundert Mann seit gestern vor Nauplia; dieser, seit drei Tagen mit zwei Bataillons und den Reitern seines Korps, im ganzen kaum 500 Mann, in der Ebene von Argos.

Gleich nach seiner Ankunft begab sich Fabvier zur Regierung nach Burzi und erklärte: er sei gekommen aus Gehorsam, jedoch nicht mit der Überzeugung, daß seine Anwesenheit die Angelegenheiten der Regierung besser stelle; unter Church wolle er in keinem Falle dienen. Er kam mit Heideck zu Tische an unseren Bord, und wir verabredeten untereinander einen Ritt nach Mykenä für den ersten Tag. Heideck und der Württemberger Müller blieben deshalb auf der Bellona die Nacht hindurch, die wir vertranken und versangen — um drei Uhr früh fuhren wir an das Gestade von Argos. Dort hatten mehrere tausend Flüchtlinge ihren armen Herd aufgerichtet. Auf der flachen Sandzunge dieses Gestades, die durch Sumpfniederungen von der Ebene geschieden ist und nur durch mehrere Steinbrücken mit ihr zusammenhängt, war diese neue Stadt, die Schöpfung eines Tages, aus Stroh, Holz und Kot erbaut. Beinahe alles lag unter freiem Himmel. Da waren auf den Sand hingebreitet die wenigen Kissen und Decken, welche auf der jahrelangen Flucht noch nicht verloren oder zerrissen worden sind. Darauf lagen Greise und Mütter, Mann und Frau, Kinder und Diener. Der Schlaf selbst, indem er ihnen Ruhe gab, überwand in ihren Zügen den Ausdruck von Bitterkeit und Leiden nicht. Einiges Soldatenvolk, das auf Kosten dieser Bettler lebt, war um diese frühe Stunde schon auf den Beinen und putzte und prüfte die Waffen. In einigen Hütten war Garküche aufgeschlagen und in anderen eine Art von Bazar eingerichtet.

Mitten unter diesem Volke fanden wir Fabvier mit einigen Reitern; er wartete unser. Wir saßen auf und ritten nach seinem Lager im Dorfe Della Manara. Dort stand die Truppe unter Waffen — die Musik, von einem Wiener geleitet, spielte — die wenigen Offiziere kamen uns entgegen, und so wurden wir an die eigentliche Lagerstätte, in einem Orangengarten, geführt, wo wir, auf Teppiche gestreckt, das Frühstück aus Jahurt, Käse, Schinken und Wein einnahmen. Dann machten wir den Ritt nach Mykenä; Fabvier, Heideck, Graf Almeida, ein Verbannter aus Portugal, der Oberst Posa aus Neapel, der unter Napoleon gedient hatte — der Kapitän Roccavilla, ein Piemontese, der an der Verschwörung vom J. 1821 teil hatte — ein paar griechische Offiziere — Müller — und von unserem Bord der Freiherr v. Lichtenstern, Kirsinger, Philippovich und ich. — Zur Begleitung hatten wir die ganze anwesende berittene griechische Kavallerie, die nicht über 20 Mann betrug. Ich machte den Führer. Wir hielten am Grabe Agamemnons und brachten unsere Pferde darin unter. Dann bestiegen und umgingen wir die Akropolis und tranken aus der Quelle Persea.

Ich wüßte nichts demjenigen beizusetzen, was ich vor ein paar Jahren über das Grab des Agamemnon schrieb, als höchstens, daß mich der Eingang an die Gräber der Könige in Theben erinnerte — im Inneren aber nichts auf ägyptische Bauart wies. Keine einzige der Ruinen in Ägypten und Nubien weist ein ähnliches Gewölbe; selbst die Gemächer der Pyramiden sind scharfwinklig, nicht aber bienenkorbförmig wie dieses. — Ich zählte diesmal nur 32 Steinlagen; also ist der Boden um zwei derselben seit meiner ersten Reise aufgeschüttet worden.

Auf dem Hügel, wo dies Grab ruht, hat sich seither auch ein Dörfchen angebaut; arme flüchtige Bettler! ...

Erste Begegnung mit Kapodistrias. Sein vorteilhafter Eindruck.

Poros, am 15. März 1828

Ich habe nur wenige Augenblicke für mich — daher nur kurz die Nachricht, daß ich am 27. Smyrna verließ, an demselben Tage in Phokäa beilegte, am 29. in Ägina vor Anker ging, tags darauf aber mich hieher verfügte, einige Bekannte und die sogenannte Bayerburg sah und nach Nauplia unter Segel ging. ...

Gropius und die bayerischen Offiziere Schnitzlein und Schilcher, Dr. Ghoß aus Genf und einige Griechen begleiteten mich auf diesem Wege. Ich übergab an Demetrius Kalergi, den Gouverneur der Stadt, einige dreißig von unseren Schiffen aufgebrachte Seeräuber, sah die Familie Maurokordato ... und drängte dann auf die Abfahrt, denn Du begreifst, daß mir vor allem daran lag, Kapo d'Istrias zu sehen. Dr. Ghoß nahm ich mit mir nach Nauplia. Dieser Mann war der stete Begleiter Cochrane's in Griechenland, da er die Marinegelder zu verwalten hatte. Er versicherte mir, daß der Lord völlig gebrochen war; durch vierzehn Tage, bevor er ging, sprach er kaum, seufzte nur; Trug, Lüge, Ungehorsam umgaben ihn; er verstand die Griechen so wenig als sie ihn.

In Nauplia angekommen, suchte ich Heideck auf, an den Griva soeben den Platz übergab. Am Abend desselben Tages sprach ich Kapo d'Istrias durch ein paar Stunden allein. Seine Formen, seine Gestalt, der Ton seiner Stimme, die Folge seiner Äußerungen nahmen mich ein. Es liegt viele Milde in seinen Worten und Entschiedenheit in seinem Wollen. Sein feiner Blick glänzt auf seinen Äußerungen, möcht' ich sagen. Aber ich verkannte auch nicht den Redekünstler in ihm, den Mann, der hier nichts lernen wird, sondern seine Wissenschaft mitbringt; ich begreife, daß er an Fähigkeit des Ausdruckes und der Geschäftsführung allem, was Griechenland aufweist und was Europa hieher sendete, überlegen ist, und ich bekenne, daß mir seine Absichten redlich scheinen.

Griechenland beugt sich vor ihm wie vor einem Friedensengel. Aller Haß der Parteien ist ausgelöscht. Die wilden Palikaren küssen den Saum seines Kleides. Wenn es möglich wäre, daß unter den Bedingungen des Londoner Vertrages Griechenland auflebte, so würde wohl diese Hand es aufleben machen. Mit größerer Verehrung ist kein Souverän betrachtet.

Er wohnt im Hause des Kaufmanns Reno. Für sich hat er nur ein einziges Zimmer; darin sein Feldbett, einen Tisch, zwei Stühle. Sehen Sie, wie ich kampiert bin, sagte er lächelnd. Von dem blinden Philhellenismus ist keine Spur in ihm; er neigte sich in seinen Äußerungen eher auf die entgegengesetzte Seite. Aber er traut sich die Kraft zu, jeden Teufel zu beschwören. „Kommen Sie morgen", sagte er mir, da ich ging; „Sie werden sehen, wie ein Wort aus meinem Munde genügt, um diesen Griva mir die Schlüssel des Palamidi zu Füßen legen zu machen, die er gegen ganz Griechenland mit seinem Blute verteidigt hätte." — Ich kam — ich sah es auch und sah den Triumph in Kapo d'Istrias' Auge. Ist diese Kraft groß, so ist es aber auch das Vertrauen des Palikaren, der hierin das Land vertritt. Wehe, wenn es getäuscht würde!

Am 10. ging ich nach Hydra — am 12. nach Poros, wohin auch Kapo d'Istrias gegangen war. Von Heideck kam der Vorschlag, Ibrahim Pascha eine Auswechslung der Gefangenen vorzuschlagen und auf diese Weise einmal das scheußliche System der Sklaverei anzugreifen. Kapo d'Istrias erfaßte ihn lebendig, und da er von den drei verbündeten Flaggen keinen Erfolg bei Ibrahim erwarten durfte, auch wirklich ein Versuch des Commodore S. W. Parker mißlungen war, so wandte er sich an uns und insbesondere an mich. Dies Geschäft zu bereden, folgte ich ihm hieher.

Der Versuch der Pforte, einige Bischöfe an die Griechen zu senden und dieselben zur Unterwerfung aufzufordern, hat dermalen gar keine Wahrscheinlichkeit des Erfolges für sich. Dies um so weniger, da die Person des Grafen Kapo d'Istrias die kühnsten Hoffnungen unter den Griechen weckt. Dessen Äußerung über den Londoner Vertrag und über die Anträge der Seemächte an den Sultan finden Echo in jeder Brust. Man beginnt auf die Unabhängigkeit Griechenlands zu hoffen; — wie man dazu gelangen könne, weiß niemand zu beantworten — aber man hofft. Um Kapo d'Istrias schwebt der Nimbus eines politischen Zauberers. Selbst Maurokordato schmiegte sich an ihn, und ich glaube aufrichtig.

Ausflug auf die Höhe von Kalauria. Ausblick von dort und Gedenken an Demosthenes.

POROS, am 20. März 1828

Welch ein milder Tag! Ich ließ mich an der Lende des Klosters der Madonna Kandellota, gegenüber der Bayerburg, aussetzen und stieg die herrliche Bergschlucht hinauf durch Zitronenwald und reichen Anbau, dem willigen, aber verlassenen Boden durch Arbeit abgerungen. Das Kloster hat für fünfzig und mehr Mönche Platz, dermalen aber deren nur zehn, Landleute möcht' ich sagen, in Priesterkleidung, unwissend und unbekümmert um das Weltgetriebe. Mitten im Viereck des Gebäudes steht die Kirche, innen reich verziert, allen übrigen griechischen Kirchen gleichend, im Fußboden eine Grabschrift in schlechten Lettern und mit dem doppelten Adler aus griechischer Kaiserzeit. Mit einem Mönche als Führer stieg ich eine Stunde aufwärts durch junge Fichten und Gebüsch, vorüber an einem ausgemauerten Becken, wo das Wasser zum Betrieb der Zitronengärten gesammelt wird. Auf der Höhe, in der Einsattlung zwischen den beiden höchsten Spitzen der Insel liegen die wenigen Reste des Tempels Neptuns, ein paar Werkstücke, einige Grundfesten, ein dorischer Knauf, ein Säulenschaft zu 18 Wienerzoll Durchmesser aus grauem Marmor, und ein Stück eines Inschriftsteines, worauf der Name Kalauria erhalten ist. Im Raume der Cella steht ein Johannisbrotbaum und umfaßt mit seinen mächtigen Wurzeln einen Block des Tempels, als wolle er diesen Rest retten aus dem Untergange der Zeiten. Vielleicht legte der große Redner auf diesen Block sein müdes Haupt, als er zu sterben sich hinsetzte.

Der Ausblick ist wunderbar schön. Methana, diese hochgetürmte Bergmasse mit ihrem niederen Isthmus an das Festland gebunden; Epidaurus, finster und steil; die Gebirge des Korinthischen Isthmus, über die ein schneebedeckter Gipfel des Helikon schaute; Ägina; die Menge der kleinen Inseln zwischen Ägina und der kenchreischen Bucht; Salamis; ganz Attika endlich diesseits des Laurion und Hymettus. Der Piräus steigt gelbweiß aus der blauen Flut auf. Das Parthenon (wer kann jetzt ohne Trauer dahin blicken?) thront dort wie eine königliche Jungfrau.

Wohl mag Demosthenes, in seiner Todesstunde, noch einen langen Scheideblick auf sein stolzes, schönes, undankbares, geliebtes Vaterland geworfen haben! — So nahe! Eine Barke fliegt in wenigen Stunden dahin — das Auge hält es noch an seinem Bande — man glaubt, ein letzter Jammerruf des Abschiedes müsse dahin reichen — so nahe! Aber das Herz des Redners brach ohne Trost und Hilfe.

Ich stand an dieser Stelle — sah hinüber wie er. Die See glänzte mit ruhigem Spiegel, wie sie vielleicht damals geglänzt hatte. Was gilt der Natur das Schicksal des einzelnen, und wäre er der Größte — was das ganzer Völker!

Einnahme von Chios durch die Türken.

Am 21. März 1828

Scio ist von den Türken wieder genommen, und das blutige Spiel dort hat ein Ende. Rigny erschien gestern mit dem Trident vor dem Hafen und überraschte mich auf dem Palinuro, wie ich eben zu Tische war. Er erzählte uns die traurige Geschichte. 1200 Türken, von Tschesme übergesetzt, brachen in die Stadt und hieben dort, was sie fanden, nieder, darunter auch einige Katholiken. Unser Konsul entging kaum dem Tode; der holländische fiel wirklich unter den Säbeln der Türken. Vergeblich versprach Fabvier jedem Griechen, der seine Kanone nicht verlassen würde, 500 Piaster — alles floh nach den Bergen und plünderte im Fliehen. Rigny schiffte an 600 dieser Flüchtlinge nach Tino über; die Fleur-de-Lys tat durch mehrere Tage nichts anderes, als die von den Palikaren Mißhandelten oder Bedrohten aufzunehmen und fortzubringen. ...

Auftrag des Präsidenten zum Gefangenentausch bei Ibrahim Pascha. Herzzerreißende Szenen während des Aufbruchs — Griechen erbitten die Rückführung von Angehörigen aus der Sklaverei. Wechselfälle bei der Durchführung des Austausches in Modon bei gutem persönlichen Einvernehmen mit Ibrahim Pascha. Heimfahrt auf dem österreichischen ‚Veneto' und der griechischen Goelette ‚Aphrodite' nach Ägina. Kapo d'Istrias ist zufrieden. Maurokordato, dessen Schwester Trikupi geheiratet hat, glaubt nicht an die Nachgiebigkeit der Pforte.

UNTER SEGEL VOR KAP ST. ANGELO, am 27. März 1828

Alles, was von Arabern aufzutreiben war, im ganzen nicht mehr als 112 Mann, wurde mir gestern durch Trikupi übergeben. Der Präsident hatte sie kleiden lassen, die Goelette Aphrodite mir zu Gebote gestellt und einiges Brot und Wasser angewiesen. Aus seinen Händen empfing ich ein Schreiben an Ibrahim Pascha, in artigen Ausdrücken abgefaßt, aus dem der Wunsch hervorleuchtet, ein näherndes Verhältnis anzuknüpfen. Ich wünsche nicht, daß die Griechen Zeugen der letzten Worte gewesen wären, mit denen mir Kapo d'Istrias die Auslösung ans Herz legte. „Bringen Sie mir", sagte er, „Kinder, die ich erziehen — Weiber, die Kinder gebären können — aber lassen Sie alles, was nicht in diese Klasse gehört, zurück. Die heutige Generation muß zugrunde gehen. Nur an die künftige knüpf' ich meine Hoffnung. Was Waffen getragen hat, mag in den Händen der Ägypter bleiben." Diese Äußerung liegt schwarz auf einem schwarzen Grunde — aber wir sind so belogen worden mit Miltiaden und Themistokeln; es ist überhaupt ein solcher Unfug getrieben worden mit großen und heiligen Erinnerungen, daß ich diesen Rückschlag, den ich überdies erwartet habe, kaum tadeln und mich nur darüber verwundern kann, daß er mir aus dem Munde eines Mannes kommt, den die öffentliche Meinung in ihre Saturnalien aufnahm.

Ich schied nicht ganz zufrieden von ihm, denn er sprach zu gekünstelt, zu unwahr; aber kann ein Europäer einem anderen Europäer gegenüber, in Stellungen wie den unseren, anders reden? . . .

Welche Szenen habe ich am Abschiedstage durchmachen müssen! — Die Leute drängten sich an mich und empfahlen mir: der seinen Bruder, der sein Weib und seine Kinder, der seinen Vater, seine Schwester — es war ergreifend! Trikupi übergab mir eine Liste von mehreren hundert Familien, die in Sklaverei liegen. Ich bestieg die Brigg Veneto unter lauten Segenswünschen. Mir brach das Herz darüber.

Navarin, am 11. April 1828

Einige Bilder mehr gereiht an die Schnur des Lebens — erschütternde und erhebende, und in mancher Beziehung neue! Ich habe ihn also gesehen, diesen gefürchteten Sohn Mehemed Alis, den die europäischen Blätter als ein Scheusal zu schildern bemüht waren. Ich fand einen vernünftigen, mäßigen, in seinen Formen einfachen und würdigen, in seiner Handlungsweise edlen Mann. Es wäre feige von mir oder schlecht, wenn ich dies nicht offen gestände.

Am 30. März langte ich in Modon an, ließ die Aphrodite neben der griechischen Flagge die österreichische aufziehen und dann inmitten der türkischen Schiffe ankern. Die Neuheit dieser Erscheinung füllte jeden Bord mit Leuten und zog die halbe arabische Armee ans Gestade. Niemand aber wagte eine Beleidigung. Ich sandte einen Offizier an Ibrahim Pascha, der ein Kiosk auf dem Hügel außerhalb der Stadt bewohnt — und erhielt sogleich eine Gegensendung und die artige Aufforderung, mit meinem Besuche nicht zu zögern. Ich fand ihn, auf den Diwan gelehnt, von mehreren Offizieren umgeben, als Dolmetsch Herrn Peter Abro zur Seite. Seine Gestalt ist stark, der Ausdruck seines Gesichts ist gutmütig, Haltung und Sprache sind würdig. Ernst, vielleicht Kummer, schien seine natürliche Heiterkeit zu lähmen. Ich trug ihm mein Geschäft vor und ersuchte um die Erlaubnis, die mitgebrachten Araber ausschiffen und ihm vorstellen zu dürfen. Der nächste Tag wurde hiezu bestimmt, aber die einfache Auseinandersetzung seiner Lage gab mir schlechte Aussicht für den Erfolg meiner Sendung. ...

Als ich ihm die 113 Araber vorstellte, was ich auf eine ihn ergreifende Weise zu tun versuchte, trug er mir die gleiche Zahl Gastunioten an. Ich verwarf diesen Antrag und bat um Weiber und Kinder nach meiner Weisung und Liste. ,,Ich habe nur siebzehn Personen", sagte er, ,,in meinem Besitze; diese will ich Ihnen geben. Was über dieser Zahl, ist Eigentum anderer. Ich habe kein Recht, dies Eigentum anzugreifen." Nach langem Hin- und Herreden gab er mir das Versprechen, nach den auf meiner Liste verzeichneten Personen forschen und ihre Besitzer auffordern zu lassen, sie ihm zu verkaufen. Dieser Antrag war großmütig, und Ibrahim hielt Wort.

Ich bat ihn um Hadschi Christo; er wies mir nach, daß derselbe als Auswechslung für die zu Nauplia gefangen gewesenen Paschen verweigert worden war; die Pforte wisse das und würde ihm die Gefälligkeit gegen Kapo d'Istrias übelnehmen. Ich bat um den jungen Sissini; er schlug ihn mir ab, weil derselbe, obwohl mit der größten Sorgfalt behandelt, sich undankbar erwiesen hatte. Ich bat um die schöne Lelli aus Missolungi; er schlug auch diese mir ab, weil sie bereits nach Ägypten gebracht war und weil er sie dem Admiral Rigny abgeschlagen hatte, der sie mit Ungestüm und mit der Drohung, Modon über den Haufen zu schießen, verlangte. Er zeigte sich empfindlich darüber, daß Kapo d'Istrias ihm die Herausgabe einiger türkischer Knaben verweigert hatte, obgleich er für jeden, soviel man von ihm verlangen würde, als Lösegeld zu zahlen versprach. Diesen Umstand hatte man mir zu Poros verschwiegen.

Vier Tage gingen so hin; mein Schiffskapitän wurde ungeduldig und behauptete, nicht länger im Hafen von Modon liegen zu können. Ich entschloß mich kurz, ihn nach Navarin zu senden, hielt die Aphrodite zu Modon zurück mit verschärften Befehlen an die Bemannung derselben, nicht ans Land zu gehen, zu keinem Streite Anlaß zu geben und immer bereit zu sein, die Losgekauften zu übernehmen; für meine Person schiffte ich mich aus und bezog das einzige Haus am Gestade, hart am Lager, wo acht Regimenter arabischer Infanterie und etwa zweitausend Pferde lagen; ein abscheulicher Aufenthalt, voll Gestank und Schmutz. Am 2. April gab mir Ibrahim Pascha einen Papas und elf Griechen zum Geschenke und kaufte mehrere Weiber und Kinder los. Tags darauf lagen wir lange zusammen am Abhange des Gestades und sahen hinaus in die weite See. Die ihm feindlichen Schiffe kreuzten nahe und ferne, dennoch schlich sich eine Barke, aus Zante kommend, herein und brachte ihm europäische Zeitungen und ein paar hundert Säcke Getreides. Das erheiterte ihn. Wir stiegen nach der Stadt nieder, wo ich einer Pantomime, von französischen Ärzten seiner Armee gespielt, beiwohnte. Araber führten dabei französische Tänze und Walzer aus, worüber er herzlich lachte.

Das Parterre war voll Offiziere. Man wartete mit Punsch auf. Diesem Tage folgte ein weniger günstiger. Die Auswahl der Sklaven wurde durch die Menge Zwischen- und Unterhändler, die sich heranschlichen oder -drängten, zum höchst peinvollen Geschäfte. Ihre Zahl war leider zu groß und die Forderung der Besitzer meistens so unverschämt, daß ich Ibrahim Pascha kaum zumuten konnte, meine Wünsche anzuhören. Ich brachte sie dennoch vor; in einem Geschäfte, wo die Ware Menschen sind, darf man ja geizen, sogar zu Schritten sich herbeilassen, die man um Haufen Goldes nicht tun würde. Ibrahim warf mir meine Unbilligkeit vor. Ich beharrte auf meinem Begehren und drang in ihn. Er verweigerte, was ich an seiner Stelle gleichfalls verweigert hätte, nämlich zu übertriebenen Preisen zu zahlen. Ich stellte mich verletzt, wies seine Einladung für den Abend zurück und beschloß in mir, ihn ein paar Tage hindurch nicht zu sehen. Aber ein rührendes Ereignis brach am folgenden diesen Entschluß. Ein missolungiotisches Mädchen, ihrem Besitzer entlaufen, erreichte meine Schwelle und warf sich mir zu Füßen, um Rettung flehend. Ich hatte bereits ihre Schwester freigemacht — sie rührte mich ungemein, aber ich wagte kaum auf die Möglichkeit des Gelingens zu hoffen. Hunderte von Türken umgaben lärmend das Haus. Meine Schwelle war ihnen heilig, aber sie schwuren, das Mädchen zu zerreißen, sowie es den Bereich dieser Freistätte verlasse. Vom Hause zum Gestade war freier Raum von etwa zweihundert Schritten Breite, das Mädchen an Bord der Aphrodite zu schwärzen also bei der gewaltigen Aufregung unmöglich. Ich konnte es aber auch nicht behalten im Hause, weil der Eigentümer desselben den Schutz des Pascha in Anspruch nahm und dieser die Herausgabe des Mädchens begehrte. Als diese Botschaft kam, raste sie wie eine Verzweifelte zu meinen Füßen, schlug den schönen Kopf an die Wand, beschwor alle Heiligen im Himmel, widersprach allen meinen Trostversicherungen, deren Nichtigkeit ich wohl selbst einsah, und beteuerte, sich vor meinen Augen zu töten, wenn ich sie aufgäbe.

Ich hatte damals erst zweiundvierzig Sklaven gelöst und wollte deren um so viel mehr. Die üble Laune, in der ich von Ibrahim gegangen war, sollte ein Mittel sein, dazu zu gelangen. Ich wollte nicht dieses — nicht das Mädchen aufgeben. In dieser Verlegenheit fragte ich das Mädchen, ob sie den Mut hätte, an der Hand eines meiner Offiziere zum Pascha zu gehen, und als sie es bejahte, trug ich dem trefflichen Schiffkadetten Bourguignon auf, sie keck durch die Menge und durch das Lager zu führen, dem Pascha zu sagen, was er gesehen, und ihn in den dringendsten Ausdrücken zu bitten, mir dies Mädchen zu kaufen.

Der Offizier ging, das Mädchen mit ihm, wie ein junger Löwe und ein gebanntes Reh zusammen. Die Menge wich erstaunt zurück — vor ihnen öffnete sich die Gasse, nach ihnen schloß sich dieselbe, schon waren sie durch das Lager gelangt und begannen den Hügel hinaufzusteigen — noch waren sie unberührt, denn heilig ist der Fremdling, der, wie ich und meine Begleitung, unter dem Schutze des Morgenländers wohnt. Mit meinem Fernglase folgte ich jedem ihrer Schritte — jetzt, schon auf der halben Höhe des Hügels, ballt sich plötzlich ein Knäuel von Menschen um sie zusammen — ich erkenne den Eigentümer des Mädchens, der die Hand an sie legt und sie entreißen will — ich sehe meinen wackern Bourguignon, der, allein unter Hunderten, den Säbel zieht — ich greife nach dem Hute, um nachzueilen, da bemerke ich Leute des Pascha, die sich in den Haufen werfen, und bald darauf Bourguignon und das Mädchen daraus hervorschreiten und das Kiosk des Pascha erreichen.

Nun warte ich den Erfolg ab. Er war kein günstiger. Der Offizier kommt wieder, ohne Mädchen, denn Ibrahim Pascha hielt es zurück; Abro kommt mit ihm; er beschwört mich, im Namen Ibrahims, abzustehen von meinem Begehren, nicht des Pascha Großherzigkeit zu mißbrauchen und mit Undank zu lohnen; der Eigentümer fordere zuviel für das Mädchen; Ibrahim würde sorgen dafür, daß ihm kein Leid geschähe, und verpfände mir sein Wort dafür.

Ich beharre auf meinem Begehren, und da kein anderes Mittel mehr ist, so gehe ich selbst zum Pascha. Wie der mich eintreten sieht, lächelt er über meine etwas steife Haltung und setzt mir dann mit großer Milde das auseinander, was er mir schon durch Abro hatte sagen lassen. Er fügt bei, wie im Lager sich ein übler Geist verbreite, der sehr drohend werden könne; wie es unmöglich sei, sieben Börsen für ein Mädchen von 16 Jahren zu zahlen, das mit einem Dritteil davon teuer genug gezahlt sein würde; wie er mir nicht einen einzigen Sklaven mehr loskaufen könne, wenn ich auf der Befreiung dieses Mädchens bestünde; wie er geglaubt habe, sich einiges Recht auf meine Billigkeit erworben zu haben usw. Ich bat ihn, das Mädchen bringen zu lassen. Er tat es. Sie flehte ihn und mich und blieb mit den Lippen ruhend auf dem Saum seines Kleides. Da erhob ich mich und sprach: „Dem Sohne Mehemed Alis, dem Sohne des reichsten Mannes im Orient, bist du zu teuer, ich aber kaufe dich, ich; denn ich will dein Blut nicht auf meinem Gewissen tragen." Da erhob sich dieser edle Mann, in dessen Gemüte ich mich nicht verrechnet hatte — auch er erhob sich, sage ich — er richtete sich auf wie ein Löwe, fürchterlich schön, und die eine Hand auf meine Achsel legend, mit der andern das Mädchen in meine Arme werfend, rief er: „Ich kaufe sie, ich!" — So ward dies Mädchen mein; er ließ es durch seine Wache bis an Bord der Aphrodite geleiten und mir überdies Genugtuung für den auf meinen Offizier versuchten Angriff bieten, die ich ausschlug. —

Aus der Stadt hatten sich einstweilen auch manche Entlaufene an Bord der Aphrodite geflüchtet. Ich eiferte laut dagegen, aber ich gab es heimlich gerne zu. Einen Knaben von sieben Jahren, der sich in mein Zimmer gerettet hatte und den sein Herr durch einen Besuch von zwei langen Stunden, während welcher ich den Buben im Bette verborgen hielt, herauszubekommen bestrebt war, hatte ich selbst mit einer Last Zwieback an Bord geschwärzt. Mehr als wirklich geschah, sagte noch das Gerücht. Genug, die Stimmung wurde sehr heftig gegen mich. Die Stadt schloß eigenmächtig die Tore, damit kein Sklave herauskönne, und Tag und Nacht wurde die Aphrodite auf das eifersüchtigste bewacht. Zu diesen Umständen kam am 6. April, Ostersonntag, ein schweres Ereignis, dessen Folgen nicht lange auf sich warten ließen und das mit dem, was Ibrahim für mich getan hatte, einen nachteiligen Zusammenhang erhielt. Zwei ägyptische Kriegsschiffe, welche den bereits schwer erwarteten Sold an Bord hatten, wurden von den Verbündeten zurückgewiesen, und zwar, da sie bereits an der Einfahrt des Hafens waren. Darüber brach die üble Laune unter den Reitern im Lager aus. Sie ließen sich verlauten, Ibrahim werfe das ihnen gebührende Geld an die Ungläubigen weg, rotteten sich zu Haufen, zogen vor sein Kiosk und trieben allerlei Ungebühr. Ibrahim trat mit der Würde eines geborenen Herrschers und dem Mute eines Helden unter sie und brachte die wilde Schar in wenigen Minuten zur Ordnung. Abends zwischen sechs und sieben Uhr vernahmen wir Kanonenfeuer aus der Richtung von Alt-Navarin, wohin des

Morgens ein Infanterie-Regiment aufgebrochen war. Dort lagen einige hundert Reiter; auch diese hatten sich empört und waren eben handgemein mit dem arabischen Fußvolke. Auch die Garnison von Koron drohte, mit den Mainoten zu unterhandeln und für eine Summe Geldes und freien Abzug den Platz an sie zu übergeben. In Modon selbst entstand Lärmen; man behauptete, es wäre abermals ein Grieche zu mir entsprungen. Man drang in Ibrahim — dieser in mich; ich leugnete und glaubte wahr zu reden, denn ich erfuhr erst später, daß der Mensch bereits an Bord der Aphrodite war. Einige Sklavinnen waren gleichfalls entflohen und dahin gelangt; ein Knabe endlich; Türken und Araber umgeben mit den fürchterlichsten Drohungen mein Haus. Ibrahim Pascha ließ es mit Wachen umstellen und begehrte die Erlaubnis, die Aphrodite untersuchen zu lassen. Ich verweigerte dies — gab die Tatsache der Entweichung und Flucht dahin zu — verstand mich, die Zählung vorzunehmen und für das Mehr Entschädigung zu leisten, erklärte aber, daß damit meine Befugnis ende, indem kein Sklave, der den Bord eines mit kaiserlicher Flagge bedeckten Fahrzeuges zu betreten so glücklich gewesen war, wieder in Sklaverei zurückfallen könnte. Der Mann, der die Sklavinnen zur Flucht beredet hatte, war gleichfalls geflüchtet. Das Volk forderte ungestüm seinen Kopf. Ibrahim erklärte mir, er müsse diesem Begehren nachgeben. Ich antwortete, das stände bei ihm, gab aber den Mann nicht heraus, der bereits an Bord der Aphrodite war. . . .

Aber es blieb im Grunde von alledem die Tatsache, daß Ibrahim kein Geld hatte und daß ich ihm nicht zumuten konnte, Sklaven loszukaufen, während die Truppen wegen Soldausstand den Gehorsam aufgekündigt hatten. Dafür wußte ich ein Mittel. Es war mir eine Goelette mit Briefen gekommen. Über diese hatte ich zu verfügen. Ich machte also Ibrahim Pascha den Antrag, den er mit unendlicher Freude annahm, die Goelette nach Suda zu senden, wohin die abgewiesenen ägyptischen Schiffe gelaufen sein mußten, und ihm das Geld, das sie an Bord hatten, zu verschaffen, dadurch aber auf einmal ihn aus seiner dringenden Verlegenheit zu reißen. Um der Sendung einen Vorwand zu geben, begehrte und erhielt ich von Ibrahim Pascha den Befehl an den Gouverneur der Insel, zwanzig Sklaven freizugeben. Diese sollte die Goelette in Suda einschiffen, durch eine geheime Weisung aber ermächtigt, bei Nacht die Geldkisten an Bord nehmen. Sie ging von dem besten

Winde begünstigt; um den blockierenden Schiffen genug zu tun, hatte ich ihr eine offene Ordre ausgestellt und ein Schreiben an S. W. Parker mitgegeben. Sobald Ibrahim die Aussicht hatte, seine Truppen bezahlen zu können, beschwichtigte er sie durch Festsetzung einer ganz nahen Frist; mir aber kaufte er hundert und einige siebzig Weiber und Kinder frei. ...

ÄGINA, am 16. April 1828

Der Veneto und die Aphrodite warteten meiner in der See. Auf einem kleinen Boote, von Soliman Bey bis an den Bord begleitet, fuhr ich mit Sonnenuntergang dahin. In der Nacht wurde die See sehr unruhig, und mit Tagesanbruch machte mir die Aphrodite Notzeichen. Ich sah, daß sie überladen mit Menschen war, hieß sie nach Navarin gehen und folgte selbst in diesen Hafen, dessen Gestade noch von Schiffstrümmern voll ist und aus dessen Spiegel hie und da ein verkohlter Mast oder ein Wrack sieht. Ich ging nun selbst auf die Aphrodite. Welch ein Anblick! Welch ein furchtbares Bild des Elends und der Freude, denn selbst diese war schrecklich. Die Leute küßten mir Hände und Füße, Kleid und Degen — ja, sie warfen sich auf die Stelle, die mein Fuß soeben verlassen hatte, um sie zu küssen. Ich schenkte ihnen einen Ochsen und ein paar Faß Wein — las dann einige sechzig Kinder aus und nahm sie an Bord des Veneto, um die Aphrodite zu erleichtern. Dann gingen wir abermals unter Segel — liefen Gefahr, an der Klippe am Eingange des Hafens zu scheitern — entkamen mit großer Mühe — fanden draußen tief umwölkten Himmel, aber trefflichen Wind und langten nach kaum vierzig Stunden Fahrt hier an, nachdem wir noch überdies bei Poros angefragt und die Aphrodite auf die Reede gebracht hatten.

Kapo d'Istrias schien sehr zufrieden mit dem Erfolg meiner Sendung. ...

Trikupi ging heute mit dem Präsidenten nach Korinth. Er hat geheiratet, eine Schwester Maurokordatos, ein schönes Weib. Sie erzählte mir heute ihre Flucht aus Konstantinopel im Jahre 1825. Der englische Pastor Leake rettete sie. Welch ein Leben, verglichen mit dem Besuch- und Schwätzleben unserer Hauptstädte! Es muß ein großes Kapital von Kraft in der menschlichen Natur liegen, weil es noch nicht verzehrt ist durch den geschäftigen Müßiggang unserer Gesellschaft. — Maurokordato teilt durchaus nicht die Hoffnung, daß die Pforte nachgiebig sich erweise. Sie kann es nicht, sagt auch er, denn ihre Politik ruht auf ihrer Religion. Gezwungen kann sie werden, aber nicht überredet. Man besorgt einen Angriff auf Samos. Alle Vernünftigen hier wissen, daß nicht nur Samos, sondern überhaupt die griechischen Inseln der asiatischen Küste vorderhand nicht zu Griechenland geschlagen werden können; aber sie möchten dieselben als Tauschartikel bis zum völligen Abschlusse bewahren.

Der Heimtransport der befreiten Griechen hat die Pest mitgebracht. Die hohe Wahrscheinlichkeit der eigenen Erkrankung erweist sich als trügerisch. Ein neuer Versuch zu einem Gefangenentausch scheitert am Widerstand der verängstigten Bemannung. Trikupis Abschiedsworte vor dem Aufbruch Prokeschs von Ägina nach Smyrna.

IN DER SEE, am 17. Mai 1828

Seltsame Ironie des Schicksals! — Ich ging, um arme Sklaven ihrem Vaterlande und der Freiheit wiederzugeben. Weißt Du, was ich brachte? — die Pest. Welche schmerzlichen Tage hab' ich verlebt seit meinem letzten Schreiben! Höre nur. In den letzten Tagen des Aprils hatte sich das Gerücht verbreitet, daß von den Sklaven, die ich auf der Reede von Ägina ausgeschifft hatte, einige plötzlich gestorben seien. Ich wunderte mich darüber nicht, denn man sorgte nicht für sie, ließ sie fast verhungern, und hundertmal war mir die Seele bei dem Vergleiche schwer geworden, wie sehr Kapo d'Istrias mit seinen philanthropischen Handlungen in den europäischen Blättern prahlte, und wie wenig die Gesinnung philanthropisch war, die ihnen zu Grunde lag. Am 4. d. kam die Nachricht aus Hydra, der Steuermann der Aphrodite und dessen ganze Familie wären an der Pest gestorben. Die Regierung forschte alsogleich nach. Es ergab sich, daß dieser Unglückliche, meinem ausdrücklichen Befehle entgegen, im Lager zu Modon einen Shawl gekauft hatte; den hielt er verborgen während der Überfahrt und solange die Aphrodite in Poros lag; sowie er aber nach Hydra kam, beschenkte er sein Weib damit — und zwei Tage darauf waren er, das Weib und seine Tochter tot. Du kannst Dir den Schrecken in

Ägina und meine Lage denken! — Damit aber war es nicht genug. Am 4. starb auch ein Mann an Bord des Veneto; er zeigte Beulen unter den Armen; dasselbe die von den Ausgeschifften Gestorbenen. Den Kommandanten der Brigg befiel an diesem Tage eine heftige Ohnmacht. Alle diese Umstände erfuhr ich erst am nächsten, brachte daher den Abend wie gewöhnlich bei Maurokordato in Gesellschaft vieler Fremden und Einheimischen zu. Unter den Frauen war die Besorgnis die größte; die Männer glaubten noch nicht recht daran. Da wurde mir plötzlich sehr übel; Schwindel befiel mich und Brennen im Gehirne. Ich faßte mich — verbarg meinen Zustand und ging. Unterwegs nach meiner Wohnung (ich hatte ein Zimmer in der Stadt bei der Witwe Vitali) begannen mir die Knie zu zittern — die Augen flackerten — der Kopf tat mir wehe zum Zerspringen — ich meinte umzusinken; da erfolgte ein heftiges Erbrechen und hierauf eine Erleichterung, die mir erlaubte, das Haus zu erreichen. Ich begehrte Tee und schloß mich sogleich in mein Zimmer, trank ein Glas des heißesten Punsches, mit Gewürz verstärkt, und legte mich zu Bette, überzeugt, daß ich die Pest hatte, und in mir entschlossen, am nächsten Morgen, wenn man mir das Frühstück zu bringen käme, nicht zu öffnen, sondern zu gestehen, in welchem Zustande ich wäre, damit meine Hausleute sich retten könnten. Meine Gedanken wandten sich dann zu Euch, ins Vaterland, in die Vergangenheit — ich nahm Abschied vom Leben. Darüber entschlief ich unter höllischer Glut. Am späten Morgen wachte ich — fühlte mich abgeschlagen, aber sonst wohl. Ich wagte mich nicht aus dem Hause.

In der Stadt wurden an diesem Tage alle Kirchen und Buden geschlossen — alle Tiere in die Häuser gewiesen, alle Barken und Schiffe, woher sie immer kamen, zurückgewiesen, Soldaten Fabviers besetzten die Gassen. Man schoß auf das Gevögel, auf Katzen und Hunde. Ein Dekret des Präsidenten hob die Verbindung der Provinzen unter sich auf; Nauplia und alle anderen Städte wurden geschlossen. Vier Menschen starben zu Ägina. ...

Die Rumelioten und die Ipsarioten bewiesen am wenigsten Scheu; sie ließen sich nicht hindern, sich untereinander zu sehen. Selbst zu mir kamen deren, darunter an diesem Tage Anastasi Lidoriki, den ich nenne, weil er der Bruder der heldenmütigen Kapitanesse Gura ist. Am 13. kam der Veneto wieder auf die Reede; er hatte an einer wüsten Klippe sich ausgelüftet. Alle

Kriegsschiffe, selbst die unseren, weigerten sich, mit ihm eine Berührung zu haben. Ich hatte gewünscht, eine Anzahl Türken nach Modon zu schicken, um sie auszuwechseln. Meine Schiffe sagten mir aber den Gehorsam auf. — Am 14. starb abermals ein Mann auf dem Veneto an der Pest, und zwei andere legten sich. Die Bemannung wurde schwierig, und der Kommandant war auf dem Punkt, jede Gewalt über sie zu verlieren. Der Tag war trüb, der Wind heftig, die See ging hohl. Ich schiffte mich auf dem Veneto ein und ließ alsogleich unter Segel gehen. Zimburg und ich, wir besuchten die Kranken — die Offiziere folgten diesem Beispiele, und der Arzt bewies einen rühmlichen Gleichmut. Wir ließen Wein geben. Der Wind faßte uns gewaltig, und wir hielten hart an ihn, so daß er das ganze Schiff heftig durchfegte, die Wellen ohne Unterlaß über Bord schlugen und die Mannschaft bis zur größten Ermüdung beschäftigt blieb. So trieben wir es durch dreißig Stunden. Obwohl an den beiden Erkrankten Beulen vortraten und elf andere Matrosen von Schwindel und Erbrechen befallen wurden, so ging die Krankheit doch bei keinem weiter. Jetzt, da ich dieses schreibe, ist der Wind gefallen, aber das Übel ist bereits überwunden.

Gestern brachte mir die Goelette Henriette liebe Briefe und Andenken aus Grätz, Zedlitz' Totenkränze, Polsterer: Grätz und seine Umgebungen. Ich las den ganzen Tag hindurch — die ganze Nacht! —

Smyrna, am 9. Juni 1828

Die letzten Worte Trikupis, da er mich zur Reede in Ägina begleitete, waren: „Wir wollen völlige Unabhängigkeit und werden uns heute mit nichts anderem zufriedenstellen. Eine russische Provinz können wir nicht werden wollen. Unsere Unabhängigkeit ist das Interesse der Mächte und die beste Gewährleistung gegen Rußland. Es gibt Leute, die den Präsidenten verdächtigen — aber sie irren; er ist Rußland geneigt; nun ja; warum soll er es nicht sein? Aber er ist Grieche zuerst. Fiele er so tief, um Griechenland an Rußland zu verraten — nein, der Gedanke ist töricht. Wer verlöre mehr dabei als er selbst." ...

Ein Ausflug von Thessaloniki nach Pella (während einer Reise in die nördliche Ägäis).
SALONIKI, am 1. September 1828

Ein Flug nach Pella! Man rechnet gewöhnlich acht Stunden guten Rittes dahin; in sechs kann man es bequem erreichen. Man gelangt dabei über den Vardar, den Axius der Alten. Eine Reihe von Bäumen zeichnet seinen Lauf aus der kahlen Ebene aus. Es besteht eine hölzerne Jochbrücke darüber, 20 Fuß breit und 2180 Fuß lang. Das Wasser floß darunter in zwei Armen weg, der eine zu 300, der andere zu 875 Fuß Breite; zwischen beiden eine bepflanzte Insel.

Wir hielten am Brunnen jenseits der Brücke und ließen aus einem nahen Khan uns Wein und Früchte bringen. Mehrere Türken zu Pferde, von der Jagd kommend, zogen an uns vorüber. Vier Diener trugen jeder einen Falken auf dem Haupte oder Arm. Mehrere Wagen standen am Khan, denn der Bauer in Mazedonien kennt den Gebrauch des Wagens. Aber dies Werkzeug ist da ungemein plump, vierrädrig, hoch und schmal. Es wird mit Ochsen und Büffeln bespannt. Im Vardar lag eine Horde von Büffeln, im Wasser bis an den Hals, im Ausdruck des Wohlbehagens und Friedens. So sah ich sie einst im Nil.

Zwischen antiken Grabhügeln und neuen Gräbern, zwischen verstreuten Marmorresten, Säulenstücken aus Granit und armen Dörfchen reitend, gelangt man nach zwei Stunden vom Vardar nach Allah Kilisseli. Dort stand Pella.

Und welche Reste beweisen dies? Fast keine. Keine Spur von Mauern, höchst wenige Werkstücke und sonstige verstreute Trümmer, kaum Scherben, die doch sonst überall zu finden sind, wo selbst der letzte Stein verschwunden ist! Nur an der griechischen Kirche, am Nordwestende des Dorfes, liegen eine beträchtliche Zahl antiker Baublöcke zum Dienste für die neuen Gräber zusammengetragen. Dort sind auch einige Scherben, obwohl schlechter Art, und die Talvertiefung läßt durch den Schleier der Zeit und Vergrasung eine Fügung sehen, als habe eine Brücke darüber weggeführt oder sei dort ein Eingang, Tor u. dgl. gewesen. In einem Brunnen des Dorfes ist eine Stele eingemauert mit der Aufschrift: „Dionysios Megakleos Sohn." Gegenüber steht ein alttürkischer Brunnen mit einem seltsamen Aufbau, eine Pyramide aus Backsteinen.

Wir stiegen in die weite Ebene hinab, die sich nach Süd und West verbreitet. Die fette schwarze Erde ist dermalen durch frisches Grün belebt, teils Anbau, teils Weide. Baumgruppen und Dörfchen heben sich aus dem Grunde, Tumuli und Hürden, Wege und Wasserzüge schneiden denselben durch; in Südwest, flach im flachen Felde ist der Spiegel eines Sees ausgegossen. Der feingebordete Ossa, die gewaltigen Massen des Olymp und hohes mazedonisches Gebirge begrenzen den Gesichtskreis von Süd über West bis Nord. ...

Bevorstehende Räumung Moreas durch die Ägypter. Banger Ausblick in die ungewisse Zukunft Griechenlands.

SMYRNA, am 8. September 1828

... Mehemed Ali hat also mit Codrington einen Vertrag über die Räumung der Morea abgeschlossen. Begreift man nun noch, was der Marschall Maison dort tun soll? — Eine Komödie spielen, wahrscheinlich. Nun, viel Glück dazu! Die armen Truppen werden es büßen. Kapo d'Istrias ist unzufrieden damit, denn er wollte Geld, nicht aber Truppen, deren Gegenwart ihn nur verhaßter im Lande macht, als er es bereits ist, und ihm überdies hinderlich sein kann. Nationalversammlung ist nun das allgemeine Begehren in diesem unglücklichen Lande, welches das doppelte Joch, das des Londoner Vertrages und das der Person Kapo d'Istrias', mehr und mehr zu fühlen beginnt. Wenn Griechenland nicht unabhängig wird, so wird es dem Tage fluchen, wo es die Fahne des Aufruhrs erhob; und wie soll es unabhängig werden ohne Wunder, nachdem der Vertrag der drei Mächte dessen Abhängigkeit feststellt und die Verlegenheit von zweien aus ihnen, sich durch die dritte gebunden zu fühlen, sie bestimmen wird, der Pforte auch um den wohlfeilsten Preis ihre vielausgeschriene Liebe zu Griechenland zu verkaufen? — Geschieht aber das Wunder? — was dann? — Wo ist der Grieche, der die Griechen zu beherrschen Macht und Verstand hätte, und wo der Fremde, der die Elemente der Organisation, die so reichlich im Lande liegen, aufzulesen verstände und aus den Griechen das, was sie sein sollen, Griechen, nicht aber lieber Affen seiner Landsleute machen wollte! —

Abkürzungen öfter herangezogener Literatur

Andersen, Basar: Hans Christian Andersen, Eines Dichters Basar. Reiseerlebnisse in Deutschland, Italien, Griechenland und dem Orient, hg. von Gisela Perlet (Weimar o. J.).
Engel-Janosi, Ballhausplatz: Friedrich Engel-Janosi, Geschichte auf dem Ballhausplatz. Essays zur österreichischen Außenpolitik 1830—1945, hg. von Fritz Fellner (Graz—Wien—Köln 1963).
Engel-Janosi, Jugendzeit: Friedrich Engel-Janosi, Die Jugendzeit des Grafen Prokesch von Osten (Innsbruck 1938).
Hertzberg: G. F. Hertzberg, Geschichte Griechenlands im neunzehnten Jahrhundert, in: Allgemeine Encyklopädie der Wissenschaften und Künste von J. S. Ersch und J. G. Gruber, Erste Section, 87. Theil (Leipzig 1869) 107—236.
Mendelssohn: Karl Mendelssohn Bartholdy, Geschichte Griechenlands von der Eroberung Konstantinopels durch die Türken im Jahre 1453 bis auf unsere Tage, I—II (Leipzig 1870—1874).
Philippson: Alfred Philippson, Die griechischen Landschaften, I—IV (Frankfurt a. M. 1950—1959).
Prokesch, Briefe: Aus den Briefen des Grafen Prokesch von Osten, k.u.k. österr. Botschafters und Feldzeugmeisters, 1849—1855 (Wien 1896).
Prokesch, Briefwechsel: Aus dem Nachlasse des Grafen Prokesch-Osten, k.k. österreichischer Botschafter und Feldzeugmeister. Briefwechsel mit Herrn von Gentz und Fürsten Metternich, I—II (Wien 1881).
Prokesch, Denkwürdigkeiten: Denkwürdigkeiten und Erinnerungen aus dem Orient vom Ritter Prokesch von Osten, hg. von Ernst Münch, I—II (Stuttgart 1836), III (ebd. 1837).
Prokesch, Erinnerungen: Anton von Prokesch, Major in der k.k. Marine und Ritter mehrerer Orden, Erinnerungen aus Ägypten und Kleinasien, I—III (Wien 1829, 1830, 1831).
Prokesch, Geschichte des Abfalls: s. oben S. 43.
Prokesch, Kleine Schriften: Ritter Anton von Prokesch-Osten, Kleine Schriften. Gesammelt von einem Freunde, V—VI (Stuttgart 1844).
Prokesch, Reichstadt: Mein Verhältniß zum Herzog von Reichstadt. Zwei

Sendungen nach Italien. Selbstbiographische Aufsätze aus dem Nachlaß des Grafen Prokesch-Osten, K. K. Österr. Feldzeugmeisters und Botschafters (Stuttgart 1878).
Prokesch, Tagebücher: Aus den Tagebüchern des Grafen Prokesch von Osten, k.u.k. österr.-ungar. Botschafters und Feldzeugmeisters, 1830 bis 1834 (Wien 1909).
Pückler: Fürst Hermann von Pückler-Muskau, Südöstlicher Bildersaal, hg. von Klaus Günther Just (Stuttgart o. J.); Bibliothek klassischer Reiseberichte.
Realencyclopädie: Paulys Realencyclopädie der classischen Altertumswissenschaft. Neue Bearbeitung (Stuttgart 1893ff).
Schack: Adolf Friedrich Graf von Schack, Ein halbes Jahrhundert. Erinnerungen und Aufzeichnungen, I—II (Stuttgart—Leipzig—Berlin—Wien ³1894).
Schemann, Bismarck: Ludwig Schemann, Bismarck und Prokesch-Osten. Eine Ehrenrettung, in: Die Grenzboten 73, 1914, I 543—551. 590 bis 594; II 8—18. 66—74.
Schemann, Gobineau: Ludwig Schemann, Gobineau. Eine Biographie I (Straßburg 1913).
Schemann, Quellen: Ludwig Schemann, Quellen und Untersuchungen zum Leben Gobineaus I (Straßburg 1914); II (Leipzig—Hartenstein im Erzgebirge 1923).
Schneller: Julius Schnellers hinterlassene Werke, hg. von Ernst Münch. II: Briefwechsel zwischen Julius Schneller und seinem Pflegsohne Prokesch. 2. Ausgabe (Stuttgart 1840).
Warsberg: Alexander Freiherr von Warsberg, Graf Prokesch-Osten, in: (Augsburger) Allgemeine Zeitung 1876, Beilagen 352 vom 17. XII., 355 vom 20. XII., 357 vom 22. XII. und 359 vom 24. XII.
Wegner: Max Wegner, Land der Griechen. Reiseschilderungen aus sieben Jahrhunderten (Berlin ³1955).
Zeißberg: Heinrich Ritter von Zeißberg, Artikel ‚Prokesch', in: Allgemeine Deutsche Biographie 26 (1888) 631—645.

Zur Druckvorlage der Texte Prokeschs

‚Prokesch, Denkwürdigkeiten', die Grundlage der vorgelegten Auswahl, sind von dem Historiker *Ernst Hermann Joseph von Münch* (1798—1841) herausgegeben worden (s. o. unter den ‚Abkürzungen öfter herangezogener Literatur'). Der Herausgeber führt in seinem Vorwort aus (S. Vff), daß sich im Nachlaß seines Freundes Schneller (s. die biographische Skizze über Prokesch) außer den Briefen Prokeschs (von Münch herausgegeben, s. unter den Abkürzungen ‚Schneller') auch noch „Briefe und Tagebuch-Fragmente" desselben Verfassers, aber „mit minderer Berührung der Privatverhältnisse im engeren Sinn" vorfanden, und zwar in einem Zustand, der auf den Plan einer Gesamtveröffentlichung schließen ließ; dadurch habe sich Münch zur Herausgabe der ‚Denkwürdigkeiten' berechtigt gefunden.

In der Tat geht aus mehreren Stellen von Briefen Prokeschs an Schneller folgendes hervor:

Prokesch hat „eine Art Tagebuch" über seine Reise geführt und erwogen, es „für den Druck einzurichten" (womit aber die von Münch vorgefundene zeitliche Zusammenordnung unmittelbar nichts zu tun haben kann) — an der gleichen Stelle ist von einer „Herausgabe des Ganzen" die Rede (vgl. auch Schneller selbst, Schneller 377, sowie Berger — s. zu S. 19—66f). Auf jeden Fall würde das Publikum durch von Zeit zu Zeit Schneller zugesandte „Briefe", die im ‚Morgenblatt' „oder sonst wo" in einem „Zeitblatt" veröffentlicht werden sollten, aufmerksam zu machen sein. Da er arm sei und sehr erfreut, wenn er Geld erwerbe, bitte er um Aufbewahrung des Honorars unter Abzug von Schnellers Spesen. So weit aus Smyrna am 10. März 1825 (Schneller 102f). Sein Adressat berichtet am 25. Mai 1825 (a.O. 106) von einer entsprechenden Sendung ans ‚Morgenblatt' (Ähnliches noch gegen Ende des Briefwechsels, z. B. Schneller 378 aus 1831), und am 14. Juli sendet Prokesch den Aufsatz über „einen Ausflug nach Candia", diesmal mit der Bitte: „Ändern, verbessern Sie, was Sie wollen..." (a.O. 107). Nachdem er schon bei der ersten Sendung an Schneller die Briefform dieser Schilderungen begründet hatte, schreibt er am 26. Juli (a.O. 111), daß er „gerne in den Briefen über

Griechenland usw. den einfachen Ton des Freundes" bewahre, „der gegen (den) Freund sich ohne Sucht und Zwang ausspricht". „Über die kalte Beobachtung möchte ich den Guß der Liebe geben, — das Gemälde auf mein eigenes Leben grundiren und etwas Menschliches und Warmes, nicht etwas Gelehrtes schreiben." Die Briefe seien nur der „erste Hinwurf" und bedürften einer sorgsamen Umarbeitung. Noch 1832 sendet Prokesch solche Briefe im Hinblick auf das ‚Morgenblatt' „oder sonst ein Journal" (Schneller 388).

Prokesch muß von diesen Aufsätzen wenigstens zum Teil Abschriften bei sich aufbewahrt haben, da er die ‚Erinnerungen aus Ägypten und Kleinasien' (künftig als ‚Erinnerungen' zitiert) in drei Bänden von sich aus bereits 1829—1831 herausgegeben hat, die sich im ganzen Band III und in einem Teil von II (S. 271—337) mit Partien aus einem der drei Bände der ‚Denkwürdigkeiten' decken. Diese Deckung trifft für die vorliegende Auswahl nur in geringem Umfang zu; es handelt sich um Teile von ‚Denkwürdigkeiten' I 108—222 (= ‚Erinnerungen' III 1—117), also aus der Partie mit der Schilderung des Aufbruchs von Smyrna, der Fahrt über Tenedos in die Dardanellen und sodann des Besuches des „Feldes von Troja". Aus Gründen der Einheitlichkeit der Textgrundlage habe ich auch in diesen umfangmäßig recht begrenzten Stücken der Auswahl den Text der ‚Denkwürdigkeiten' zugrunde gelegt, zumal die diesbezüglichen Varianten der ‚Erinnerungen' weder zahlreich noch bedeutend sind.

Es bestand grundsätzlich die Absicht, nach den Vorlagen Münchs und nach den eigenen Abschriften oder Konzepten Prokeschs zu suchen und, wenn sich überhaupt etwas hätte finden lassen sollen, den Text dieser Auswahl danach zu erstellen. Da aber für die Arbeit an dem vorliegenden Band eine verhältnismäßig knappe Zeit zur Verfügung stand, mußte auf solche Vorhaben verzichtet werden; trotzdem plant der Herausgeber, diese Suche gleichsam nachzuholen, da sie überhaupt nicht unwichtig und vor allem nicht unergiebig sein dürfte. — Eine besondere Untersuchung würden auch die kleinen Abweichungen zwischen ‚Schneller' und ‚Denkwürdigkeiten' verdienen, eben dort, wo sich die beiden Berichterstattungen inhaltlich berühren.

Die erste Sendung Prokeschs an Schneller betraf die „erste Wanderung auf Troja" (also im Oktober 1824); „die dort gesammelten Inschriften" seien „daraus weggelassen worden"; sie würden in einer Gesamtausgabe ihren Platz haben — es gehe jetzt um eine „Kost der Speise", nicht um die Speise selbst. Die Parallelveröffentlichung in ‚Erinnerungen' bringt sie ebenfalls nicht. Man hat sie sich jedenfalls zu der vorliegenden Darstellung des ‚Feldes von Troja' hinzuzudenken, wenn man deren Umfang in einer endgültigen Fassung ermessen will. Der topographischen Darstellung folgt in ‚Denkwürdigkeiten' ein ähnlich umfangreiches Kapitel über das „Heldenstück" angesichts seines „Schauplatzes" (I 222).

Prokesch war der Meinung, daß Troja an der Stelle der Höhe von Bunarbaschi gesucht werden müsse. Damit gehört er in die Reihe derjenigen, von denen sich H. Schliemann losgesagt hat. In ‚Ithaka, der Peloponnes und Troja. Archäologische Forschungen' (Leipzig 1869, Neuausgabe von Ernst Meyer, Darmstadt 1963) nennt Schliemann 165 die Vertreter der gegnerischen These, beginnend mit Lechevalier (1802), dem Sekretär des Grafen Choiseul-Gouffier, des Gesandten Frankreichs bei der Hohen Pforte seit 1784. Prokesch ist in der stattlichen Reihe dieser Namen nicht genannt. Sollte Schliemann ihn und seine Forschungen nicht gekannt haben? Und dies, obwohl Paulys Real-Encyclopädie der classischen Alterthumswissenschaft 1852 im Artikel ‚Troas' (VI 2162) ausdrücklich die einschlägigen Partien sowohl der ‚Erinnerungen' wie auch der ‚Denkwürdigkeiten' nennt?

Der Herausgeber Münch hat die Troja betreffenden Kapitel folgendermaßen charakterisiert (Denkwürdigkeiten I 222f, Anm.):

„Der Verfasser hat im dritten Bande seiner Erinnerungen (Wien... 1831) die voranstehende Schilderung des merkwürdigen, der Geschichte wie der Dichtkunst gleich angehörigen ‚Feldes von Troja' gegeben, welche sonder Zweifel die getreueste ist, die von irgend einem Reisenden gegeben wurde. Er zeigte darin mit unwiderlegbaren Gründen die Einerleiheit dieses Feldes mit dem in der Ilias besungenen, und erwies die geschichtliche Grundlage dieses ältesten und unübertroffenen Epos. In den Briefen, die wir hier (verstehe: ab S. 222) liefern, führte er denselben Beweis bis ins Einzelnste durch, indem er, die Dichtung Schritt für Schritt verfolgend, in jedem besonderen Falle darthat, wie genau sie dem Boden angepaßt ward, wie nichts in den örtlichen Angaben des Dichters willkührlich oder unwahr ist, wie unzulässig also die Behauptung derer, welche den Schauplatz derselben auf anderer Stelle suchen, oder gar in der Ilias nur eine Erfindung sehen wollen. In einer Zeit, wie die unsere, wo Verstand und Einbildung häufig im Unbestimmten schweifen, wird das Auge mit Nutzen und Wohlgefallen auf diesen classischen Erinnerungen verweilen."

Aus Prokeschs Ausführungen spricht also die gleiche „unerschütterliche Homergläubigkeit" (Ernst Meyer, a.O. XIV), wie sie Schliemann beseelt hat und damit zu so folgenreichen Entdeckungen und zur Grundlegung geradezu eines neuen Bereichs der Wissenschaft geführt hat.

Anmerkungen

Zur Einführung und biographischen Skizze

15 *Andersen*] Das Märchen meines Lebens (Stuttgart o. J.) 124; Andersen, Basar 238.
Heideck] Die bayerische Philhellenen-Fahrt 1826—1829. Aus dem handschriftlichen Rücklaß des K. B. Generallieutenants Karl Freiherr von Heideck, in: Darstellungen aus der Bayerischen Kriegs- und Heeresgeschichte, Heft 7 (München 1898) 62.
keineswegs geteilt] Engel-Janosi, Ballhausplatz 43, unter Berufung auf einen Brief Prokeschs an Kopitar vom 6. Mai 1838 in der Nationalbibliothek Wien. Vgl. auch Prokesch, Denkwürdigkeiten II 190 (22. April 1825) angesichts der Bewohner von Skyros: „Jahrhunderte des Unglücks und Elends, der Unterdrückung und Barbarei haben den Griechen in seinem Grundstoffe nicht geändert."
16 *Fragmente...*] 468.
Pückler-Muskau] Pückler 117.
Schack] Schack I 277f, 324f; II 101f.
17 *Schemann*] Schemann, Gobineau 389 Anm.
verliehen] Ähnliches in der Vorrede a.O. XXII: „Daß dieser Mann bisher noch nicht eine seiner würdige Einzelbehandlung gefunden hat, wie deren weit Geringere so vielfach teilhaftig geworden sind, kann nur als eine fast lächerliche Anomalie bezeichnet werden."
Warsberg] Ein „meisterhaftes biographisches Denkmal" wird der Nachruf von Hyac. Holland, Artikel ,Warsberg', in: Allgemeine Deutsche Biographie 41 (1896) 183 genannt, und für Schemann a.O. 388 Anm. ist er die „beste und ausführlichste" Lebensskizze.
bis in die Seele hinein] Warsberg, Beilage 359 auf S. 5503.
verzichten] Ebd. 352 auf S. 5387.
18 *Schemanns Ausführungen*] Vor allem: Schemann, Gobineau 387—423.
Familie] Auch noch im letzten Lebensjahr hat er in einem Brief an Gobineau am 14. Juli 1876 die Absicht eines Besuches dort ausgesprochen, s. Schemann, Quellen II 211.
19 *Charakterbild*] Schemann, Gobineau 409.
Schemann] Ebd. 414f.

19 *viele andere*] An dieser Stelle sind wohl vor allem Verfasser von Veröffentlichungen über Prokesch zu nennen, allen voran Dr. phil. et Dr. med. Anton Berger, der als Heft IV/V der ‚Grazer Stimmen' 1921 ein begeistertes Büchlein ‚Prokesch-Osten. Ein Leben aus Alt-Österreich' hat erscheinen lassen; 1926 widmete Richard Kuenzer Prokesch zum Gedenken an sein Ableben vor damals fünfzig Jahren einen gehaltvollen Aufsatz im Hochland 24, 1926/27, 630—652, und 1938 folgte, in Innsbruck erschienen, Friedrich Engel-Janosis umfassende Monographie über ‚Die Jugendzeit des Grafen Prokesch von Osten', deren 1. und 2. Kapitel bereits 1935 einen Vorabdruck erfahren hatten. 1956 gab Ernst Joseph Görlich über Prokesch das Bändchen 3 der Stiasny-Bücherei (Graz–Wien) ‚Abendland — Morgenland' heraus, dessen guter Eindruck leider durch den einen Zug für den Kenner etwas beeinträchtigt wird: in der Literaturübersicht hätte gerade Bergers Büchlein keinesfalls ungenannt bleiben dürfen!
verfolgt hat] Schemann, Gobineau 419.
Wertschätzung] Schemann, Bismarck 551.
Ehrenrettung] Schemann, Bismarck.
erachtet] Schemann, Gobineau XXIII.

20 *Quellen...*] Schemann, Quellen I, VIIf.
vornehmeren Züge] Schemann, Bismarck 73f (Anm.): Von einer „überwältigend vornehmen Denkungsart" spreche Ottokar Lorenz. Nach Schemann a.O. 8 hat man es überhaupt mit einer „ungewöhnlich edlen und lauteren Gestalt" zu tun.
unverdient büßen] Kuenzer a.O. (s. zu S. 19) 642.
Lebendigen] Kursiven vom Hrsg.; Zitat aus Schemann, Gobineau XXII.

21 *konservative*] Ebd. 421.
Vielseitigkeit] Ebd. XXII und 422; ders., Bismarck 547.
Versuch] Für das zunächst Folgende s. Engel-Janosi, Jugendzeit.
Stadler] Marie Annas Mutter war schlesischer Herkunft: Zeißberg 631.

22 *Warsberg*] Warsberg, Beilage 352 auf S. 5385.

23 *Geisteskinder*] Engel-Janosi a.O. 10; der Text greift Beethovens Wortlaut auf.
Einladung Schuberts] Otto Erich Deutsch hat ‚Schuberts Aufenthalt in Graz 1827' einer genauen und reich belegten Untersuchung unterworfen, in: Die Musik 22, 1906/07, 10—35.91—114.

25 *Begegnungen*] Brief an Schneller vom 27. August 1820, s. Schneller 25—27.
Geistesverwandter] Wegner 280.
Jugend] Schneller 26: Tugend.

25 *vorgelesen hat*] Aus Goethes Tagebuch vom 25. August 1820 geht hervor, daß die Lesung aus dem ‚Divan' auf Wunsch seiner Besucher erfolgte (Prokesch war mit Johann Grafen Paar gekommen).
Nachruf] Warsberg, Beilage 352 auf S. 5387.
27 *Lebenslauf*] Almanach der Kaiserlichen Akademie der Wissenschaften 27, 1877, 128—135.
Sohn] Prokesch, Briefwechsel I, VII.
Jugendzeit] Engel-Janosi, Jugendzeit 44.
Warsberg] Warsberg, Beilage 359 auf S. 5503.
Türkei] Baron Viktor Schleinitz hat aus einem unveröffentlichten Brief die Formulierung mitgeteilt (Beilage ‚Die Warte' in: ‚Die Furche' 3, 1947, Nr. 25): „Die Auflösung der Türkei halte ich für den unmittelbaren Vorläufer der Auflösung Österreich-Ungarns, und weil ich ein Österreicher bin, halte ich an der Integrität der Türkei."
Harmonisierung] Wegner 292: Für den Künstler Stackelberg und den Staatsmann Prokesch bedeute „das Griechentum einen höchsten, verpflichtenden Wert..., der zu den bestimmenden Grundlagen ihres menschlichen Daseins gehörte".
Historikers] Engel-Janosi, Ballhausplatz 119.
28 *Erlaubnis Prokeschs*] S. Almanach... (s. zu S. 27 unter ‚Lebenslauf') 134.
29 *Dietrichstein*] Engel-Janosi, Jugendzeit 54.
Geistesart] Wegner a.O.: die ‚Denkwürdigkeiten' „Schöpfung einer allumfassenden Geistesbildung".
Schemann] Schemann, Gobineau 416 Anm.
30 *Freiherr von Warsberg*] Vgl. Engel-Janosi, Jugendzeit 81.
Empfindung] S. Prokesch, Denkwürdigkeiten II 463.
verleiht] Wesentliches über diese an die schon besprochene Sehweise von Kaspar David Friedrich gemahnende Art des Landschaftserlebens Prokeschs findet sich bei Wegner 280 und 291f.
Brief Prokeschs] Schneller 308f.
32 *Aktion*] S. oben S. 216ff.
tun können] Das Zitat aus dem Brief an Schneller vom 22. Oktober 1824 „Von den Dardanellen"; Schneller 93. Ganz ähnlich am 10. März 1825 aus Smyrna, ebd. 103.
33 *in Palästina*] Vgl. Arthur Breycha-Vauthier, Österreich in der Levante (Wien und München 1972) 14f.
Warsberg] Warsberg, Beilage 355 auf S. 5431.
Andersen] Andersen, Basar 254 und Anm. dazu; Prokesch, Kleine Schriften VI 238f.
bei Nazareth] Ebd. 234f.

33 *an Prokesch denken*] dessen eigenes Selbstverständnis früh in diese Richtung wies (26. Juli 1825, Schneller 111): „Armer Wanderer, der ich bin..."

34 *Andersen*] Andersen, Basar 238f.

36 *Kestners*] Franz X. Zimmermann, Begegnung in Rom, in: Beilage ‚Die Warte' zu ‚Die Furche' 8, 1952, Nr. 22.

37 *Unterhaltung*] Die Berichterstattung hierüber ist nicht ganz einheitlich: Prokesch, Tagebücher 37, und Prokesch, Reichstadt 7 (übernommen von Zeißberg 636f).
Philhellenismus] Die Äußerung selbst in Prokesch, Reichstadt 8; s. noch zu S. 43.

38 *opfern*] Prokesch, Reichstadt 28, 54, 87.

39 *Aufwartung*] Prokesch, Tagebücher 31f.

40 *Irene*] Vgl. oben S. 23 und 36.
Tagebuch] Engel-Janosi, Jugendzeit 112.
ermöglichte] Engel-Janosi, Ballhausplatz 38.

41 *Aussicht nach Griechenland*] Franz X. Zimmermann a.O. (s. zu S. 36) 2.
Gropius] Über ihn s. Georg Pfligersdorffer, Ein Vorposten Österreichs in Griechenland zur Zeit seines Wiedererstehens, in: Arbeiten aus dem Geographischen Institut der Universität Salzburg VI: Beiträge zur Landeskunde Griechenlands, hg. von Helmut Riedl (Salzburg 1976) 13—58.

42 *Erzherzog Johann*] Die beiden folgenden Zitate aus dem Brief vom 12. Juli. (Der ‚Briefwechsel zwischen Erzherzog Johann Baptist von Österreich und Anton Graf von Prokesch-Osten' ist von Anton Schlossar in Stuttgart 1898 herausgegeben worden.)
angetan] Die beiden nächsten Zitate aus einem Brief vom 21. Dezember 1837, in Wien geschrieben.
unzugänglich zu bleiben] Engel-Janosi, Jugendzeit 175.
Engel-Janosi] Engel-Janosi, Ballhausplatz 40.

43 *Schemann*] Schemann, Gobineau 398.
Freund Griechenlands] Vgl. oben S. 27 und 37f. Prokeschs persönliche Empfindungen gelten unverkennbar und eindeutig den Griechen — ein Beispiel für viele aus den ‚Denkwürdigkeiten' III 563: „Das Parthenon (wer kann jetzt ohne Trauer dahin blicken?) thront dort wie eine königliche Jungfrau." Diese Stelle vom März 1828 steht unter dem Eindruck der im Juni des Vorjahres erfolgten Kapitulation der griechischen Besatzung auf der Akropolis, die damit wieder türkisch geworden war. (Dazu ein Beleg, auf den bloß verwiesen sei: oben S. 210f über die Flüchtlinge auf der Sandzunge des Gestades von Argos und auf dem Hügel des ‚Agamemnon-Grabes'.) An Kolettis, den wohl glorreichsten Überlebenden des

Befreiungskrieges (so Guizot), an den Prokesch die stärkste Hoffnung für Griechenlands Zukunft knüpfte und der ihm „wahrer Freund" geworden war (Altersnotiz), schrieb er im Mai 1846: „Sie allein können die Zukunft des Landes sichern, das ich geliebt habe und immer noch liebe" (Engel-Janosi, Ballhausplatz 55f, 59f). — Was die praktische Betätigung und Auswirkung dieser Gesinnung anlangt, sei auf den Bericht über eine Teegesellschaft bei Prokesch hingewiesen, den Wilhelm Henzen in seinem Reisetagebuch unter dem 14. Februar 1842 gegeben hat (Hans Schaal, Heinrich Nikolaus Ulrichs. Ein Beitrag zur Geschichte der Beziehungen zwischen Bremen und Griechenland 1833—1847, in: Abhandlungen und Vorträge, hg. von der Bremer Wissenschaftlichen Gesellschaft, 11, 1937, Heft 1/2, 74): Prokesch und Gropius hätten die Sache der Griechen zu ihrer eigenen gemacht, als 1827 Karaiskakis zu einer aufgetragenen Unternehmung ohne Geld war, weshalb die beiden zusammen mit anderen 600 türkische Piaster zur Verfügung gestellt hätten, womit 20 Palikaren (s. zu S. 193) gemietet worden seien. (Bezüglich der Richtigkeit der angegebenen Jahreszahl 1827 bleiben Zweifel offen.)
Warsberg] Warsberg, Beilage 357 auf S. 5466.
44 *Sorge trug*] Das gesamte Werk erschien bei Carl Gerold's Sohn in Wien 1867. Im folgenden zitiert als ‚Geschichte des Abfalls'.
Hertzberg] Hertzberg 236.
Anzeige] S. 41—76.
eigenen Geschichtswerk] Zwei Beispiele: Mendelssohn II 471, 501.
45 *Brief an den Freund Gobineau*] Schemann, Quellen I 379 hat den Originaltext des Briefes abgedruckt; K. H. Dworczaks Ausgabe des Briefwechsels mit Gobineau (Paris 1933) ist mir leider nicht zur Hand; vgl. Engel-Janosi in: Mitteilungen des Österreichischen Instituts für Geschichtsforschung 48, 1934, 461.
Andersen] Andersen, Basar 237f.
46 *Pückler-Muskau*] Pückler 117f (Zitat mit geringfügiger Abweichung gegenüber dem Original).
Schack] Schack I 324.
Pückler-Muskau] Pückler 150.
Andersen] Andersen, Basar 239.
Gäste bei Prokesch] Die nähere Einbeziehung der an einschlägigen Hinweisen und Bemerkungen ungemein reichen Aufzeichnungen (Tagebuch einer Griechischen Reise, I und II, Berlin 1865) von Friedrich Gottlieb Welcker, einem der Bahnbrecher der klassischen Altertumswissenschaft (1784—1868), der 1842 Griechenland bereist hat, ist in diesem Rahmen leider nicht möglich. Welcker hatte über die von Prokesch mitgebrachten Inschriften und über Prokesch

selbst bereits 1830 berichtet (Schneller 379). Der persönliche Verkehr in Athen 1842 führte bei Welcker zu immer größerer bewundernder Hochschätzung des Mannes, der ihm „ungewöhnlichen Eindruck" (I 26) machte, „persönliches Zutrauen immer mehr" einflößte (I 41) und mit „großer Liebenswürdigkeit" (I 157) begegnete, so daß „ein Verhältniß recht guter Bekanntschaft mit Prokesch und Frau" (II 128) sich verfestigte. „Mit Bangen denke ich an die Abreise..." (I 107). Auch als Altertumsforscher vermochte Prokesch seinen häufigen Gast zu überzeugen. Siehe auch Reinhard Kekulé, Das Leben Friedrich Gottlieb Welckers (Leipzig 1880) 268.
Warsberg] Warsberg, Beilage 357 auf S. 5466.
Schreiben an Metternich] Prokesch, Briefwechsel II 246f.

47 *Bursian...]* München–Leipzig 1883, 1126.
unbesucht] Warsberg, Beilage 357, S. 5467.
Phira] Hauptort von Thera.

48 *Larfeld]* I (Leipzig 1907) 85.
Engel-Janosi] Engel-Janosi, Jugendzeit 185f.
Schemann] Schemann, Quellen I 358.
1. März 1849] Prokesch, Briefe 3.

49 *5. Mai 1849]* Ebd. 42f.
Wehmut] Vgl. ebd. 79 (vom 22. Juli 1849 aus Berlin): „Aus Athen weiß ich nichts. Ich denke oft dahin — an meine Zimmer — Garten — Piräuskirche — Berge und Meer — an manche durchlebte Stunde!"
9. Mai] Ebd. 44.
27. Mai] Ebd. 59f.

50 *Geschehen]* Ebd. 463f. Vgl. auch Engel-Janosi, Ballhausplatz 77f.
Rückschau] Prokesch, Briefe 466ff.

51 *Warsberg]* Warsberg, Beilage 357 auf S. 5467.
Nachricht] Ebd. 5466; Eduard Berger a.O. (zu S. 19) 89. — Die nachträgliche Kenntnisnahme (dank der Güte von Baronin Margarete Schleinitz-Prokesch) von einer Tagebucheintragung Prokeschs veranlaßt mich zu einer Richtigstellung des im Text Vermuteten. Danach hat Prokesch am 5. März 1873 in Rom gelegentlich eines Besuchs bei Fürstin Carolyne von Sayn-Wittgenstein, die ihn zu sich gebeten hatte, von dieser gehört, wie Liszt sich Prokeschs Gattin in besonderer Verehrung als seinem „Schutzgeist" verbunden wußte; als ein „Engel an Reinheit und Schönheit" habe sie — knapp sieben Monate älter als Liszt — „den größten Einfluß auf ihn geübt". Die Stelle deutet überhaupt auf eine ziemlich frühe Berührung der beiden hin.

52 *Martyrium]* Schemann, Gobineau I 402.
Schemann] Ebd.

52 *Warsberg*] Warsberg, Beilage 359 auf S. 5501.
den Bund zu halten] Prokesch, Briefe 470 (in einer weiteren 1872 abgefaßten Skizze).
Sisyphusarbeit...] Warsberg a.O.
Selbstverleugnung] Prokesch, Briefe 471.

53 *Vision der Seligen*] Engel-Janosi, Ballhausplatz 214. Die Erwartung einer Tätigkeit in Konstantinopel wird schon früher gehegt, s. Prokesch, Briefe 14f.
der größte Liberale] Engel-Janosi, Jugendzeit 38.
Verherrlichung der Tat] Man fühlt sich an Cicero, De re publica 1, 2 erinnert.
Gewölben] Engel-Janosi, Jugendzeit 13; „der von Samos": Pythagoras.

54 *Osterfest*] Prokesch, Briefe 305 (25. März 1853).
3. April] Ebd. 307.
Piscatory] Ebd. 219f (Berlin, 12. Mai 1851).
Brief an Gobineau] Aus Rom, 24. Februar 1873; bei Schemann, Quellen II 204.

55 *bereits 1832*] Prokesch, Kleine Schriften V 400.
16. Februar 1828] Prokesch, Denkwürdigkeiten III 557.

56 *Napoleon III.*] Prokesch, Briefe 452ff.
Ignatieff] Warsberg, Beilage 359 auf S. 5502.

57 *Abschiedsaudienz*] Ebd.
Graf Beust] Engel-Janosi in: Mitteilungen... (s. zu S. 45) 462.
Bankban] Warsberg, Beilage 359 auf S. 5501.

58 *halbes Jahrhundert...*] Im Oktober 1824, s. oben S. 105f, 113f.
kleine Franz] S. S. 45.
urwüchsigen Gesundheit] Schemann, Gobineau I 409.
so kennzeichnend] Engel-Janosi, Ballhausplatz 75.
Traurigkeit] Engel-Janosi, Jugendzeit 4.
6. Mai 1832] Prokesch, Briefwechsel II 114.

59 *Gespräch mit Warsberg*] Warsberg, Beilage 357 auf S. 5465.
der Kummer nach Monaten] Engel-Janosi, Ballhausplatz 96.
14. August 1872] Schemann, Quellen II 202.

60 *1. Oktober 1872*] Ebd. 203.
17. Oktober] S. Schleinitz a.O. (s. zu S. 27).

61 *Marcus Aurelius*] Nach W. Theilers Übersetzung (Zürich 1951).
29. Juni 1824] Schneller 84. Nochmals ist das Zitat am 25. Mai 1825 (ebd. 106f) dem fernen Seefahrer für seine Reise und Rückkehr, aber auch im Hinblick auf das Leben überhaupt von Schneller zugesprochen worden.
Warsberg] Warsberg, Beilage 355 auf S. 5430.
Schack] Schack II 101f.

Zu den Reiseberichten

69 *Molo di S. Carlo*] Dem alten Hafen (südlich des Canale Grando) zugehörig.
S. Eufemia] Die hochgelegene Domkirche von Rovigno (etwa 27 km Luftlinie südwestlich von Triest).
70 *Sansego*] Westlich von Porto Cigale auf Lussin (Lošinj).
antivarischen Gebirge] Zwischen dem Skutarisee und dem Meer, an dessen Küste Antivari (Stari Bar) liegt.
Beratino] Semeni.
Voussa] Vojussa, Viosa.
Dyrrhachium] Durazzo, Dùrres.
71 *Kastriota*] Skanderbeg, 1404—1468; Vorkämpfer gegen die Türken.
Trebocchi...] Bezieht sich wohl auf die im Bürgerkrieg zwischen Pompeius und Caesar gelieferten blutigen Gefechte südöstlich von Dyrrhachium etwa am 8. und 17. Juli 48 v. Chr.; vgl. Matthias Gelzer, Pompeius (München ²1959) 229ff; Caesar. Der Politiker und Staatsmann (Wiesbaden ⁶1960) 215f.
Danville] Jean Baptiste Bourguignon d'Anville (1697—1782), französischer Geograph und bahnbrechender Kartograph; die von Prokesch gemeinte ‚Géographie ancienne abrégée' (3 Bände, Paris 1768; deutsche Ausgabe durch Hummel u. a., Nürnberg 1785ff: ‚Handbuch der alten Erdbeschreibung...') stellte den Text zum ‚Atlas antiquus maior' (Paris 1768, in 12 Karten Folio) dar.
Defileen des Pyrrhus] Das Durchbruchstal zwischen Kilsiri (Klisura) und Tepeleni.
Nemertczika...] In der Vorlage: Mertczika und Trebechina. Im Altertum Asnaus und Meropus (z. B. Livius 32,5,11).
Sulioten] „die verwegensten christlichen Vorkämpfer der Unabhängigkeit" (Hertzberg 108), vor den Türken im 17. Jahrhundert in die unzugängliche Berggegend oberhalb des Durchbruchstales des Acheron vor dessen Austritt in die Ebene südlich von Paramythia (SW-Epirus) geflüchtet, „gleichsam in einem natürlichen Geiernest"

(Mendelssohn I 88) hausend, und von Ali Pascha ingrimmig bekämpft. Berühmt ist der durch die bei Kassope errichteten Standbilder tanzender Frauen verewigte ‚Reigen von Zalongos', bei dem heldenmütige Suliotinnen, um der Gefangenschaft zu entgehen, beim Reigentanz eine nach der anderen ihr Kind und dann sich selbst in den Abgrund fallen ließ (William M. Leake, Travels in Northern Greece I, London 1835, 246; Mendelssohn I 101).

Amantia] Nach Leakes nicht unanfechtbarer Lokalisierung Nivitza (Nivizza schreibt Prokesch, s. S. 74).

Porus] Diese Bezeichnung des Hafens dürfte sonst nicht nachweisbar sein.

72 *Velleius...*] Vell. 59,4; Suet. Aug. 8,2.

Amurat] Murat I., s. Johann Georg von Hahn, Albanesische Studien (Jena 1854) 325.

Kap Linguetta] Kap Glossa.

Sasena] Saseno; im Altertum Sason.

73 *Othonius*] Auch Othronus; italienisch Fano.

S. Salvadore] Griechisch Pantokrator (914 m).

74 *Val d'Orso*] Vallone Orso. Allerdings liegt Palaeste weiter im SO.

Ovid] Fasti 4,236 (dem überlieferten Text gegenüber haben die Philologen verschiedene Änderungen vorgeschlagen).

Nivizza] S. zu S. 71 unter ‚Amantia'.

75 *Isthome*] Istone war im Altertum der Name des Berges Hagii Deka (‚Zehnheiligen', 566 m), an dessen östlichen Ausläufern zum Meer hin die einst Kaiserin Elisabeth von Österreich gehörige Villa Achilleion liegt.

76 *Virgil*] Aen. 3, 293ff.

Ovid] Met. 13, 720f.

77 *Medea*] Die Nachricht findet sich bei Solin 2, 30.

Rialto] Die Laguneninsel ‚Rivus Altus', die Venedig trägt und im Namen des Ponte di Rialto fortlebt.

Reede] von Korfu.

79 *Potamo*] Potamós liegt westlich der Hauptstadt Kerkyra, nahe bei ihr.

80 *Paxo und Antipaxo*] Genau in der Verlängerung des südöstlich streichenden Gebirgsrückens von Kerkyra gelegen, Parga gegenüber.

Koronäische Busen] Die Berechtigung dieser Benennung scheint zweifelhaft. In der Antike dürfte nur der nördliche Teil des Messenischen Golfes so benannt worden sein.

Chimerische Vorgebirge] Prokesch scheint es ähnlich wie William M. Leake (s. zu S. 71) III 5 und zuletzt N. G. L. Hammond, Epirus (Oxford 1967) 498 am Kap Varlám lokalisiert zu haben (so auch J. Classen – J. Steup zu Thukydides 1,46,4). Demgegenüber führt der

Ansatz Conrad Bursians, Geographie von Griechenland I (Berlin 1862) 28 — und ihm ähnlich Bürchners (Artikel ‚Cheimerion' in ‚Realencyclopädie') — viel zu weit nach Süden.
Syvota] Sybota: Inselgruppe an der epirotischen Küste gegenüber dem Südende Kerkyras. Die Seeschlacht dort fand 433 statt.
Leukimne] Kap Lefkimo, nördlicher Vorsprung SO-Kerkyras.

81 *Prevesa*...] an der Nordseite des Ausgangs des Ambrakischen Golfes (oder Golfes von Arta) gelegen, Vonitza an dessen Südküste in Akarnanien und Butrinto auf dem Festland dem Nordosten der Insel Kerkyra gegenüber (im Altertum Buthrotum, s. oben S. 75f).

82 *Bergantischen Bergen*] (1435 m), im NW Akarnaniens, dem nördlichen Leukas (Leukadia bei Prokesch, italienisch S. Maura) gegenüber. Den „Zweigen des Olympus" stehe ich etwas ratlos gegenüber.
Homer] Die Stelle schildert den Hafen des Phorkys.
Arakynthus] (955 m), nördlich von Missolungi.

83 *Dichter*] Die deutsche Übersetzung (statt der französischen bei Prokesch) nach F. P. Fritz: Theokrit, Gedichte (Tusculum-Bücherei, München 1970), und F. Notter (Theokrit... Deutsch im Versmaße der Urschrift von E. Mörike und F. Notter, Stuttgart 1855).
Trabakel] Zweimastiges Küstenfahrzeug.

84 *lateinisches Segel*] Ein Segel in Dreiecksform und in weite Spitzen auslaufend.
Maurokordatos] S. zu S. 194.

85 *krenelierte*] mit Zinnen versehene.

86 *Evenus*] Euenos.
Land] der Insel Sira (Syra, Syros).
Scio] Chios; die Katastrophe dieser Insel ereignete sich am 14. April 1822 (Hertzberg 140f; Mendelssohn I 251ff), die des westlich vorgelagerten Ipsara (Psara) am 4. Juli 1823 (s. zu S. 92); das östlich von Mytilene auf dem Festland gelegene Aiwalyk (dieses ist wohl mit ‚Euwalin' gemeint) wurde am 15. und 16. Juni 1821 völlig verwüstet.

92 *des Falles von Ipsara*] Vgl. Hertzberg 156; Mendelssohn I 341ff.

94 *Vorgebirge Phanä*] Kap Mastikochoria, die Südspitze von Chios, als ‚Capo bianco' zu unterscheiden von dem wenig später genannten ‚Capo bianco', dem Kap Aspro(chomata) auf dem Festland.
natolische Küste] Natolisch und Natolien schreibt Prokesch oft für anatolisch und Anatolien.
Kardamyle] Im Nordosten von Chios; im Altertum begegnet der Name ausschließlich für die nahgelegene Siedlung. Zum heutigen Kardamyla und seiner Umgebung s. Philippson IV 251f.
Mimas] Bos Dagh (1190 m).

94 *Herrn von Hammer*] Den bahnbrechenden österreichischen Orientalisten Joseph Freiherrn von Hammer-Purgstall, geb. zu Graz 1774, gest. 1856 in Wien nach einem schriftstellerisch ungewöhnlich ertragreichen Leben, in dem er durch Erschließung der literarischen Welt des Orients auf seine Zeit — nicht zuletzt auf Goethe („Wie viel ich diesem würdigen Mann schuldig geworden...") — bedeutend und folgenreich gewirkt hat. Über seine Bedeutung für Prokesch s. Engel-Janosi, Jugendzeit 83. Übrigens hatte Hammer um Karoline Pichlers Lotte, Prokeschs spätere Braut, 1815 vergeblich geworben (ebd. 26).

96 *sciotischer Mädchen*] Voyages dans l'Asie mineure et en Grèce etc. etc. par le Dr. Richard Chandler etc. etc., Paris 1806, I. Chap. 16. (Originalanmerkung) — Deutsche Übersetzung der beiden zugrunde liegenden englischen Originalwerke von Heinrich Christian Boie unter Mithilfe von Johann Heinrich Voß, Leipzig 1776f, unter den Titeln ‚Reisen in Klein Asien' und ‚Reisen in Griechenland', jetzt in Nachdrucken (1976) des Georg Olms Verlages Hildesheim und New York vorliegend.

Tournefort] Der französische Botaniker reiste von 1700 bis 1702 in Griechenland und Kleinasien. Die Erstausgabe seiner Reisebeschreibung erschien in Paris 1717.

97 *Artigkeit ihrer Frauen*] Relation d'un voyage du Levant, fait par ordre du Roi etc. etc. par Mr. Pitton de Tournefort, Paris 1817, I. Lett. IX. (Originalanmerkung)

andre Farben] Vgl. ‚Denkwürdigkeiten' II 551—553 (vom 30. Juli 1825): „Am furchtbarsten ist sie (gemeint: die Verheerung) in dem so genannten Herrnviertel der Stadt, wo die griechischen Primatenfamilien wohnten, der höchste Luxus und eine nur zu sichere Heiterkeit herrschten, und wo der Scherz gerne den Gürtel der Schönheit löste und mit dem Erwerb der Jahre wenige Wochen ausschmückte. Hier schien die Rache sich am besten zu gefallen. Unter dem Säbel des Türken sanken die Mütter, die Väter, die Jünglinge; die Kinder wurden zertreten wie Wurmgezücht, und die schönsten Jungfrauen, in Wohlstand und in der weichen Bildung des Morgenlandes erzogen, zu Hunderten herausgerissen und von den noch im Blute des Bräutigams triefenden Würgern entehrt. Die Geschichte hat Blätter, die man verhüllen muß. — Ich ging durch die Trümmer dieses Viertels. Die Häuser waren im italienischen Stile, aus schwarzen und roten Werkstücken gebaut — die Straßen enge; die Gebäude hoch. Hier und dort sah man wohl auch eine Säule, einen Rest des Altertums. So kam ich in ein anderes Viertel — da stand ein Weib unter einer Türe, schön, wie ich wenige gesehen. Glänzend und dunkel war ihr Haar, so waren auch ihre großen Augen. Das höchst edle Oval des Kopfes zierten Nase und Mund in seltner Feinheit; die Gesichtsfarbe aber war bleich, wie die der gefolterten Unschuld. Sie grüßte den Konsul, der mich begleitete, und warf dann schmerzhaft den Blick zur Erde. Wer ist sie? — Eine Sklavin — ein Mädchen aus einem der besten Häuser — nun eines Janitscharen Kebsweib."

99 *Anacharsis*] Der französische Altertumsforscher Jean Jacques Barthélemy (1716—1795) lieferte ein seinerzeit weit verbreitetes und auf ausgedehnter Belesenheit beruhendes, den Mangel an Autopsie in bewundernswerter Weise aufholendes Werk, ‚Voyage du jeune Anacharsis en Grèce' (Paris 1788, 7 Bände mit Atlas).

101 *Sohn Mechmed Alis*] Ibrahim Pascha; er war eigentlich der Adoptivsohn Mehmed Alis.
Budrum] Das alte Halikarnassos.
Kapudan Pascha] Der Großadmiral des Osmanischen Reiches.

102 *Mykone*] Oder Mykoni, heute Mykonos.

103 *Morea*] Seit dem 13. Jahrhundert aufgekommene und möglicherweise mit dem Namen des Maulbeerbaumes (lat. mōrus) zusammenhängende Bezeichnung für die Peloponnes; vgl. Alfred Philippson, Das Byzantinische Reich als geographische Erscheinung (Leiden 1939) 126.
Gropius] S. zu S. 41.
Kriegsbrigg] Brigg: Segelschiff mit zwei Masten mit jeweils voller Takelung.

104 *Karaburun*] Nordspitze der den Golf von Smyrna im Westen begleitenden Halbinsel des Festlandes.
Kap Sigri] Westspitze von Mytilene (Lesbos).
Lektum] Die SW-Spitze der Troas; die in Münchs Druck der ‚Denkwürdigkeiten' ebenso wie in ‚Erinnerungen' erscheinende Form ‚Lecktos' ist nach der richtigen Schreibung Prokeschs in ‚Schneller' 89 ‚Lektum' zu verbessern gewesen.

105 *Imbros*] 597 m.
Samothraken] In der Antike nur im Singular gebräuchlich.
koischem] Nach der Insel Kos benannt; dort wurden feine, durchscheinende Gewebe erzeugt.
Beils von Tenedos] Der von seinem Vater in einer Kiste ins Meer ausgesetzte Tenos war Herrscher auf Tenedos geworden. Der Vater suchte später Versöhnung, doch wurde das Tau des Fahrzeugs, mit dem er auf der Insel landen wollte, vom Sohn durch das später noch hergezeigte, sprichwörtlich gewordene ‚Beil von Tenedos' durchgeschnitten (auch den Lateinern als ‚securis Tenedia' bekannt: A. Otto, Die Sprichwörter... der Römer, Leipzig 1890, Nr. 1759). Andere antike Deutungen bei Fiehn, Artikel Tenedos Nr. 1 in ‚Realencyclopädie' 5 A, 1 (1934) 495.

106 *Lade*] Im Jahre 496.
107 *Äsyetes*] Das Grabmal des Äsyetes war somit auch für Prokesch mit dem Hügel Udschek Tepe identisch; gegen diese Lokalisierung hat sich Schliemann (s. S. 233) 192ff mit Entschiedenheit ausgesprochen.
108 *Athenäa*] So nach der bei Homer häufigen Bezeichnung der sonst Athene genannten Gottheit.
109 *Kallikolone*] Vgl. oben S. 128. Prokesch teilt anscheinend die Identifizierung mit dem Höhenzug Karajur.
112 *Lechevalier*] Jean Baptiste L., französischer Archäologe (1752 bis 1836); s. auch S. 233.
114 *Sprietsegel*] Viereckiges Segel, von einer Stange (Spriet) diagonal gespreizt.
Erekli] Auch Eregli.
Propontis] Der Gebrauch als Maskulinum ist zeitbedingt.
115 *Bogados*] In der Vorlage Boidos.
Marmora] Marmara (709 m hoch), die Insel im Westteil des nach ihr benannten Meeres zwischen den beiden Engen der Dardanellen und des Bosporus, im Altertum Prokonnesos.
Melanzinen] Melanzani, zu Gemüsen und Salaten verwendete Frucht (Aubergine).
Olymp] Der Mysische (2493 m), heute Ulu Dagh. Die genannten antiken Stätten liegen an den heutigen Golfen von Ismid, Gemlik und Perama.
116 *Skutari*] Türkisch Üsküdar.
117 *Bosphorus*] Bei römischen Schriftstellern übliche und auch ins Französische und Italienische wirkende Schreibung statt Bosporus.
gespreiteten] gespreizten.
118 *Brigantine*] Segelschiff mit zwei Masten, von denen nur einer die volle Takelung besitzt.
119 *Besestan*] Bezestân, inmitten des Bazars gelegener Waffenmarkt.
120 *Bagno*] Die Bäder des Serails zu Konstantinopel, bei denen sich ein Sklavengefängnis befand, daher dann überhaupt für Strafanstalten gebräuchlich.
122 *Mykone*] S. zu S. 102.
Meilen] Die Seemeile zu 1,852 km; selbst bei Annahme von englischen Meilen ist die Entfernung großzügig bemessen.
Focksegel] Unterstes querschiffs gestelltes Segel am vordersten Mast.
123 *dardanische Vorgebirge*] NO-Spitze der Troas, südwestlich der Insel Marmara.
‚*Apäsos' Gemeinfeld*'] Ilias 2,828.
128 *Kallikolone*] S. zu S. 109.

129 *Gieksegel*] Ein längsschiffs angebrachtes Segel, Gaffelsegel.
Cap Colonna] Vielleicht Verwechslung mit dem Namen ‚Kalloni‘, so daß das Kap am Eingang des Golfs von Kalloni vorzustellen wäre? Andrerseits verzeichnet F. A. Schrämbls Karte (Wien 1791, wiederholt in seinem Atlas Wien 1800) zwischen der Südküste der Troas und der Nordküste von Mytilene, aber näher an dieser, die Marke ‚Die Säule‘; auch Schmidtfelds Karte (Wien 1830) bietet diese Markierung (Kreuz im Meer), aber ohne Namen — möglich, daß ein gegenüberliegendes Kap auf der Insel nach der ‚Säule‘ benannt wurde.

130 *oben um Chios*] Oben: auf hoher See, dagegen ‚unten‘: in Landnähe (im Meer zwischen Chios und dem Festland, auf dem der Mimas sich erhebt). Bei Homer heißt die Insel Psara (Ipsara) ‚Psyrie‘.
Sandarlik] Tschandarly.
Kardamyle] S. zu S. 94.

131 *ersten Schlösser*] Am Westeingang der Dardanellen (s. oben S. 107). Zum Unterschied von diesen Schlössern liegt ein anderes Paar (s. oben S. 109) nordöstlich an der nächsten Engstelle der Dardanellen; das sogleich genannte ‚asiatische Dardanellenschloß‘ ist das von Tschanakkale, in der Gegend des antiken Abydos.

132 *Kriegsschiffe*] Dem ‚Veloce‘, s. oben S. 131.

133 *Negropont*] Negroponte: italienisch für Euböa.
Zea] Kea, Keos.
Insel der Helena] Makronisi, dem südöstlichen Attika (‚Laurion‘) östlich vorgelagert, durch den Mandrí-Kanal vom Festland getrennt, auf dem der im Text genannte Hafen von Mandrí liegt, nördlich der Bergwerksstadt Laurion.

134 *Kauffahrer*] S. oben S. 133.

135 *Tournefort*] S. zu S. 96.

136 *Cerigote*] Cerigotto, heute Antikythera, mit dem viel größeren Kythera (Cerigo bei Prokesch) die Inselbrücke zwischen Kap Malea und West-Kreta bildend.
St. Giorgio d'Arbora] Hagios Georgios, antik Belbina, auch heute Vélvina, gegen 40 km südlich von Kap Sunion.
Serpho...] Die entsprechenden heutigen Namen: Seriphos, Kythnos, Kea, Euböa; Gyaros. Siphanto ist Siphnos, Argentiera heute mit dem alten, wieder gebräuchlichen Namen Kimolos, Polykandros ist Pholegandros, Nio Ios und Naxia Naxos.

139 *Maleka*] Kap Akrotiri (antik Kyamon) auf der runden Halbinsel im Osten des Golfs von Kanea, die ihrerseits zum südlichen Festland die von Ost nach West gegen den schmalen Ansatz der Halbinsel verlaufende Suda-Bucht bildet.
Kap Spada] Spatha oder Psakon in NW-Kreta, auf der den Golf

von Kanea (Chaniá) westlich begrenzenden schmalen Halbinsel Rhodopoú als deren Nordspitze gelegen.
Sassoso] Das heutige Kap Stavros. ‚Cap Sansono' hat z. B. die Karte der Insel Candia von N. Visscher um 1710; eine Wiedergabe dieser Karte bietet Klaus Gallas, Kreta (Du Mont Kunst-Reiseführer, Köln ³1975) Abbildung 49.
Falle der Hauptstadt] Kandia (Iraklion, Megalokastro), von dem venezianischen Admiral Francesco Morosini drei Jahre ruhmvoll gehalten, mußte 1669 vor den Türken kapitulieren. Spinalonga in Ost-Kreta am Westrand des Golfes von Mirabello (Merampelo).

140 *Ibrahim Paschas*] (S. zu S. 101.) Er hatte die Aufgabe, Morea (s. zu S. 103) niederzuwerfen. Die Überfahrt nach Modon (Methoni, SW-Peloponnes) erfolgte am 24. Februar 1825, „ohne einem feindlichen Schiff zu begegnen" (Mendelssohn I 353). Seine Aufgabe hatte er Ende September fast erfüllt (a.O. 362), worauf er gegen Missolungi beordert wurde.

141 *Ambrakugeln*] Das bekannte rosenkranzartige Instrument, weniger der Religiosität und Andacht als der Behaglichkeit dienend, das Komwoloji.
Marmarizza] Marmaras liegt im südwestlichen Kleinasien, an der Innenseite des nordöstlich von Rhodos gelegenen Golfes.

142 *Kandia*] S. zu S. 139.
Arnauten] Der türkische Name für die Albaner.

144 *Phästus*] Phästos mit seiner minoischen Palastanlage im südlichen Kreta.
Labyrinth] Am Nordrand der südkretischen Ebene Messara nordwestlich von Hagii Deka (‚Zehnheiligen', wie es bei Prokesch wenig später genannt erscheint) bergwerksartig angelegter antiker Steinbruch, später als Zufluchtsstätte ausgebaut; galt früher als Ausgangspunkt der Minotaurussage, s. Baedeker, Griechenland (Leipzig ⁵1908) 421 und 423; E. Kirsten – W. Kraiker, Griechenlandkunde (Heidelberg ⁵1967) 485. Prokesch schildert seine Begehung „aus Kreta, im Jänner 1825" in: ‚Denkwürdigkeiten' I 606—619 (mit einem Plan) — hier nicht abgedruckt.

145 *Syros*] Die damals entstandene Stadt ist Hermupolis.
150 *Gelegenheit nach Smyrna*] Zur Postbeförderung.
152 *Kap St. Angelo*] Kap Malea (SO-Spitze der Peloponnes).
Sprichwort] In der lateinischen Literatur findet sich allerdings nur eine, verhältnismäßig späte Stelle, die als Beleg für Prokeschs Äußerung beigebracht werden könnte; das ihr zugrundeliegende griechische Sprichwort entspricht zwar dem oben zitierten Wortlaut, wird aber bei der Übernahme durch den lateinischen Autor in seinem Sinn etwas umgebogen, daß man nämlich in der Fremde gar

leicht die Angehörigen und Freunde in der Heimat vergesse. Vgl. A. Otto, Die Sprichwörter... (s. zu S. 105) Nr. 1016.
Böa] Eigentlich Boiai, heute Vatika.

153 *Zarax*...] Ausläufer bzw. Verzweigungen des Parnongebirges.
Spezzia] Italienisch für Spetsä (s. zu S. 171).
trözenischen Gebiete] Dem Umland von Trözen im Osten der argolischen Halbinsel, in deren Kern das Arachnäongebirge sich erhebt.
Nauplia] Auf Karten der Zeit öfter italianisiert als ‚Napoli di Romania' eingetragen.

154 *Mauromichali*] S. gleich unten zu ‚Maina'.
Koletti] Der aus Metsovo (am westlichen Abhang des Pindos) stammende ehemalige Arzt vom Hofe des Tyrannen von Jannina, Ali Pascha, war entschieden frankophil eingestellt (wie Alexander Mavrokordatos englandfreundlich); er hat auch später den Posten eines griechischen Gesandten in Paris bekleidet. Über ihn s. oben S. 155 und 194, außerdem zu S. 43 und die Würdigung bei Schemann, Gobineau I 69f.
Regierung] Es ist die von der neugewählten Legislative am 15. Oktober 1824 gebildete Regierung unter dem Hydrioten (von der der Argolis vorgelagerten Insel Hydra mit ihrer wehrhaften und seetüchtigen Bevölkerung stammenden) Georg Konduriotis. (Prokesch wendet auch die Schreibung mit doppeltem t-Laut an, wie auch Mendelssohn; auch an dieser Stelle ist von der Schreibung der Druckvorlage abgewichen worden.) Er war bereits der in Kranidi im Januar gebildeten Regierung vorgestanden, der außer Botassis, Kolettis und Spiliotakis Nikolaos Londos angehörte. Die nunmehrige zweite, sich als stark erweisende und geachtete Regierung Konduriotis hatte also wiederum Kolettis als Mitglied, der zu ihrer Geltung wesentlich beigetragen hat.

155 *Maina*] So italienisch für Mani, die Halbinsel zwischen dem Messenischen und dem Lakonischen Golf, schwer zugänglich und unfruchtbar, aber mit einer tapferen, kampffreudigen und freiheitsliebenden Bevölkerung, die nach ihrer eigenen Meinung mit den alten Lakoniern in Zusammenhang steht und damit die Nachkommenschaft der Spartaner darstellt. Zu den bedeutenden Familien der Mani gehörte vor allem die der Mavromichalis; Petros M., genannt Petrobey (1775—1848), spielte bei der Erhebung der Peloponnes und überhaupt im Befreiungskampf mit seiner Familie eine maßgebliche Rolle. Sein Bruder Konstantin und sein Neffe Georg wurden dann, als er von Kapodistrias gefangengesetzt worden war, seine Rächer, indem sie jenen am 9. Oktober 1831 in Nauplia töteten.
Navarin] S. zu S. 177.

158 *kleines Schloß*] Das von dem venezianischen Architekten Gambello ab 1471 gebaute Castello dello Scoglio, nach seiner türkischen Benennung heute Burzi.

159 *Karbate*] Charvati, westlich von Mykenä an der Straße von Korinth über den Derwenakipaß nach Argos gelegen.

160 *Dodwell*] Edward D., englischer Altertumsforscher (geb. 1767, gest. zu Rom 1832); die deutsche Übersetzung seines 1818 erschienenen Reisewerkes ist zu S. 181 genannt.

161 *Sophokles*] Elektra 10.

163 *Fauvel*] Der nach Prokeschs eigenen Worten (Denkwürdigkeiten II 79) um die Wissenschaft sehr verdiente französische Konsul in Athen. Er hatte 1787 die spärlichen Überreste des Zeustempels in Olympia wahrgenommen, die dann Leake 1801 neuerdings erkannte.

Wheler] George W. und sein Landsmann Francis Vernon reisten als Begleiter des gelehrten Lyoner Arztes Jacob Spon (1647—1685) 1675 und 1676 in Griechenland; Wheler selbst war Botaniker. Diese Reisenden sahen den Parthenon noch vor seiner Zerstörung während der Belagerung der Akropolis durch Morosinis Truppen 1687.

166 *Museischen Hügel*] Im SW der Akropolis; s. zu S. 199.

Ehrenmal] Vgl. Kirsten–Kraiker (s. zu S. 144) 119: „In der großen Zeit Athens würde eine solche Ehrung nicht einmal einem Perikles gewährt worden sein."

167 *Parnes*] Münchs Druck hat hiefür, wie öfters, Parnaß.

Pnyx] Nach Pückler 143 war diese Stätte von Prokesch gekauft worden, „und in bessere Hände konnte das klassische Besitztum nicht kommen".

Spon] S. zu S. 163.

168 *Anchesmus*] Damalige Benennung für die jetzt richtig (s. zu S. 199) als ‚Lykabettus' bezeichnete Erhebung.

Padischah] Patissia, damals nördlich von Athen gelegene dörfliche Niederlassung mit reichem Gartenschmuck, jetzt Stadtgebiet.

Hügeln] Im Gebiet des Demos Kolonos, in dem auch Platons Akademie lag. Ein weiterer Besuch dieses Bereichs wird S. 181 besprochen. Schon die in Athen studierende Jugend Roms war von dem Erlebnis dieser Stätte ehrfürchtig gebannt, s. Cicero, De finibus 5, 1—6.

170 *neuen Stadt*] nämlich Ägina.

Ruinen...] Heute das große Ausgrabungsgelände an der ‚Kolonna', der noch stehenden Säule des Apollontempels.

171 *hermionische Barke*] Aus Hermione an der SO-Küste der Argolis.

Pityussa] Eigentlich die Insel Spetsä vor dem Südende der argolischen Halbinsel. Es liegt wohl eine Verwechslung mit Pityonnesos vor, die eine der Pelopsinseln westlich von Ägina ist, heute Kyra (Kira); auch der römische Geograph Mela hat diese Insel Pityussa genannt.

174 *Odysseus*] Während des Freiheitskampfes bedeutender Anführer in Mittelgriechenland. Als er seinen Sonderfrieden mit den Türken geschlossen hatte, verlor er all sein Ansehen, wurde von Gura(s), seinem früheren Mitkämpfer, geschlagen und in Athen, wohin er in Ketten gebracht worden war, unter Beschimpfungen und Schmähungen aufgenommen; dort ist er dann im sogenannten Turm der Venezianer gefangengesetzt worden. Wenig später, nachdem Prokesch dies geschrieben hatte, wurde Odysseus beim Tempel der Nike Apteros mit zerschmetterten Gliedern aufgefunden; es hieß, daß er bei einem Fluchtversuch verunglückt sei. Gura hatte ihn von der Höhe des Turms, nachdem man ihn zuvor erdrosselt hatte, hinabstürzen lassen. Zur Person des Odysseus s. Hertzberg 133 und zu seinem Schicksal ebd. 159 und bei Mendelssohn I 331f. — Die Akropolis, seit Mitte November 1821 belagert gewesen, mußte am 21. Juni 1822 von den Türken übergeben werden. Gura erhielt das Kommando über sie (Hertzberg 141, 144, 146).

Papas] Zu verstehen als deutsche Mehrzahl von papá(s) (‚Priester').

175 *unglücklichen Kapitän*] Dazu aus Kanea am 15. Juni (Denkwürdigkeiten II 481): „Die Sache eines Unglücklichen führt mich hieher, — möcht' ich sie nach Wunsche zu Ende bringen!"

176 *Hussein Bey*] Harter ägyptischer General, der bereits auf Kreta gegen die Griechen gekämpft hatte und im folgenden Jahr in der Endphase des Kampfs um Missolungi das benachbarte Anatoliko zur Kapitulation zwang.

177 *Sphakteria*] Sie schließt westwärts gegen das offene Meer hin die halbmondförmige Bucht von Pylos (Navarino) ab, den Schauplatz der völligen Vernichtung der ägyptisch-türkischen Flotte durch die vereinigte Flotte der Engländer, Franzosen und Russen unter Admiral Codrington am 20. Oktober 1827. Die Insel läßt im Norden und Süden nur schmale Zugänge zur Bucht, jenseits deren auf dem Festland die mittelalterlichen Anlagen von Alt-Navarino (im Norden) und Neu-Navarino (mit der heutigen Hafenstadt im Süden) liegen. Als Ibrahim Pascha im Frühjahr 1825 die Eroberung dieser beiden Festungen verfolgte, galt es zunächst Sphakteria zu sichern, das unter dem Kommando von Alexander Mavrokordatos (s. zu S. 194) von etwa 800 Griechen heldenmütig verteidigt wurde. Die Insel fiel am 9. Mai, wobei die meisten ihrer Verteidiger den Tod fanden (darunter der griechische Hauptmann Tsamados und der frühere piemontesische General und edle Philhellene Graf Santa Rosa; es

waren die Soldaten Hussein Beys (s. zu S. 176), die „wie wilde Katzen" an den Klippen emporkletterten und die Griechen überwältigten (Mendelssohn I 355). Binnen weiterer zwei Wochen kapitulierten die Garnisonen der beiden Festungen, erst die von Alt-Navarino und dann die der südlichen ‚Neufestung'. S. auch Hertzberg 160. Genau 2250 Jahre zuvor war die gleiche Insel von Spartanern gegen eine erdrückende athenische Übermacht immerhin einige Zeit behauptet worden.

180 *Salamine*] Die französische Namensform für die Insel Salamis.
Galaxidi] Am Golf von Itea (= Golf von Salona) gelegen. Münchs Druck hat den Ortsnamen entstellt.

181 *Akademie*] S. oben S. 169.
Korydallus] Südlicher Abschnitt des Höhenzuges, der die Ebene von Athen von der Thriasischen Ebene trennt; nördlich reicht er bis zum niedrigen Daphni-Paß auf der Straße von Athen nach Eleusis.
Ägaleus] An den Daphni-Paß nördlich anschließend.
Ikarus] Was Prokesch darunter versteht, muß offenbleiben, es sei denn, daß man allein die Reihenfolge der Namen für ein ausreichendes Indiz nehmen wollte. Soweit ich sehe, hat einzig Plinius, Naturalis Historia 4,24 den Namen des Berges, wiederum in einer Aufzählung attischer Berge, aber immerhin gleichfalls in der unmittelbaren Nachbarschaft des Ägaleos. Edward Dodwell, Classische und topographische Reise durch Griechenland während der Jahre 1801, 1805 und 1806, übersetzt und mit Anmerkungen hg. von F. K. L. Sickler, I 2 (Meiningen 1821) 349 hat somit ganz recht, wenn er vermerkt: „Die Lage des Bergs Ikarios ist... unbekannt."
Spitzberg des Apoll] Darunter dürfte der Pentelikon (Brilessos) zu verstehen sein; Milchhöfer nennt ihn in seinem Artikel ‚Brilessos' in ‚Realencyclopädie' 853, 19f die „nördliche, anscheinend giebelförmige Abschlußwand der athenischen Ebene", und Philippson I 792 spricht gleichfalls von der „Form eines langgestreckten griechischen Tempelgiebels", die sich dem Betrachter von der SW-Seite, von Athen aus, darbietet.

184 *Kloster Sirgiani*] Östlich von Athen (etwa auf der Höhe des Stadions) unterhalb des Hymettosrückens gelegen, bei Chandler, Reisen in Griechenland (s. zu S. 96) 206 ‚Kloster des H. Cyrians' genannt, heute Käsariani; die von Prokesch gebrauchte Namensform geht auf Säriani, die Kurzform von Käsariani, zurück; vgl. Welcker (s. zu S. 46) I 77 Anm.
Meiergebäude] Metóchi, s. Baedeker (s. zu S. 144) 113.
Strabo] Dodwell (a.O. 308) bezieht sich auf die Stelle 9,1,23 p. 399, versteht aber auch die Lesart, die er verteidigen zu müssen glaubt, unrichtig.

187 *Rumelien*] Von ‚Rumeli‘, das innerhalb Griechenlands Mittelgriechenland bedeutet.
Anstoßes] Die Originalanmerkung an dieser Stelle bietet die vollständige Übersetzung der Akte.
188 *Spaltung*] Über die Rivalitäten zwischen den Fürsprechern der Schutzakte an England und deren frankophil gesinnten Gegnern sowie zur Schutzakte selbst s. Hertzberg 167 und Mendelssohn I 401.
189 *Stauro*] S. oben S. 194.
Änians] S. oben S. 196; Georg Änian aus Rumelien war vom nächsten Frühjahr an Mitglied der Regierung Zaimis (1826/27).
Theotoki] Der Korfiote Graf Theotokis war bereits in der von der Nationalversammlung in Piada im Januar 1822 ernannten Regierung des Fürsten Alexander Mavrokordatos Justizminister. (Die Schreibung mit d in Münchs Druck, die vom Herausgeber verbessert wurde, begegnet allerdings auch bei Heideck — s. zu S. 15 — 84.)
191 *Kirphis*] Delphi und das Pleistostal vom Korinthischen Golf trennend. Östlich reihen sich der Helikon und an der südlichen Landgrenze Böotiens der Kithäron an.
Sphinx] Sphingion oder Phikion, nordwestlich von Theben auf die Südostecke des ehemaligen Kopaissees zu, heute Phagas; s. Ernst Meyer, Übersetzung des Pausanias (Zürich 1954) 672. Ptoon: nordöstlich davon gegen den Kanal von Euböa zu gelegen.
193 *Palikaren*] Die freiheitsliebenden, wagemutigen Kämpfer des griechischen Widerstandes gegen die Türken. Ihre Anführer waren die ‚Kapitani‘.
Primaten] Ein Patriziat der Griechen unter den Türken, von denen sie für die Selbstverwaltung der Griechen herangezogen wurden. Zwischen ihnen und den Kapitani (s. vorige Anm.) gab es im Befreiungskampf immer wieder schwere Gegensätze und Auseinandersetzungen.
Demetrius Ypsilanti] Der Bruder des Fürsten Alexander Ypsilanti. Dieser selbst, einstiger Adjutant des Zaren, war mit seinen Bestrebungen schon am Anfang des griechischen Aufstandes gescheitert, da er sich falsche Hoffnungen auf den Beistand des Zaren Alexander zugunsten einer Erhebung in den Donaufürstentümern gegen Sultan Mahmud II. gemacht hatte; seine Begeisterung und seinen Einsatz für den Geheimbund (die Hetärie) der Philiker, die sich die Befreiung Griechenlands zum Ziel gesetzt hatten, mußte er für den Rest seines Lebens als österreichischer Gefangener (bis knapp vor seinem Tod 1828) in Munkács und Theresienstadt entgelten. Der von Prokesch genannte Demetrius Ypsilanti sollte im Auftrag seines Bruders den Aufstand in Griechenland selbst anführen; trotz der Widerstände

der peloponnesischen Primaten ihm gegenüber wurde er Präsident der Legislative auf dem Kongreß von Piada zu Anfang 1822, erreichte die Übergabe von Akrokorinth durch die Türken, zeichnete sich durch Behauptung der Festung Larissa von Argos aus, wodurch die Türken eine Zeitlang gebunden waren und die Griechen währenddessen Truppen für eine offene Schlacht gegen die Türken sammeln konnten, und leistete, abermals in der gleichen Gegend, im Juni 1825 dem sieggewohnten Ibrahim Pascha erfolgreichen Widerstand. Er war von vorzüglichem Charakter, vermochte sich aber zuwenig durchzusetzen (Hertzberg 131; Mendelssohn I 224).

194 *Notara*] Panuzzo Notaras, einer angesehenen peloponnesischen Familie zugehörig, war Finanzminister der Regierung Mavrokordatos (s. zu S. 189 unter ‚Theotoki').

Maurokordato] Alexander Fürst Mavrokordatos (1791—1865) entstammte einer Phanariotenfamilie (aus dem Phanar, dem ‚Leuchtturmviertel' am Goldenen Horn, wo sich eine griechische adelige Plutokratie etabliert hatte, der osmanischen Regierung vielfach von Nutzen und deshalb in Ansehen und Geltung stehend), wirkte seit 1821 in Griechenland für die Befreiung, gebildet und von gepflegten Lebensformen, weshalb er für die rauhen und ungebärdigen Kapitani fremdartig wirkte und keinen rechten Zugang zu ihnen fand, führte den Vorsitz in der ersten griechischen Nationalversammlung von Piada (Neu-Epidauros) und stand an der Spitze der von dieser im Januar 1822 ernannten Regierung. Sein militärischer Wirkungsbereich war Westrumelien. Nach der Befreiung war er seit 1834 mehrfach Gesandter an westeuropäischen Höfen, aber auch in Konstantinopel. Vgl. Engel-Janosi, Ballhausplatz 46f über die Ministerpräsidentschaft von Mavrokordatos 1841, den Anteil Prokeschs am Zustandekommen dieser Funktion und dessen Urteil über Mavrokordatos.

Trikupi] Spiridon Trikupis aus Missolungi, westlich gebildet und Privatsekretär des Grafen Guilford als Gouverneurs der Jonischen Inseln, gehörte u. a. der verwaltenden Körperschaft der Regierung Zaimis (1826/27) an, vertrat Griechenland mehrmals als Gesandter in London und Paris und wurde der Geschichtsschreiber des griechischen Befreiungskampfes (‚Geschichte des griechischen Aufstandes' in 4 Bänden, ²1862). Engel-Janosi, Jugendzeit 69 meint, daß er Prokesch unter allen Griechen am nächsten gestanden sei, wegen seines Charakters und wegen seiner Neigung zu Österreich.

195 *Fabvier*] Artillerieoberst, aufrechter und edler französischer Philhellene, für dessen Charakterbild die Ausführungen ‚Denkwürdigkeiten' II 529ff (hier nicht abgedruckt) wichtig sind. Im Dezember 1826 konnte er sich durch die strenge Blockade der Akropolis bei

Mondenschein mit 650 Soldaten durchschlagen, um der Besatzung Munition zu liefern, da sie den Verteidigern knapp zu werden drohte. Er verblieb sodann mit seiner Mannschaft auf der Akropolis bis zu ihrem Fall am 5. Juni 1827.

196 *Nemours*] Louis-Ch.-Ph. Herzog von N. (geb. 25. Oktober 1814 als zweiter Sohn des Bürgerkönigs Louis-Philippe, gest. 1896) ist hernach auch Kandidat für den belgischen Thron gewesen.
Sophianopulo] S. oben S. 189.
Änian] S. zu S. 189.
Wasserschlosse] Burzi, s. zu S. 158.

197 *Itschkalessi*] S. zu S. 208.

198 *Mistiken*] Küstenfahrzeuge, wie sie besonders im spanischen Bereich gebräuchlich waren.
Sachturi] Admiral Sachturis hatte bereits am 17. August 1824 bei Samos mit Hilfe der Brander (s. oben S. 102) einen ruhmvollen Sieg errungen, wie er auch am 1. Juni 1825 die türkische Flotte zwischen Andros und Euböa völlig geschlagen hatte. Nun sollte er im folgenden September in einer Seeschlacht bei Mytilene zusammen mit Miaulis den Türken schwer zu schaffen machen (Hertzberg 157, 162, 169).
Kolokotroni] Es bleibt ungewiß, welchen Vertreter dieses Namens Prokesch gemeint hat, da unter den Kolokotronisten, die die hochgelegene Festung von Nauplia, den Palamidi, Gura zu entreißen strebten, auch Johann Kolokotronis sich befunden hat. Der bekannte Träger des Namens ist Theodor, 1770 in Arkadien geboren, erst in russischen Diensten, dann in englischen auf den Jonischen Inseln, war er auf Alexander Ypsilantis Veranlassung nach der Mani gegangen und hatte sich dort bei Petrobey (s. zu S. 155) verborgen gehalten. Bedeutender Anführer und „Seele der Kämpfe" (Hertzberg 130) seitens der Peloponnesier, geriet er in scharfen Gegensatz zu den Primaten und weiterhin in die Rebellion gegen die zweite Regierung Konduriotis, der er sich jedoch nach Niederringung des Aufstandes an ihrem Sitz in Nauplia unterworfen hat (11. Januar 1825); er wurde auf der Insel Hydra gefangengesetzt, dann aber infolge der allgemeinen Amnestie vom 30. Mai 1825 erneut in den Dienst des Befreiungskampfes genommen und zum Oberfeldherrn von Morea (Peloponnes) ernannt.
Stratford Canning] Der griechenfreundliche Minister des Auswärtigen Canning hat seinen an Stelle von Lord Strangford zum Botschafter in Konstantinopel ernannten Vetter Stratford Canning ermächtigt, auf der Reise dahin mit den Griechen Verhandlungen zu führen; dies geschah auch in Perivolakia (gegenüber Hydra an der Küste der argolischen Halbinsel) im Januar 1826, wobei Stratford

um Vermittlung bei der Pforte im Sinn einer freieren Stellung Griechenlands unter der Oberhoheit des Sultans gebeten wurde. Der spätere Viscount Stratford de Redcliffe war dann noch einige Zeit (von Ende 1855 bis 1858, da er Konstantinopel verließ) der zweifellos schwierige Partner Prokeschs bei der Pforte als dort längst etablierter, beim Sultan sehr einflußreicher und auf Grund des Gewichtes seiner Persönlichkeit und der Entschiedenheit seines Auftretens mächtiger Diplomaten-Kollege — er galt als der ‚wirkliche Sultan'.

199 *Cochrane*] Der früher für die Unabhängigkeit Chiles und dann Brasiliens tätige britische Seeheld Admiral Lord Cochrane, von den Philhellenen Englands für die griechische Sache „engagiert" (Mendelssohn I 439), hatte durch Hinauszögern seiner Ankunft (bis 17. März 1827) die Erwartungen der Griechen auf ein Höchstmaß anwachsen lassen.

Hamilton] S. oben S. 175 und S. 207.

Seraskier] So wurde geschrieben an Stelle des in der Druckvorlage stehenden ‚Seriasker', und zwar entsprechend der etwa III 507 (nicht aufgenommen) vorkommenden geläufigen Schreibung und in Übereinstimmung mit dem allgemeinen Korrekturhinweis Münchs (III 672); allerdings schreibt Prokesch selbst in ‚Geschichte des Abfalls' ‚Seriasker' (so gleich zweimal I 359). — Mit dem Ausdruck ist der türkische Oberbefehlshaber gemeint; es war damals Reschid Pascha (Kiutagi), der auch am Kampf gegen Missolungi beteiligt war (es fiel am 22. April, Julianischen Kalenders 11. April 1826).

Negropontiner] euböischen; sie standen unter Führung Omer Paschas, der am 21. Juni 1826 die Raubzüge gegen Attika begonnen hatte.

Lykabettus] Prokesch meint damit nicht die heute so genannte markante kegelförmige Erhebung im NO der Akropolis, sondern nach dem damaligen Ansatz eine nördlich von der Pnyx liegende und von ihr durch eine Schlucht getrennte Höhe, die heute auf Grund einer dort gefundenen Inschrift ‚Nymphenhügel' heißt. Der Lykabettus in diesem Verständnis gehört somit in die mit dem Musenhügel (‚Museischer Hügel') im SO beginnende und über die Pnyx zu dem heute die Sternwarte tragenden Nymphenhügel laufende Reihe von Erhebungen, an denen sich nach SW zu das Diateichisma (die Stadtquermauer, die den Themistokleischen Mauerring verkürzte: Kirsten–Kraiker — s. zu S. 144 — 121) von 337 v. Chr. entlangzieht. Die richtige Lokalisierung des Lykabettus hat indes Prokesch bereits gekannt, als Münch die ‚Denkwürdigkeiten' herausgegeben hat, wie aus ‚Tagebücher' 189 (vom 13. Juli 1833) hervorgeht. Er bezieht sich hier auf P. G. Forchhammers Nachweis in: Forchhammer – Müller, Zur Topographie Athens, ein Brief aus Athen und ein Brief nach Athen (Göttingen 1833) 8. — Freilich war vor dieser richtigen Identifizierung die Gleichsetzung des Lykabettus mit dem heutigen Nymphenhügel auch nicht die allgemeine Meinung; die bei Chandler, Reisen in Griechenland (s. zu S. 96) nach S. 34 eingeschaltete Karte zeigt den Lykabettus südwestlich der Pnyx, und Dodwell (s. zu S. 181) 239 erwähnt noch eine andere Lokalisierung.

202 *Athen... gefallen*] Am 5. Juni 1827.
Church] Sir Richard Church hatte eine bewegte Laufbahn hinter sich, als er nach Griechenland kam, von seinen Anfängen in britischen und neapolitanischen Diensten bis zum englischen General; zwischendurch war er auf den Jonischen Inseln Kommandant der griechischen Truppe, der auch Kolokotronis angehört hatte, s. zu S. 198. Sein Anteil an der Schlacht bei Athen war nicht glücklich (s. zu S. 204). Erfolgreich war er hingegen 1828 und 1829 im Westen Griechenlands.

203 *Naussa*] Auf Paros an einer Bucht im Norden der Insel gelegen.
Tambouren] Verschanzungen; eine Etymologie bei Heideck (s. zu S. 15) 55 Anm.
Brunnen des Abschieds] Vgl. oben S. 190, wo von der ‚Säule des Abschieds' die Rede ist. Es ist damit vermutlich ein und dasselbe Monument gemeint, das wohl an der Straße nach dem Piräus lag.
Philopappus] S. oben S. 166.

204 *Gegen*] oder Ghegen, die nördlich des Schkumbi beheimateten Albaner.
Karaiskaki] Georg Karaiskakis war nach dem Urteil vieler der fähigste Feldherr des Befreiungskampfes; seine Charakteristik bei Mendelssohn I 430ff. Er fiel am 4. Mai 1827, als das türkische Lager in Athen angegriffen werden sollte; Church und Cochrane hatten dabei gegen Karaiskakis' bessere strategische Einsicht ihren falschen Plan herrisch und anmaßend durchgesetzt — das Ergebnis dieser Schlacht bei Athen war eine vernichtende Niederlage (Mendelssohn I 454).
Abschied vom Leben...] Diese bereits bei Gelegenheit des ersten Besuches von Athen im Frühjahr 1825 geschilderten Flachreliefs (Denkwürdigkeiten II 395, hier nicht abgedruckt) sind nicht alle völlig eindeutig zu bestimmen; auf jeden Fall meint das bei Prokeschs Besuch nach dem Fall der Akropolis vermißte „herrliche Basrelief... der Venus-Viktoria" das heute im Akropolismuseum aufbewahrte ‚Wagenlenkerrelief', das früher ‚Relief der wagenbesteigenden Frau' genannt wurde.

205 *Turm des Odysseus*] S. oben S. 174.

205 *Cekropiums*] Erechtheions, insofern im Bereich der SW-Ecke des Gebäudes das alte Kekropsgrab gelegen war (Kirsten – Kraiker I 69). Kekrops, der legendäre Gründer und erste König Athens und Stammvater des eingesessenen Volkes, besaß auf der Burg eine Kultstätte, die dann in sein Grab umgedeutet worden war.

206 *heldenmütige Weib*] Prokeschs knappe Charakteristik in ‚Berührungen und Verhältnisse' lautet (nach Engel-Janosi, Ballhausplatz 59): „Seine Frau zeigte sich als Heldin in dieser Gelegenheit (gemeint ist: als ihr Gemahl auf der Bastion vor den Propyläen in der Nacht von einer Flintenkugel der Belagerer getroffen worden war) und ist überhaupt der schönste weibliche Charakter, den die griechische Revolution aufstellt. Sie ermutigte die Besatzung und wurde von ihr als Kapitanesse anerkannt. Einige Wochen später stürzte das Erechtheion, das sie bewohnte, während der Nacht ein und begrub sie mit zehn Frauen. Darf ich Fabviers Versicherung glauben, so hätte sie gerettet werden können, Mamuris aber wehrte, daß man noch während der Nacht grabe, und zwar aus Heißhunger nach ihren Schätzen, denn er war Erbe. Am nächsten Morgen fand man die Körper erstickt, noch warm."

207 *Obersten von Heideck*] Diesen Rang hatte der bayerische, von seinem König am 26. September 1826 mit Urlaub als Philhellene nach Griechenland geschickte Offizier erst 1829 erhalten; Denkwürdigkeiten III 558 heißt er richtig ‚Oberstlieutenant'.

208 *Itschkalessi*] oder Itschkalé; diese Festung (s. S. 197) nimmt die Stelle des antiken Nauplia ein, das südlich der heutigen Stadt lag, auf einer schildartigen Erhebung (85 m) zu Füßen des Palamidi (215 m). Die Verbindung einer akropolenartigen Ansiedlung mit einer weiteren, darüberragenden akropolisfähigen Höhe ist in Argos in überraschender Gleichförmigkeit gegeben: die etwa 100 m (80 m ü. M. nach Philippson III 143) hohe ‚Aspis', d. i. Schild, ist der Larissa (289 m) vorgelagert.

Tzavella] Ein Mißgriff, der lachen machte, da Tzavella heute allgemein beschuldigt wird, aus der Stellung von Phaleron den Türken regelmäßig Lebensmittel verkauft zu haben. (Originalanmerkung)

209 *Kapo d'Istrias*] Hier wurde die sonst bei Prokesch in ‚Denkwürdigkeiten' gebräuchliche Schreibung hergestellt. In ‚Geschichte des Abfalls' schreibt er allerdings ‚Kapodistrias'. — Der aus Kerkyra stammende und in russischen Diensten tätig gewesene und zur Ausprägung gelangte Staatsmann wurde am 11. April 1827 von der wiedervereinigten Nationalversammlung zu Damala (Trözen) auf sieben Jahre zum Chef der ausübenden Gewalt gewählt und mit dem Titel eines ‚Kyberneten' (Präsidenten) ausgestattet.

209 *Burzi*] S. zu S. 158.
210 *Della Manara*] Dalamanara, eine Ortschaft südöstlich von Argos, etwa halbwegs auf der Straße nach Tiryns gelegen. — Der Ausflug nach Mykenä wird übrigens auch von Heideck (s. zu S. 15) 63ff berührt.
Jahurt] Die Druckvorlage hat eine entstellte Schreibung. Die Speise entspricht unserem Joghurt (griechisch Jaourti).
211 *Bayerburg*] Eine militärische Anlage Heidecks auf Poros.
213 *Wienerzoll*] Ein Zwölftel eines Wiener Fußes (316,0807 mm).
214 *wie ich eben zu Tische war*] Das erste Wort ist wegen der graphischen Entstellung der Vorlage vermutete Lesart.
215 *Saturnalien*] Jubelnde, ausgelassene Festfeier; hier etwa: Jubelausbrüche.
216 *Modon*] (S. zu S. 140.) Südlich von Pylos (Navarino).
Gastunioten] Bewohner von Gastuni (s. die übernächste Anm.).
217 *Hadschi Christo*] Hadschi Christos, Führer eines bulgarischen Korps, stand auf seiten der Regierung Konduriotis-Kolettis (s. zu S. 154), als die Rebellion der Peloponnesier gegen sie niederzukämpfen war, und hatte sich auch im Jahr darauf, nachdem Ibrahim Pascha gelandet war, nach Alt-Navarino geworfen.
Sissini] Michael Sisinis, Sohn des Primaten Georg S., des blutigen Machthabers von Gastuni (scherzhaft Herzog von Glarentza genannt, mit Beziehung auf die aus der Kreuzfahrerzeit des 13. Jahrhunderts stammende, in seinem Machtbereich gelegene Burg Chlemutzi oder Tornese auf dem Kephallinia sich entgegenstreckenden peloponnesischen Vorgebirge mit dem Hafenort Glarentza), hatte unmittelbar gegen Ibrahim das Kastell Tornese mit 1800 Mann und 8 Geschützen zu verteidigen; nach dreiwöchiger Belagerung erfolgten am 17. Mai 1827 die Kapitulation und die Versklavung der Besatzung.
218 *schwärzen*] schmuggeln.
219 *Bourguignon*] Wohl der spätere Kriegshafen- und Festungskommandant in Pola Anton Freiherr Bourguignon von Baumberg (geb. am 4. Juni 1808 in Heřmanměstec in Böhmen), gest. als Geheimer Rat und Admiral am 28. Mai 1879 in Pola.
222 *Soliman Bey*] Ein Renegat französischer Herkunft, ehemals Oberst Sèves, u. a. Adjutant des Marschalls Ney, in Lyon geb. 1788, gest. 1860 in Alexandrien. Nach dem Ende des Kaiserreiches, dem er in seiner Gesinnung eng verhaftet geblieben ist, trat er in ägyptische Dienste und war damals Generalstabsoffizier Ibrahim Paschas, dessen Schlußgespräch mit Prokesch er beiwohnte (Prokesch, Denkwürdigkeiten III 586). Weiteres bei Prokesch, Tagebücher 38 in der Anmerkung des Herausgebers zur Eintragung vom 23. Juni 1830

(Prokesch erzählte Reichstadt von der Begegnung mit diesem Mann).

226 *Khan*] oder Chan: aus dem Persischen stammende Benennung der Gasthöfe und Unterkünfte in der Türkei und im Orient überhaupt.

227 *Person Kapo d'Istrias'*] Der zunächst günstigen Beurteilung Kapodistrias' durch Prokesch (s. oben S. 211) folgten Ernüchterung und kritische Distanz, wie sie sich hier bekundet. Aber auch dabei sollte es für einen um die Wahrheit ringenden Mann, wie es Prokesch gewesen ist, nicht bleiben. Die Ermordung des Kybernetes bei Betreten der Kirche in Nauplia am 9. Oktober 1831 durch die beiden Mavromichalis wurde Prokesch durch Gentz mitgeteilt. „Mit Schrecken laß' ich mein Auge auf Ihren Zeilen ruhen und Mitleid nimmt die Stelle meiner entschiedenen Abneigung gegen Capodistrias... Es wäre unedel, den Unglücklichen mit Vorwürfen zu belasten..." (so am 3. November an Gentz: Briefwechsel II 54). Er hat schließlich den so umstrittenen Staatsmann „in einem reineren und milderen Licht" gesehen (Engel-Janosi, Jugendzeit 69), seine Leistung gewürdigt und ihn von manchem Verdacht und Vorwurf entlastet. Das Geschichtswerk hat nach Hertzberg 236 auch für Kapodistrias zu plädieren versucht (s. S. 44), und Schemann, Gobineau 194 nennt daraus für einen „ganz anders klaren Einblick" in die Leistungen und Verdienste Kapodistrias' und in die Schwierigkeiten, die sich ihm entgegengestellt hatten, „insbesondere" sieben Stellen des zweiten Bandes, darunter auch die von Engel-Janosi zitierte: „Ein edler Wunsch, den der Markt nicht versteht, belebte ihn...". Zur Beurteilung durch andere Autoren s. Pfligersdorffer a.O. (s. zu S. 41) 54 Anm. 116.